実践としての統計学

佐伯 胖　松原 望——編

東京大学出版会

Statistics as Social Practice

Yutaka SAEKI and Nozomu MATSUBARA, Editors

University of Tokyo Press, 2000
ISBN4-13-042070-4

まえがき

　以前から，統計学に関する本の多くが，さまざまな「手法」の紹介だけに終わっており，統計学の諸概念の意味や考え方をさまざまな観点から批判的に論じたものがほとんどないことに不満をもっていた佐伯と松原は，統計について何かこれまでのものとは違う「おもしろい本」は出せないものかと話し合った．その結果，97年の12月に，古くからの共通の知人でもある繁桝さんや，松原の知人である佐藤さんにも加わってもらい，統計について，ともかく「手法の紹介ではない，おもしろい本」というものの可能性を検討することになった．

　最初に出た案は，『役に立たない統計学―統計のWhatとWhy―』というものであった．ねらいは，統計に関して「How-to（手法）以外のこと」をめざす，というものであった．その後，「役に立たない」というのではちょっと売れそうにない題だから変えてほしいという東京大学出版会の編集部からのクレームがついたため，『統計学はお作法（マニュアル）ではない』という題に変更した（このあたりから高野さんにも執筆者に加わっていただいた）．しかしそれでも「否定形で終わる表題は困る」というクレームがつき，その後，『意味がわかって使う統計学』とか，『意味がわかる統計学』という題ではどうか，という案になったりもした．ほぼ隔月のペースで会合を開き，その都度，「草稿らしきもの」を互いに出し合って議論していたが，はっきりした「一本のスジ」がなかなか見えてこなかった．諸概念の「意味」を重視すると，どうしても理論的になり，かなりの基礎知識がないと理解できないものになる．だからといって「やさしく」書くとやっぱり「マニュアル」になる．統計の諸概念をめぐる論争を紹介しようとしても，そもそもの論点を理解するためにはかなりの背景知識が必要となる……．

　そうこうしている間に，佐伯は東京大学出版会から『心理学と教育実践の間で』という本を佐藤学らとの共著で出したが，その執筆過程で，「実践」の概念についてかなり掘り下げて考える機会があった．そして再び「How-toでな

い統計学の本」について考え直したとき，私たちがずっと求めていたものが，実は，「実践としての統計学」だったのだということに気づいた．松原も数年前『わかりやすい統計学』（丸善刊）を出した経験から，「わかりやすさ」の本質は「実践」だということを再発見した．

考えてみると，What や Why を考えないで How-to だけで問題を処理してしまおうという考え方は，もっとも「実践的でない」考え方なのだ．「意味を考えない」統計学とか，統計学をたんなる「やり方」（マニュアル）としてしかとらえないというのも，「意味」や「理論」を無視しているというよりも，「実践」を無視した考え方なのだ．いままでの統計学のテキストへの不満は，「意味」の説明が足りないとか，「理論的背景」が論じられていないとかということでは決してない．統計学を学ぶ学生の中に，それを専門にしたいと考える学生はわずかだから，意味や理論的背景を集中的に説明しても理解してもらえない．ことに松原は前期課程（教養課程）で非常に多くのあらゆる分野の学生を教えて，これを経験している．現実そのものをしっかりと見据えて，そこに統計学のモデルや論理を適用しようとすれば，おのずから，「意味」や「理論」を実践に即して問い直すことになる．「理論から入る」わけでも，「応用から入る」わけでもなく，「実践という観点」で，理論や手法をていねいに，ときには批判的に，現実問題と照らし合わせながら「吟味」していくことが大切なのだ．

そもそも意味を考えないで手法を適用するなどということは，現実では許されるはずがない．一方，理論が「現実ばなれ」して抽象的になるというのは，統計を「現実に使う」という実践を忘れて，まさに「理論のための理論」の世界に閉じこめているからである．本来「理論」というのは「実践」と対立するものではない．ものごとを実践的に考えるからこそ根源的な問題を考えざるをえなくなり，それが結果的に理論を精緻なものにするのである．したがって，そこにはもはや「基礎」と「応用」の二項対立もない．「実践的である」ということはきわめて基礎的であると同時にどこまでも「応用」を目指すものでもある．このような「実践」という視点からの統計学こそが，私たちが目指してきたことではなかったのか．

ひとたびこのような「方針」がきまると，あるべき本の全体像が見えてくる．従来のテキストとはどういうところで「違い」を出すべきかも，おのずからわかってくる．そういうわけで，それまでの草稿は大幅に書き直すことになった．ただ，佐藤さんの原稿だけは，早い段階で現在のような内容になっており，その後もほとんど変更がなかった．つまり，佐藤さんは，はじめから「実践としての統計学」のことを書いていたのだ．

本書の構成を簡単に紹介しておこう．

序章「実践としての統計学」では，統計学について「なんだか，よくわからない」という印象がつきまとう理由が考察される．そこから，「実践としての統計学」という観点の重要性が浮かび上がる．

1章「必要とされるときの統計学—理論の「わかりやすさ」—」では，統計学の基礎概念について，背後の理論をわかりやすく解説してある．実践的な意味を考えて，統計学を正しく使いこなしてゆくために最低限「わかっておくべきこと」が示されている．

2章「データを読む—相関分析，主成分分析，因子分析の意味をさぐる—」では，そもそも「データ」とは何かという問いからはじまり，ものごとをあえて「データにする」という実践的行為の意味が明らかにされる．さらに，データに統計的な解析を行なって「背後の意味」を解釈していくということについて，相関分析から出発し，主成分分析，因子分析を通して，統計的モデルの導入に伴う根本問題や陥りやすい過ちが指摘される．

3章「因果関係を推定する—無作為配分と統計的検定—」では，統計的な検定を行なう前提としての，実験計画の段階で行なっておくべき無作為配分について紹介される．そもそも統計学の前提であるランダム性を十分に考慮した実験が行なわれていないならば，その後どんな精緻な手法を用いても適切な統計的推論ができなくなる．このように，理論に裏付けられた実践がいかに重要であるかがわかりやすく説明されている．

4章「仮説の統計的評価とベイズ統計学」では，統計的検定における「帰無仮説の有意性の検定」という考え方がもつ欠点が指摘され，この欠点を克服するいくつかの試みが紹介される．そのあと，帰無仮説検定とは異なる考え方を

するベイズ的アプローチが紹介され，ベイズ的な考え方から仮説を評価する方法が示される．

5章「統計の実践的意味を考える―計量分析のエスノメソッド―」では，統計解析の「意味」がわかるとはどういうことかについての考察からはじまる．その後，両側検定と片側検定などを例に，統計学上の概念が現実世界での推論の仕方にかならずしもうまく対応していないことが明らかにされる．さらに社会調査を進める際に生じるさまざまなジレンマや陥りやすい過ちについて，具体例を引きながらていねいに説明されている．

本書のゲラ刷を通読したが，なんとなく頬がゆるんでしまった．「こんな統計の本がほしかったんだ」という思いにひたり，ふと，「おもしろい本ですよ」と読者に声をかけたくなった．

各章ごとに語り口が違うし，前提としている知識のレベルも違う．ある章は「読みやすい」が，別の章は「読みにくい」．しかし，各章には執筆者たちの統計学への熱い思いが語られている．読者として同意できるところもあろうが，「そうじゃない！」と言いたくなるところもあるかもしれない．そういう意味で，本書をめぐっていろいろな議論や対話が広がることを期待する．本書がきっかけになって，今後，続々と「実践的な」統計学の著書が出版されるようになることを祈る．

最後になるが，東京大学出版会編集部の伊藤一枝さんにはたいへんお世話になった．最初の漠然とした構想から2年間，なかなか明確な方針が定まらず，さぞやきもきされていたに違いないが，いつも明るく，かならず良い本ができるだろうという希望をつないでくださった．心から感謝する次第である．

1999年9月29日

佐伯　胖
松原　望

実践としての統計学　目次

まえがき

序　実践としての統計学 …………………………………………………………1
- 0.1 「よくわからない」統計学 ……………………………………………1
- 0.2 心理学における統計学の濫用 …………………………………………5
- 0.3 統計の「意味」とは ……………………………………………………9

第1章　必要とされるときの統計学—理論の「わかりやすさ」 …………13
- 1.1 統計学の問い方 ………………………………………………………13
- 1.2 統計分析の要所・要点 ………………………………………………19
- 1.3 基本的な統計量の見方・読み方 ……………………………………24
- 1.4 統計学の歴史 …………………………………………………………40
- 1.5 フィッシャー対ネイマン論争と今日の統計分析 …………………44
- 1.6 ケース・スタディ——バッテリーの寿命実験 ……………………51

参考文献・引用文献 …………………………………………………………55

練習問題 …………………………………………………………………………57

- 1章付表1　正規分布表 ………………………………………………62
- 1章付表2　χ^2 分布表 ………………………………………………63
- 1章付表3　t 分布表 …………………………………………………64
- 1章付表4　F 分布表 …………………………………………………65

第2章　データを読む—相関分析，主成分分析，因子分析の意味をさぐる …67
- 2.1 データとは何だろうか ………………………………………………67
- 2.2 相関関係を探る——データが自ずから語るもの …………………80
- 2.3 相関データを「説明」する——主成分分析の考え方 ……………87

2.4　相関データの背後の構造をさぐる——因子分析の考え方 ……93
　引用文献 …………………………………………………………105
　練習問題 …………………………………………………………106

第3章　因果関係を推定する——無作為配分と統計的検定 ……109
　3.1　実験の「王道」………………………………………………109
　3.2　方向オンチ実験——個人差の問題 …………………………111
　3.3　無作為配分 ……………………………………………………118
　3.4　組織的配分と無作為配分 ……………………………………122
　3.5　統計的検定と無作為配分 ……………………………………130
　3.6　無作為抽出と無作為配分 ……………………………………135
　3.7　無作為配分の限界 ……………………………………………141
　引用文献 …………………………………………………………145
　練習問題 …………………………………………………………146

第4章　仮説の統計的評価とベイズ統計学 ………………………147
　4.1　帰無仮説の検定の問題点 ……………………………………147
　4.2　問題の対策 ……………………………………………………153
　4.3　ベイズ的アプローチ …………………………………………156
　4.4　仮説の評価とリンドレーのパラドックス …………………164
　4.5　ベイズ統計学の実践 …………………………………………167
　4.6　ベイズ的アプローチは有効か ………………………………174
　引用文献 …………………………………………………………177
　練習問題 …………………………………………………………177

第5章　統計の実践的意味を考える——計量分析のエスノメソッド ……179
　5.1　統計解析の「意味」…………………………………………179
　5.2　統計学と計量分析 ……………………………………………184
　5.3　計量社会学のエスノメソッド ………………………………197

　　　　　　　　　目　次

　　引用文献 …………………………………………………………212
　　練習問題 …………………………………………………………212
簡易用語解説 ………………………………………………………215
練習問題の解答 ……………………………………………………221
索　引 ………………………………………………………………229

序

実践としての統計学

統計学は数学なのだろうか．たしかに数学的側面は大いにある．しかし，統計学というのは，本来は現実問題に取り組み，現実問題のなかで格闘する「実践」であるはずだ．それがどうして見失われてしまったのだろう．

0.1 「よくわからない」統計学

　私が慶應義塾大学工学部の管理工学科の学生だった当時は，管理工学科のカリキュラムのなかで統計学のしめる位置はきわめて高かった．確率論，初等数理統計学，実験計画法などの基礎科目の上に，専門科目としての品質管理，標本調査法，計量心理学やオペレーションズ・リサーチなどの授業でも統計学はまさに「ふんだんに」使われていたし，学年が進むにつれてより高度の数学を使った数理統計学の個別テーマを扱う授業がつづき，「あけてもくれても統計学」の毎日だったといっても過言ではないだろう．にもかかわらず，正直にいって，学部・大学院を通して，私自身は，統計学が「わかった」という実感を一度ももてなかったように思う．

　また，米国ワシントン大学大学院（心理学専攻）に留学中も，心理学に関連する統計学ではわが国でも有名な「大家」に実験計画法や因子分析法を教わったのだが，やはり「わかった」という実感はもてないままだった．その後，私自身の興味関心が統計学とはあまり縁のない世界になっていったこともあるが，実は，現在でもいまだに「統計学はよくわからない」という印象が残ったままである．

私が統計学について「よくわからない」印象をもっているのは，統計学の「勉強」不足のせいではないように思う．「勉強」はずいぶんしたように思う．ただ，今から考えると，私の統計学の学び方（「勉強」の仕方）がどこか根本的なところでおかしくなっていたのだという気がする．

　それでは，統計学の「勉強」がなぜいまだに「わかった気がしない」のかについて，思い当たることをいくつか列挙してみよう．

　まず第一に，私は昔から統計学というのは，ともかくいろいろな「手法」（要するに「ハウ・ツー」）のカタマリだという印象をもっていた．しかも，こちらが問題意識をもつ前に，「こういう問題の場合は，こうしなければならない」という，いわば「if A, then B」の処方箋をつぎからつぎへと示され，それらを覚えろといわれていると思いこんで「勉強」していたのだ．自分自身がどうしてもこのことを知りたい，こういうことをやりたいという必然性がまったくないまま，「もしもこういうデータを解析したいなら，こういう手法を適用しなさい」と次々いわれる．これでは完全にアタマがいたくなる．もちろん，確率論や数理統計学というのは，統計的手法そのものではなく，むしろ，統計的手法を基礎づけている数学的モデルの解明であるから，それ自身はハウ・ツーではない．しかし，もともとが「どうしてこんなことをやる必要があるのか」という実感がわかないことに対して，その「やり方」の数学的根拠をグリグリと掘り下げる話を教えられても，「へー，そうなんですか」という程度の「理解」で，あとは試験に出そうな用語の定義や定理の証明過程を丸暗記するだけであった．

　考えてみると，こういう「勉強」というのは，いわば「受験勉強」と同じである．なぜこんなことを覚える必要があるのか，こういうことを知ってどういう意味があるのかがまったくわからないまま，なにがなんでも「覚えておけ」といわれて覚えさせられるような勉強である．必要性も意義もわからないのに「もしも，こういう問題が与えられたら，こういう手法で分析せよ」という，膨大な量の「問題と解法」をかたっぱしから暗記させられる．これは疲れるし，また，いくら努力してもアタマに入らないのは当たり前だ．私はなぜか，統計学を「受験勉強的に」学んでいたのだと思う．

要するに私は統計学というものについて，すべて「正しい手法」「正しい理論」で構成されているものだと信じていた．何が「正しい」かは，誰か過去の偉い人がそう「決めた」のであって，学生や初学者が文句をつける余地のないことだと思いこんでいた．したがって，統計学は勉強すればするほど，「覚えておくべきこと（お作法）」がひたすら増加するのであり，「勉強をした」ということは，「たくさんのお作法を覚えている」ということに尽きる世界だと思いこんでいた．もしも，他人が自分の知らない手法を使っていたり，自分の知らない専門用語を使って説明しているのにでくわすと，ただただ自分の「勉強不足」を痛感し，結局は「これこれの場合は，こういう手法を使うべきだ」という新しい「知識」を少しでも増やすことが「勉強」だという発想をますます強化させていたのであった．

第二に，統計学という世界は，学生当時の私には，大変「権威主義的」に思えた．ともかくアタマごなしに「こういう場合は絶対こうせよ！」といわれる．なぜだ，などウカツにいうと，ワケのわからない数学的論拠なるものをウンザリするほど列挙されたあげく「要するに，こうするのが，統計学的には正しいのだ」といわれるのである．まるで「シロウトは口を出すな」と言わんばかりの世界なのである．世の中には猛烈に勉強をした「専門家（クロウト）」と，まるで何もわかっていないシロウトの2種類の人間がいて，シロウトは勝手な考えでヘタなことをしないためには，だまってクロウトのいうことに従え，というわけである．こうなると，シロウトがクロウトになるには，クロウトが「こうしろ」といっていることをかたっぱしから暗記して，自分も同じように「こういうときは，統計学的にいうと，こうやるのが正しい」と処方箋を出せるようにならなければいけないと思いこむ．これではまるで司法試験を受験するために膨大な判例集をかたっぱしから丸暗記しているようなものである（そんなことで司法試験が通るとは思えないが）．統計学というのはいわば，変わることもなければ変えることもできない，カンペキな「処方箋」の体系なのだという想いを抱いていたといえよう．

第三は，統計学というものが，一方では非常に「現場」での実務的な実践とかかわること（いわば，簿記や棚卸表のようなもの）のようでありながら，他方では高度に数学的であり，公理や定理でがっちりと構成されている．この両

者の開きは学生にはまったく「途方にくれる」ほどの大きなギャップであり，まるで違う別世界を行き来させられるように思えた．実際，「実務家」向けの統計学のテキストは，まるで簿記や在庫管理のテキストのように，こういう表をつくってマス目に「データ」を埋め込み，それらをこう集計して出てきた結果の数値をこの「表」の数値と比べてそれより大きければ「有意差あり」と判定せよ……，といったような書き方になっている．数式といえば，高々いわゆる「シグマ」のついたものであり，いわば「どう集計するか」を手短に記述しているだけのことである．

このような「実務家」向けの統計学のテキストでは，「理論」なるものは完全なブラックボックスとして扱われており，一方的に「こういう場合はこう解析せよ」という「お作法」を伝授するものであった．

他方，数学としての統計学となると，やれ十分統計量だ，積率母関数だというような「現実離れした」概念をもとに，ベクトルやマトリックスの演算による定式化が次々と展開されている．そこでは，数学的意味はそれなりにわかるが，今度は現実との対応はまるで切れている．そもそもデータというものがどんな状況でのどういうたぐいのものかなどについてはまるで省みられず，データというのは「数値」ですらない「ベクトルの要素」にすぎない．これでは現実のデータを処理しているとか，現実世界についてなんらかの真実が解明されていくのだという実感がわかず，ただひたすら，新しい数学的事実を次々と提示され，それはあとで別の式の展開に利用されるから覚えておけ，ということのように思われた．つまり，数学的に吟味するにあたっての問題意識，それを導くことの必要性や価値といったことは誰も教えてくれないまま，累積していく「数学的事実」をひたすら「頭に入れる」という勉強になっていた．

要するに，実務統計のテキストを読むと，「何でそうなるの？」という問がムラムラとわき起こってくるが，数理統計学のテキストを読むと，「だから何なのサ？」という問いがムラムラとわき起こってくる．どっちを読んでもフラストレーションが高まるばかりだった．

0.2 心理学における統計学の濫用

0.2.1 「帰無仮説検定」信仰

　私は心理学のことしかわからないが，以前から心理学の世界での統計学の使われ方はおかしいと思っていた．そのおかしさは次の点である．

　第一に，ブラックボックス主義である．まるでハイテク機器を操作するときのように，「こういうときは，こうせよ」というマニュアル通りに実行しているだけで，なぜそうすべきかの意味も，どういう前提や制約のもとでそういう操作が正当化されるのかもわからずに，ただ結果だけを「報告」しているにすぎないと思われる論文が多い．このことは，最近のようにSASやSPSSというような統計ソフトが普及したこととも無縁ではない．ほとんどの心理学者が統計ソフトのマニュアルにしたがって，ほとんど何の意味も考えないで「結果」を出している．これは，先に私が自らを省みて「間違った勉強」だとした「やり方」主義，正解主義，権威主義そのものであり，それが何ら反省されず，さらに拡大・増強されて広く普及してしまっているのである．

　第二に「帰無仮説検定」信仰である．ともかく，意味のある「結果」を出すには，帰無仮説検定を行わなければならないとされる．そのためには，何が何でも，実験群と統制群の2群を構成し，両者を比較しなければならない．実験室で動物実験をしているのなら別段問題はないだろうが，これが人間を対象にするとなると，倫理的問題が発生しかねない（たとえば，一方にだけ施す「処理」が「差別」とされることもある）．また，学校での授業の場を借りて行なう「実験的授業」などの場合には，「統制」群などの設定自体がそもそも「許されない」可能性もある．そういう「難しいケース」はもともと「論文にならない研究」とされ，はじめから研究対象からはずされる．何とか実験群と統制群がうまくつくれた実験をしたとしても，今度は両者の「差」の扱いが問題になる．「有意差」さえ出ればサンプルサイズはどうであれ，万々歳とされる．さらに有意水準の0.01での「有意な差」は0.05での差よりも有力な証拠とみなされるのが通例だし，有意水準を「勝手に」（結果を見て）変えて議論することも容認されている．

　第三は，「方法」の理論への侵食である．統計的手法はあくまで実験結果を

分析する方法の一つにすぎない．にもかかわらず，こと「わが国の」心理学（とくに，教育心理学や認知心理学）についていえば，統計的手法を定型化した手順に従って使うことが「心理学の学術論文」の重要な要件の一つとされる*．そうなると，心理学的な「仮説」というのは，定番の統計的手法で分析できる「仮説」であり，一般的な統計的手法で解析できないたぐいのものは，最初から心理学研究の対象外に置かれる．そこから，論文の「書き方」についても，「問題」（検証されるべき仮説の提示），「方法」（実験対象，手続き），「結果」（統計的検定結果），「考察」という定型化した枠組みに即して論じることが要求されるのである．

0.2.2 データモデルと心理モデルの混同

ところで，統計的手法というのは，当然のことながら，「データ」なるものに対してある種の「統計的モデル」を想定している．つまり，ある観察データの変動は，いくつかの独立の変数（「要因効果」）の加法的結合モデルに，正規分布をもつ「誤差」が加わったものとして記述できるという想定である．たとえ，要因間の「相互作用」があるとしても，その「相互作用」という部分が，やはり加法的に影響すると想定しているのである．

このモデルは，ある特性値はいくつかの要因の影響が文字通り「加算」された結果だとするモデルである．これはものごとの変化にはどういう要因が「効いて」いるかについて，およその目安を得るには大変好都合なモデルである．農作物の産出量に肥料や土地の肥度，水はけ，日当たりなどの要因のどれがどう効いているのかを知るには大変好都合である．世の中の現象で私たちがとりあえず「知りたい」と思うことのかなりの部分は，この論理に即した話だといえなくもない．したがって，統計学の適用できる世界は結構大きい．

しかし，心理学研究というのは，何らかの心理特性に影響を与える「要因さがし」につきるものではないはずだ．人間とは何か，認識とは何か，判断とは何か……について，何らかの「構造」をもったモデル（構造モデル）が想定され，それが多様な側面での実験的観察を通して検証されていくべきものである．

---

* ただし，臨床心理学，精神物理学，スキナー派行動心理学等では，伝統的に統計的手法はあまり利用されていない．

= コラム 0.1 =

プラモデルはどんな「モデル」?

今日の科学的探究では,「モデル化」(モデル構築)や「モデル適用」はほとんど必須といってよいだろう.しかし,「モデル」とは,そもそもどのようなものか,「モデル化」や「モデル適用」とはどういう営みなのかについて,明確に述べることは容易ではない.ここでは,モデル論の古典というべきクームら (Coombs et al., 1954) の図式をもとにして,筆者なりに若干の修正を加えた説明をしておこう.まずは,下の図をじっくり見ていただきたい.

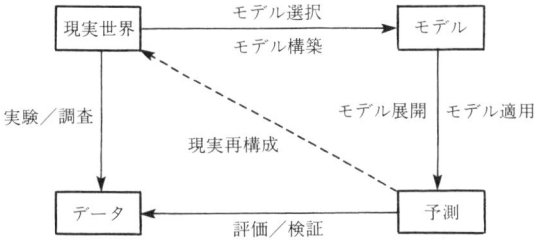

最初に矢印の外側をたどってみよう.私たちが扱う現実世界にあてはまるモデルを選択し,そのモデルを適用することによって現実世界に対する予測を得る.一方,現実世界に対して実験ないしは調査を実施しデータを得る.そして先の予測をデータに照らし合わせて,予測を評価ないしは検証する.ここまでは,ごく一般的な「データの仮説・検証」のプロセスである.ここでのモデルは,与えられたデータにうまく合致する予測が導出されることだけが期待されるものであり,いわゆる「データモデル」である*.このようなモデルは,たとえていえば,現実世界に存在するモノ(たとえば「飛行機」)のプラモデルのようなものである.つまり,モデルは現物の特定の側面(部品のサイズの比率)の写像(厳密には「準同型写像」)となっているが,現物のすべての側面の写像(「同型写像」)ではない.また,この段階では,モデルは「与えられたデータ」に対する適合度だけが評価され,新たなデータの可能性を予見したり,あらたなデータへの適合性を主張するものになっていない.この点でも,まさに「プラモデル」と同様である(通常,プラモデルは分解して別のモノに再構成することはできない).

さて次に,今度は内側のループを見てみよう.そこでは,現実世界を「多様なデータを生成するメカニズム(構造)」としてとらえ,その構造をモデル化

（モデル構築）しようとする．そこで構築されたモデルは，数学や論理学の体系に従ってさまざまに展開される．そこから現実世界に対して新たな予測が生成され，その予測にしたがって，実験や調査から新たなデータが取られてモデルによる予測の評価／検証が行なわれる．この場合のモデルは，もともと，与えられたデータの予測が主目的ではなく，データを生成する潜在構造のモデル化（準同型写像）をめざしたものである．ひとたびモデル化された構造は，数学の体系が許すかぎりの変換や展開が自由に行なわれ，そのつど新しい側面が予測されるものである．場合によっては，現実世界を新たに再構成する見方さえも導出される．このようなモデルは「構造モデル」とよばれる．これは，たとえていえば，先のプラモデルに対して，いわば「合体ロボット」（いわゆる「人」型のロボットから，「部分」をつなぎ変えればつぎつぎとロケットや戦車に自由に変身できるもの）にあたるといえよう．

> ＊ 以下で示すような，モデルを「データモデル」と「構造モデル」にわける考え方は，クームら（Coombs et al., 1954）にはなく，筆者（佐伯）のオリジナルである．ただし，クームらはデータをモデルで解釈・予測するループと現実世界の構造をモデル化するループを分けて論じている（その考え方はもともと Frederick Mosteller によるとされている）．

ところが，わが国の心理学研究では，何らかの心理特性（従属変数）に影響を与える，別の制御可能な特性（独立変数）の関数で表現できるというだけで，立派に「心理学的仮説」とされる．そもそも，「独立変数の加法的結合で従属変数の値が定まる」という関数関係というのは，データ解析の便宜上想定されるデータモデルであるが，それが心理学的モデルとされて，その検証実験だけで心理学的研究というお墨付きが与えられるのである．したがって「心理データ」の統計学的解析を研究するという「計量心理学」や「心理統計学」というのはわが国では結構盛んだが，たとえば人間の思考や行動を何らかの数学的な構造をもったモデルやプロセスの結果であるとして，そういう「心のモデル」の構築に数学を用いるという「数理心理学」というのは，日本ではあまり発展していない．

わが国の心理学には，行動主義もその批判として生まれた認知心理学も雑多に「並存」しており，なんら「はげしい論争」もない．以前からそれが不思議でならなかったのだが，もしかすると，さきのデータモデルの検証こそが心理学研究とされているところでは，もともと「記述の適合度」だけが争われるの

であるから，論争など起こりようがないということなのかもしれない．仮説がどこから来たのかは問題ではなく，その仮説のもとでの実験データが「有意差有り」として統計的に検証されたかだけが問題なのだろう．かくして，わが国には，行動主義革命も，認知革命も起こらず，すべて，心理データは「従属変数」を「独立変数」の加法的結合で表す統計的モデルで表現し，統計的検定にかけて，その適合度を「検証」するという，「関数主義」だけが，何十年も前から今日に至るまで変わることなく延々とつづいているのである．

これは，統計学の将来にとっても，決して望ましいことではない．なぜなら，こんなことでは，新しく興味深い「統計学的問題」が生まれるはずもないからである．

0.3 統計の「意味」とは

0.3.1 「統計学」は数学か

統計学を理解するためには，確率論や線形代数などの数学が不可欠である．「統計がわからない」というとき，その「わからなさ」のかなりの部分はそこでの数学的論理展開がわからない，ということであることは確かである．しかし，さきの筆者の「統計を学んで，なおかつ統計がわからない」というとき，それは統計の数学的展開がわからないという意味ではない．統計の数学がかなり「わかった」としても，なおかつどこかに「わからなさ」感がつきまとうのは，統計の「数学」がわからないのではなく，現実の問題を「統計的に見る」ということの意味がわからないのである．統計的な分析の背後に勝手に想定してしまっているかもしれない前提や，勝手に持ち込んでしまっているかもしれない制限について，ほんとうは丁寧に読み解いて明らかにしなければならないはずなのに，それが全然問われないでどんどん進んでしまうこと，そこに，「どうもわからない」といいたくなるものがある．いいかえると，統計の「実践」としての意味がわからないのである．「数学としての統計学」ではなく，「実践としての統計学」がわからないのだ．

0.3.2 実践としての統計学の意味

具体的な実践課題に即して統計学を適用しようとするとき，実践課題が本当にもっている意味が，統計的な考え方によって，どう解明されるのか，ということと同時に，どう隠蔽されるのか，ということが，「実践としての統計学」の意味である．それがどうもよくわからない，ということが，「統計学がわからない」ということの本当の意味なのではないだろうか．あるいは，そのことが，統計学が何らかの具体的な研究領域で「濫用」されているのではないかという疑いが生まれるゆえんではないだろうか．

「実践」というのはしょせんドロドロした世界である．すっきりしない話がいっぱいある．シロクロがつけられない話，ウソを承知で受け入れる話，ホントだとされていることのうらにあるウソの話，などがある．そういう「すっきりしない」ことをちゃんと見据えているかどうか，ということが，今，統計学に問われなければならない．

臨床心理学者の河合隼雄氏は，「正しいことばっかりしかゆわなくなったとき，人間は一番アブナイ」という．カウンセラーとして面談して，相手の話をじっと聞き，最後に，「あなたのおっしゃることは全部正しいです．まちがっていることがあるとしたら，たった一つ．あなたが正しいことしかゆわんようになっているということです」というケース——しかも，こういうケースこそが「重症」なのだという——がきわめて多いそうである．その点からいえば，今日の統計学はかなり「重症」である．書店にならんでいる統計学のテキストは，そのほとんどが，「正しいこと」ばかり書いてある．悩んでいるとか，困っているとか，どうもオカシイとか，無理（あるいはウソ）を承知でこんなことをやることがツライとか……，そういう，「実践にかかわる人」ならば当然でてくる不安，ぐち，うしろめたさの告白の言葉がどこにもない．みな自信にあふれて，「こうやることが正しい」「こう考えるべきである」「こういう利用法はまちがっている」などと，説教か訓辞か命令かといったような語り口の文章が多い．こういう姿勢では「現場から学ぼう」という考えは絶対に出てこない．「現場」というのは，無知が蔓延している「未開地」であり，「宣教」すべき世界でしかないのである．しかしあえていおう．本当の理論的な発展は，「現場」からあらためて学ぶところからしか生まれないのだ．理論を背負って

現場に入り，そこで理論ではとらえきれない多くの問題をかかえて理論に入り直したとき，新しい理論が生まれるはずである．そういう，現場との「行ったり来たり」が，統計学の世界で消えかかっているのではないか．

　河合氏にならって，あえていおう．「あなたのおっしゃることは全部正しいです．まちがっていることがあるとしたら，たった一つ．あなたが正しいことしかゆわんようになっているということです」．

　本書は，統計学におけるこの「たった一つ」の間違い——それは統計学がかかっている最も大きな「重症」を意味する——を正そうとして企画された．

引用文献

Coombs, C. H., Raiffa, H., & Thrall, R. M. 1954 Some views on mathematical models and measurement theory. *Psychological Review*, **61**, 132-144.

1章

必要とされるときの統計学
理論の「わかりやすさ」

　必要とされるときの統計学が真に統計学である (Statistics in need is statistics indeed).「統計学」は歴史的に実践が先に出てきてその術が磨かれて理論が形作られた．ガウス（地磁気データから最小二乗法・最尤法），ケトレー（平均人から正規分布），ゴルトン（優生学から回帰・相関），K. ピアソン（相関の数値化），フィッシャー（遺伝から実験計画・分散分析）など，みなそうである．その意味では統計学は数学や経済学よりは法学や臨床医学と似ている．統計学者は「データの世界」の弁護士や臨床医なのである．

　「ハウ・ツー」ユーザーは望ましくないが，逆にユーザーから求められているのは「理論のわかりやすさ」であって決して「理論」そのものではない．

　まず，統計学の方法を実践的に用いるとき，最低限これだけは知っておこう．

1.1　統計学の問い方

1.1.1　万人の科学としての統計学

　人類にとって科学的精神は普遍的な精神である．統計学の偉大な建設者の一人カール・ピアソン (Karl Pearson, 1857-1936, 図1.1) は，小さいとき両親から「坊や，そんなに指をしゃぶると，指が小さくなってなくなっちゃうよ」といわれたが，そのとき，それはおかしい，反対の指に添えて比べて見ると短くなったということは全くなかった，と子供ながら思ったと晩年述懐している (Kruskal & Tanur, 1978).「栴檀は双葉より芳し」（優れた人は子供のときから秀でている）ということわざの例のようなものであるが，まことに，フィッ

図1.1　カール・ピアソン

シャーと並んで近代統計学を築いた人にふさわしいエピソードである．

K. ピアソンが「科学の文法」Grammar of Science とよんだように，統計学は科学的に考えることに役に立つ学問である．身の回りの問題から社会や国家の問題まで「統計学」statisticsの重要さは強調しても強調しすぎることはない．しかし，数学を用いるうえ，独特の思考様式をもち，それに慣れるのが難しいと感じる人は多い．本書でもふれるように，世の中には考え方を知らない「ハウ・ツー」ユーザーがいると思えば，他方に現象への適用に冷淡で理論的なきれいさを強調する純粋理論派「統計オタク」もいる．その中間には，統計学の理論を理解させれば「ハウ・ツー」ユーザーはいなくなる，だからユーザーが正しく統計学の理論体系を学ばなければならない，と教える権威主義的な統計学者や教科書が存在する．しかし，それではうまくいかないことは，学んでみれば，あるいは教えてみればすぐにわかる．

統計理論はよくできている部分もあるが，完全に出来上がった体系ではない．大学で教えられている理論は「ネイマン-ピアソン理論」とか「ネイマン-ピアソン流」といわれる歴史的なもので，一つの「教義」doctrineである．そのように考えるものと公式にはされているが，絶対にそう考える以外に考え方がないというものではない．かえって，「素人」の疑問が正当なことも多い．

これらを横目で見て，コンピュータの発達はお構いなしのようである．便利な統計ソフト（ソフトウェア・パッケージ）が自由に使えるようになっている．一部の統計学者はコンピュータでシミュレーションの数値実験（ブートストラップ，ジャックナイフなど）も行なっている．話題はとぶが，「自動血圧計」が市役所などの公共施設，健康管理センター，スポーツクラブ，さらには病院に設置されている．ワンタッチ式で腕を入れれば即座に数値が出る．しかし，ふつうはよく教育を受けた看護婦さんが昔からの「水銀柱血圧計」を用いて，例のごとくマンシェット（袋）に空気を押し込み水銀柱の上下を見ながら測るあのやり方が正統的なのである．しかしながら，利用者（ユーザー）からみれば，正しい測定ができるなら自動血圧計でも便利である以上用いることになる．

=コラム 1.1=

教授と銀行支店長の会話

教授　統計学が専門ですが，キャッシュ・カードでお金を引き出したあとのあの利用明細，皆さんクズかごに捨てていきますが，そのあとどうされますか．重要な貯蓄の統計データですね．

支店長　翌朝早く，前日分を黒い袋に入れて燃えるゴミで出します．

教授　法律的には無主物ですね．誰のものでもない．銀行の口座はもちろん個人の秘密だが，あの明細はもう誰のものでもない．誰でも見られる．

支店長　捨てられたあとなら，理屈としてはそうです．そういう目的なら，法的には問題はないでしょう．

教授　学問の実践です．統計学のサンプルとして，一袋分もらえますか．もちろん悪用はしませんし，できるはずもないですから．

支店長　ウーン．研究のためならお役には立ちたいですが……．でも，明細は持ち帰られる人も多いですよ．あれは全部ではないのです．

教授　特に預金額の多い人は持ち帰るでしょうね．サンプルとしては偏っている．それに，銀行口座は一つではないでしょう．ただ，それはある程度理論的に調整できます．むしろ重要なことは実際に調べてみる精神です．

読者の皆さん，どうやって調整しますか．図 1.3 に合いますか．

「自動」式は手軽すぎて邪道であるという言い分はたぶん通らないであろう．

　もちろん，正しい使い方なら，という限りである．統計分析はここまで「自動式」にはなっていない．といってもコンピュータによる統計ソフトウェアのパッケージ（SAS とか SPSS）も手軽に使えるようにはなってきている．エクセル（Excel）のようなビジネス・ソフトにも，初等的な統計分析がすでに搭載されている．多くの統計学者がこのようなソフトウェア・パッケージには否定的であったが，筆者は，知識や方法は万人のもの，どちらかといえば肯定的に考えてきた．つまり，便利なら正しい使い方によって使えばよい．それに問題があれば是正していけばよい．統計的方法が普及していけばこういう方向へ移っていくのは，ほとんど必然である．統計学は万人のものである．

1.1.2 統計学の論理

ものを考えるとき，具体的，実際的に考えるとか，主体的に考えるとか，原理的（根本的）に考えるとか，科学的に考えるとか，いろいろの「考え方」がある．科学的に考えることは，言うはやさしいが，現実にはいろいろとむずかしい．「科学的とは何か」というより，それぞれの場で一体どう考えれば科学的に考えたことになるのか，いざとなると何からはじめていいかわからない．統計学でもいろいろとある．

事実から法則へ　科学哲学に「確証のパラドックス」という問題がある．

［問］　すべてのアリを見たわけではないのに，なぜ「アリは黒い」といえるのか（ただし，白アリの類は除くものとする）．［1 年学期試験］

困る問題である．大学に入ってもこの問題はギクッとする．なぜならこれは誰でも使っている論理（というよりは感覚）で，説明せよという方がムリかもしれない．ふつうは「それは論理の飛躍だ」といういい方が非難を含むように，論理（演繹論理）の飛躍は許されない．しかし，帰納論理ではこの特殊から一般へ（事実から法則へ）の飛躍は許される，というよりはこの飛躍が帰納論理の命なのである．現代イギリスの科学哲学者カール・ポパーはずいぶんと潔癖で，「帰納論理」は「論理」でさえないと退けた．統計学の基礎はこの帰納論理であるが，どのようにこの「論理の飛躍」をつかうか，その手続きがなかなか一筋縄ではない．

なお，上の問題はベイズの定理により数理的な説明がつく．章末の練習問題 1.2 参照．

集団を扱う　統計学は集団を対象とするが，集団として見る方法（というよりは，どの集団をみるのか）の重要さは，「まとめて」見れば集団を扱ったことになるという程度のものではない．その程度の認識ではみごとにだまされる．集団は魔物である．

「シンプソンのパラドックス」を見てみよう（表 1.1）．薬剤 1, 2 の効果（薬効）を，(a)全体で集計した場合，2 がはるかに有効となっているが，(b)若年，老年で分けて（「層別」という）集計してみると，1, 2 は全く薬効は等しいことになっている．逆の言い方をすると，若・老年ごとには，効果の差はないにもかかわらず，合併した集団では両者に圧倒的な差が存在する（なお，このパ

表 1.1 シンプソンのパラドックスの数値例（層別した薬効データ）

層別 (i)	薬剤 (j)	効果の有無 (k)	
		1. 有効	2. 無効
1. 若年	1	40	10
	2	120	30
2. 老年	1	30	120
	2	10	40
併合（プール）した表	1	70	130
	2	130	70

年齢という因子で層別した3次元の分割表の例である．
出典は『自然科学の統計学』（東京大学教養学部統計学教室，1992）の表5.16．

ラドックスはログリニア分析の方法を用いれば解決される）．

その他にも，集団を一定基準で分けて見ないと関連がわからないという例は「相関係数」でもある．後で見るコーラの2銘柄の例がそれである．

ランダムネス 二つの教授法A, Bを比較するために，それらを1クラス，2クラスで試行した．ところが，二つのクラスはもともと文系，理系としてクラス編成してあった．したがってこれが教授法の比較であったかどうかは，おおいに問題である．結論は相当怪しい．似た例として，ある診療医が午前中の受診者と午後の受診者に別の治療を行って両治療を比較した．ところが，この病院は受診者の症状の重要な点で午前と午後の予約を分けていたから，はたしてこの比較が本当に治療の比較になるかは疑わしい．この結論も危ない．どの受診者にも等しい確率で（ランダムに）両治療を割り当てるべきであった．これらは統計学では「ランダマイゼーション」（確率化，ランダム化）randomizationといわれる．考えてみれば当然であるが，ここを誤っては分析は台無しである．ランダマイゼーションはまさに統計の基礎といえる．

社会調査でサンプル（調査の回答者）を無作為に選ぶ「ランダム・サンプリング」random samplingもランダムネスを利用した統計的方法の基礎であるが，上のランダマイゼーションよりはよく知られている．両者はランダムネスを利用した点で共通する．ランダマイゼーションは現象のしくみを正しく浮かび上がらせる方法でいわば「内的」な論理であるが，ランダム・サンプリングは部分（サンプル）が全体（母集団）と正しくつながるように仕組んだ「外

的」な論理である．

歴史的には後者が前者を混同した形で知られたので，論争になった経緯がある．前者をまったく教えないことが多い．

社会的公正　社会科学的な価値の世界と接する部分がある．ここでは統計学によって，事実を「交通整理」することが，期待されている．

［問］　JR は特急「あさま」が 79 分で長野に到着すると認識させるような発表をしたが，これは最速のもの 1 本のみで，所要時間で最も遅いものは 118 分，平均でも 97 分という事実が消費者の指摘で明らかとなった．JR のいいぶんは，79 分自体は事実であり，企業の広告である以上多数中の最良のもので表現することも許される，というものである．社会的公正の見地からはどう判断されるか．［1 年学期試験］

ベイズ統計学　確率の発想法，使い方を変えると，異なった統計学の世界が出現する．

［問］　つぼ U_1, U_2, U_3 がある．赤玉，白玉がそれぞれ，3：1，1：1，1：2 で入っている．つぼをランダムに選んで，そこから玉を抜き出す実験を行なう．玉の色は赤であった．玉はどのつぼから抜かれたか，その確率を求めなさい．

これに対して，どのつぼの可能性もあるが，どれであるにせよ，ある一つのつぼにちがいない．一つに決まっているものに対して確率でいうこと自体おかしい，という答え方がある．コインを投げて見せ結果を手で隠し，相手に表か裏かを尋ねるときも，どちらかに決まっているから確率ではいえない，という答もこれと同じであろう．

他方，確かにある一つのつぼから出たには違いないが，それがどれであるかわからない以上，いろいろの可能性（命題の可能性）があり，その可能性を確率で表してよい（というよりは，それも確率と認める）という考えがある．これは「決定」decision に一歩近づくことであるから，相当の踏み込みである．

実際にベイズの定理で計算すると 9/19, 6/19, 4/19 となるが，実感もこれを認めるであろう．それ以上に，この考え方自体「原因の確率」probability of causes としてラプラス以来古くからある．ふつうの結果の確率に対し，この「逆確率」inverse probability の論理や計算法はもっと使われてよい．また，ケインズ，ラムゼー，ド・フィネッティらによって，「命題の可能性」の確率

1章 必要とされるときの統計学

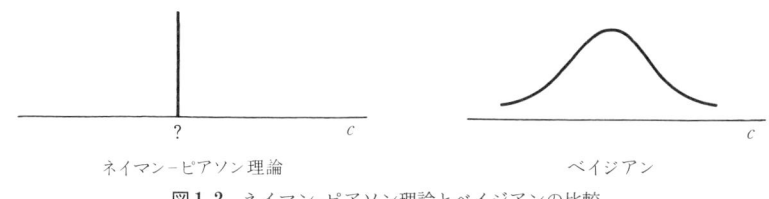

図1.2 ネイマン-ピアソン理論とベイジアンの比較

という考え方も歴史的には主張されてきた．

上のことを統計学に移してみよう．例えば「光速」の測定実験をしたとする．ただしそれが未知であった昔とする．「光速」はある値 c のはずで，ただそれがわかっていないだけである．「パラメータの値はわからないけれども一定の値」を前提としそれを維持しつづけるのが，通常の統計理論（ネイマン-ピアソン理論）である．「ベイズ統計学」Bayesian statistics では「わからないことは不確定であるから，確率的分布をもつ」（○○〜○○にある確率分布をもつ）と考えることは許される．というよりは人間的には自然である．ネイマン-ピアソン理論からはひと味もふた味も違う統計分析が出てくる．残念ながら日本ではなかなか広まらないが，アメリカでは半分近くが「ベイズ統計学派」「ベイジアン」Bayesian である．学問に国境がある例である（図1.2）．

1.2 統計分析の要所・要点

コンピュータによる「自動式」統計学の時代になっても，正しい用い方なら問題はない．だがこの「正しい」というのがそうやさしくはない．それはまずは利用者の責任と心構えの問題である．その正しい使い方の基礎を学ぶのは統計学の講義である．あまり教えられないが，ポイントをのべておこう．

1.2.1 統計の問題

「正しい」方法を用いることは大切である．しかし，残念なことに，というよりは本来そうなのだが，計算だけの分析で人は納得しない．科学的に考えた結果自分に都合の悪い結果が出たので，気に食わないとか，最初から「科学的」には考えたくないとか，科学とは「自然科学」だけにしておく，という態

度がわれわれの周囲に多くある.

そこにデータがあれば確かに「計量的」なアプローチは必要になる.とすると,そのアプローチの中で,そもそも分析の結果がどう総合されて役立てられるのか.データがそこにあるからといって,すべて統計の問題なのか.統計的な分析をして出した結論が状況を左右するのか.そうでない場合も多い.最初から結論が決まっている場合なら,統計分析それ自体ほとんど不必要(念のための事実確認以外は)かもしれない.現象にはそれにふさわしいアプローチがある.統計分析はどうしてもやらねばならぬというものではない.結果を出してもそのまま,そうですか,で終わってしまうことも多い.統計の分析が「はじめの言葉」となって,議論が展開していくとか,新しい問題領域がそこに生まれるのはよいが,「おわりの言葉」になるのは,あまり幸せなことではない.

データをとってしまったから何かをせねばならない,分析すれば何か出てくるだろう,こういう統計分析もある.一般的にこういうデータ分析は統計学者の間では評判が悪い.ただし,こういう態度や考え方が完全に間違っているといえないのは,立てた仮説を証明するタイプの問題にすると,統計理論だけで一刀両断で決着してしまうからである.だが実際には人はそれでは問題は終わったとは信じない.これでは統計分析を何のためにしたのかわからない.

統計の問題にするプロセスで,どう問題を切り取るのか,どう立てるのか.何を測るのか.測ってあるものの分析だけでよいのか.誰がそれを解釈するのか.例えば,先のたとえでは,はたして「血圧」を測ることがこの際適切なのか,血圧を測ることの意味などが問題になる.「体温」を測ることの方が適切かもしれない.総合病院へ行って精密検査をすることが緊急かもしれない.そうなると,精密検査の結果を理解することに問題が転化する.これについては「バッテリーの寿命実験」のケース・スタディが示唆に富む(1.6参照).

以上は「統計以前」の「統計」の問題である.問題の立て方それ自体が大問題で,これが決まるとあとはサッといくことも多いが,後になってこれが関わりをもってくることもよくある.

1.2.2 測定の問題

存在するデータ(経済統計など)を利用するのか.これからデータ(社会調

査など）をとるのか．どういう測り方（生物統計，心理統計など）をするのか．

a) 測定の計画——だれ（何）に対して，どういう順序で何を測るのか．これがしっかりしていないと科学的分析には耐えられない．その結果の価値にも大きな影響が出る．

［例］ 心理学実験で「ランダマイゼーション」，社会調査で「ランダム・サンプリング」や「層別サンプリング」など，測定が「科学的」にきちんと管理されていること．第3章参照．

b) 測定の尺度——測定の目的，単位，定義，精粗の問題である．どの物差しを使うのかで，計算可能性や統計量の選択など左右される．意外と理解されていないこと，習っていないことが多い．コンピュータへの入力形式にも大きくひびく．第2章参照のこと．

名義尺度：0, 1; 男，女など
順序尺度：おおいに賛成，賛成，どちらでもない，反対，おおいに反対など
間隔尺度：温度，時間間隔（経過時間）など
比尺度：長さ，質量，時間など

男＝1，女＝0 として，集団の平均＝0.48 とする，などのナンセンスを犯さない（というより，「平均」に惑わされない）ためにも，きちんと意識する必要がある．ただし，便宜上，順序尺度を「等間隔」として間隔尺度のつもりで計算することは多いが，一般には，前の方の尺度ほど許される演算の種類は限られる．名義尺度は足し算も許されない．

c) 測定の費用——大学の講義ではあまり意識されないが，実験や実社会では重要な因子となる．測定費用が大きい結果，小さすぎるサンプルでは結論も不正確になる．

1.2.3 標本分布

正規分布，χ^2 分布，t 分布，F 分布がこの順序で関係する．統計理論家の間ではかつてこの標本分布論は花形分野であった．しかし，それは理論家の問題で，利用者にはあまり関係のないことである．もちろんそれは全体として重要でないという意味ではない．統計学の理論を利用者にとって難解にする最大の理由はこの分布論にある．もともと教える側からもわかりやすく説明するの

は難しい箇所である．統計学のテキストで，これら分布そのものの説明は，もしそれが関心を削ぐものであるなら，とばしてよい．重要点を3点挙げる．

 a) 標本分布――「分布表」のことである，といって差し支えない．主なものは，テキストの巻末に掲載されている場合が多く，主として有意性検定に用いられる．幸か不幸か分布表は統計学の応用の正面から消えていく運命にある．それはコンピュータがそれを内部にもつことになったからである．「分布表」の主なものを章末に掲げた．

 b) 分布表の使用――コンピュータが算出してくれる時代であるから，不要という考え方もある．その場合でも，有意性検定の出力数字の「p 値」（有意確率 significance probability）の「読み方」が求められる．要するに，

$$\chi^2=30.57, \quad 自由度\ \mathrm{d.f.}=15, \quad p=0.01$$

というのは，自由度=15 の場合なら $p=\mathrm{P}(\chi^2>30.57)=0.01$ を意味し，よって有意水準 5% なら有意であることを理解しておくのが重要である．ふつうは p 値は半端な数字であるが，考え方はおなじである．1回は例題，問題を解いて，この「分布表」を使用する経験が必要である．ことに「自由度」の理解には有効である．

 c) 分布の定義――確率論の応用である．あえていえば，ユーザーからはここまで知らなければ統計学がわからないというものではない．一例として，X, Y がそれぞれ自由度 m, n の χ^2 分布に従う独立な確率変数のとき，$F=(X/m)/(Y/n)$ の分布を F 分布と定義するのであるが，時間があれば確認しておこう．

1.2.4　潜在変量の世界

「潜在的」latent とは想像の世界，さらには「バーチャル」な世界といってもそう誤りではない．世の中には目で見えないが，どうやら「らしきもの」を考えた方が説明のうまくいく現象がある．行動科学的に考えることが有効（必要）なとき，"背後の原因の世界" が説明に役立つ．重要なことは，あまり厳密に考えすぎないこと．いずれにせよ説明のため構成（想像）された世界であるから，多少の曖昧さ（現に人によって解釈が異なる）は許されていて，その意味では「文学的」感覚が要求される．こういう分析を嫌う実際家も多い．

=コラム 1.2=

ウィル・ロージャーズ現象

A君は成績のよい1組にいたが，その中ではそれほどいい成績ではなかった．このたび，1組よりは成績がよくない2組に移った．その結果，1組の平均成績も2組の平均成績も見かけの上で上がった．アメリカのユーモア小説家ウィル・ロージャーズ（Will Rogers）が「オクラホマの移民がカリフォルニアを離れてオクラホマに帰ったとき，彼らは二つの州の平均知能を高めた」といったそうである．同じことである．

これは医学統計学で治療法や検査法の比較でよく使われるパラドックスである．なかなかすごいたとえですね．

応用でいえば，心理学でいう「能力」，社会心理学でいう「パーソナリティ」，政治学でいう「イデオロギー」「意識」，地域分析でいう「地域性」などの概念はこれに当たる．これらは「目で見えない」「直接測ることもできない」．理論的にいいかえると，因子分析の「因子」factor, 主成分分析の「主成分」principal components などがその例である（ただし二つは若干性格が異なる）．少し進んだ考え方で，慣れるのに若干時間がかかるかもしれない．しかし，統計的方法もここまで使えればレパートリーも広がるし，分析力に自信がつくであろう．もちろん，そこまで必要になっていれば，の話である．第2章参照のこと．

ただし，実際的場面では，「潜在的」なものを認めるにせよ，何が潜在的か実在的か，実際は区別しにくいことも多いから，前提からして議論も出てくる．例えば「世論」というコトバで政治を説明するのか，それとも「世論」それ自体が存在するのか．こう考えてくると，潜在変数が役に立つ世界でも，逆に潜在的と実在的との境界がはっきりせず，因子分析を行なった意味がどれだけ残るか（意味ある場合も多いが），方法の普及，広範化にともなって，本家の心理学研究でも厳しい場面が出現することも数多く出てきているようである．もっともデータの整理（圧縮）や概観・展望だけを課題にするなら別である．

1.3 基本的な統計量の見方・読み方

　どんな人でもデータ（サンプル）をとると，グラフ（棒グラフ，円グラフ，折れ線グラフなど）を描くものである．これは重要である．統計学ではまず「データ」読みが重要である．統計学者にもこのデータ読みをしない人が増えているが，計算，数式，数字オンリーの統計学よりもこれが見直されなければいけない．実際，コンピュータ時代にこれは一瞬の作業となっている．

　しかしこれはほんの「さわり」である．視覚はその後に論理的推論がついていかない点で，このままでは先止まりとなっている．見え方の異なった人から反論されればその場で終わりである．やはり，分析的計算にいかねば十分ではない．まず，統計理論ではサンプルの関数（母集団のパラメータを含まないもの）を「統計量」statistic という．統計的方法を用いようとするとき，基本的な記述統計量およびよく用いられる検定・推定の統計量は意外と少ない．以下のものだけで統計量の9割以上をカバーすると思われる．定義と用法をテキストで一応学んでおく必要がある．

1. 代表値の統計量　　　　最頻値，中央値，平均値
2. ばらつきの統計量　　　レンジ，分散（不偏分散），標準偏差，変動係数
3. 関連の統計量　　　　　相関係数
4. χ^2 統計量　　　　適合度，独立性
5. 回帰方程式の統計量　　回帰係数，t 値，決定係数，重相関係数
6. 集団比較の統計量　　　2標本 t 統計量，分散分析の統計量（SS, F など）

　しかし，杓子定規に使おうとするのではなく，その使い方，背景，意味を十分につかんでおく必要がある．いくつか，実践に即して解説しておこう．

1.3.1 代表値の統計量

　ものの集まりを現代数学では「集合」ということはよく知られている．統計学はこの「集団」を対象として，そこに存在する量的な法則性・規則性に関わる方法論である．なお，より進んだ定義では，質的な法則性・規則性でも「量的に」扱えれば統計学の範囲に入れることさえある．現代の統計学のもとでは，「質」と「量」にさしたる方法上の区別は考えない．そこで集団をまず大まか

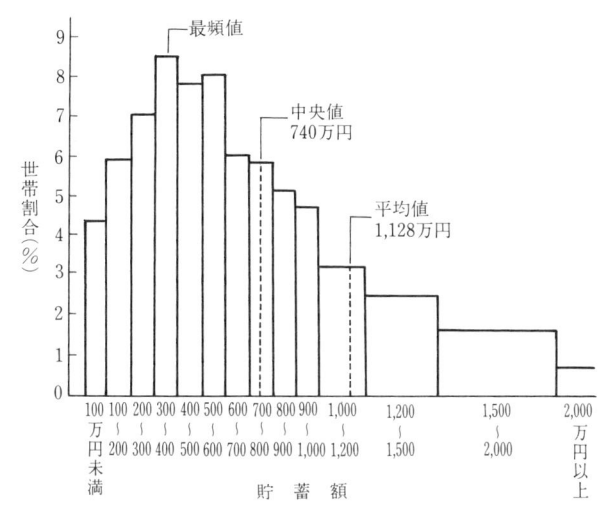

図1.3 1991年貯蓄額階級別世帯分布のヒストグラム

に捉えるための統計量が,「代表値」と「ちらばりの尺度」である.

代表値は英語で average といわれ,集団をとにかくも一つの値で代表(無理を承知で)させようという工夫である.最頻値(モード),中央値(メディアン,中位数ともいう),平均値の三つが重要である.平均値しか出ない場合でも他の二つは見ておく方がよい.これらがこの順序で並ぶ経験則はよく知られている.1991年貯蓄額階級別の世帯分布では,平均貯蓄額1,128万円である.にもかかわらず,最も多い(頻度の高い)貯蓄額階級では300〜400万円にすぎず,中くらいの値すなわち上下から50%の貯蓄額でも740万円にしかならない.逆に平均値は上から20%ほどの高い位置にある(図1.3).

だからといって,常に「代表値」だけが問題というのではない.環境データや安全性の問題では,最大値,最小値(極値)が問題の中心であることも少なくない.これについては興味深いケースとして,バッテリーの寿命実験を紹介した(1.6参照).

また「外れ値」「除外値」も分析の上で重要な問題となるから注意する.いずれにせよ,データが大きい場合はヒストグラムを作ることがほとんど必須である.ここには示さないが,「幹葉図」もよい.

1.3.2　ばらつきの統計量

　何のために分散が計算されたり，用いられるかを意識しておくことは大切なことである．「代表値」（多くは平均値）と「分散」はよくペアにして理解されるが，この「と」の意味は何であろうか．「分散」は何よりも「平均値からの分散」である．であるから，分散は平均値が代表値として適切に機能しているかどうかの，テストでもある．

　それは以下にのべることにして，分析が進んでくると，分散は不偏分散が使われることが多い．分散分析などでも，平方和はサンプル・サイズ n そのものではなく，自由度（n より小さい）で割って

$$s^2 = \{(x_1-\bar{x})^2 + (x_2-\bar{x})^2 + \cdots + (x_n-\bar{x})^2\}/(n-1) \quad (1.1)$$

で不偏分散を定義している．なお，多くの初学者が最初に気にする不偏分散たることの証明（実際，授業では質問が多い）は確率論分野に属するので，難解なら深入りしなくてよい．

　［問］X病院である週の7日間で，欠勤した看護婦数は次のようであった．
　　0,　1,　3,　6,　1,　1,　3
中央の6は異常な値と考えられるか．判断の論拠，基準を示しながら答えなさい．［1年学期試験］

　問は極端に外れた値（「除外値」「外れ値」といわれる）について問うことを眼目にしている．英語では「アウトライア」outlier とよばれるが，除外値であると判断されれば，その値はデータから外される．いったんとられた数字を外すのであるから，大きな決定である．実際，その後の計算に影響が出るから，公害訴訟などで大論争になることも多い．もちろん，ある"群を抜いた値"が除外値であるか否かの判断は，明らかな場合とそうでない場合とがある．「統計学の父」といわれるフィッシャーは，データが仮説（帰無仮説といわれる）から全体として大きく逸脱する場合，その逸脱は「有意」significant であるということにして「有意性検定」を提唱し，現代統計学の理論を築いたのである．この除外値の系統的な扱い方からヒントを得たといわれている．それぐらい「除外値」が統計学の理論の上でも適用の面でも大切な課題なのである．「除外値」で専門書が一冊書けるのである．

　人は自らの都合や利害から，データの特定の数字を含めたり含めなかったり

しがちであるが，除外値において特にその傾向は著しい．統計学は人々がそういう傾向に左右されずに，除外値か否かを客観的に数字だけから判断する方法をいくつかあみだしている．「スミルノフ-グラッブスの検定」などは多くある方法中の例であり，データの計算に困っている人々には大きな助けになろう．ある特定のデータ（看護婦の欠勤数）のなかで，除外値をどう論じていくかが，難しいが大変有意義な議論であることを，体得させることに価値がある．そこがポイントとなっている．

　[解答例1]　このデータの平均値は2.14である．6を除外した場合の平均は1.5である．1.5であれば最頻値の1に近いのでよいが，2.14は1からも遠いし，6にはもっと遠い．確かに6は異常値としてとらえた方がよいと思う．しかし，平均がすべてを代表するわけではない．もし休んだ6人が同じ病気だったりすれば，それは原因があるわけで，異常というより異変である．

　[解答例2]　1日につき欠勤した看護婦の平均人数＝2.1人．最頻値＝6人．中央値＝3人．分散を考えると，$s^2=1.7$，標準偏差$s=1.3$より，6人欠勤した場合，標準得点$Z=(6-2.1)/1.3=3$となり，かなり異常な値と考えられる．

　[解答例3]　6という値を除いた他6日間のデータ (0, 1, 3, 1, 1, 3) は平均1.5，標準偏差1.1であり，このデータから予想される欠勤人数は1.5 ± 1.1つまり0.4〜2.6人である．よって，6という数値は他の6日間の傾向に照らして異常である．（ただし，「6という値の日が月曜で，多くの看護婦がMonday bluesに屈した」などという，より大局的なサイクルに注目した解釈も可能かもしれない．）

　6を外す前後で平均が異なることの認識にまず心と手が動くか．ここはまず論理というよりはセンスへ直感が働かねばいけない．とりあえず簡単な計算を暗算，電卓でしてみてから，というのは一つのセンスである．平均の比較で実質十分といえようが，なぜ十分かと問われると答えにくい．6を除いた標準偏差で外れを測ってみることを最小限は期待したい．

　そして，ここが大切なのだが，これで議論が終わるのではない．多くのケースで，統計分析は計算公式や方法・手続きの機械的適用では終わらない．統計学者の中にこう考える人がいることは，一般に専門家（プロ）というものの陥りやすい傾向として，別段怪しむに足りないが，方法の信奉者，崇拝者はプロ

以外にもことのほか多いのである．

つまり，除外値にはその原因があることが多く，そこへ論が移る．6人欠勤はたまたま大雪の日で，前任者の時間延長で急場をしのいだという緊急体制が重要だということかもしれない．このことは，6が除外値である（かもしれない）ことからはじめてわかった事情とすれば，除外値の議論は除外値であることの統計的判断のみならず，それに隣接する（非統計的）事情を除外しては考えられないことになる．このような広い全般状況への目配り，配慮が欠けることが多いと，統計分析の信頼性は低下する．

1.3.3 関連の統計量

「相関係数」correlation coefficient は F. ゴルトン，K. ピアソン以来，統計学の歴史の中でも古いもので，統計学の建設に大きな意味をもっていたものである．統計学者以外でも，この考え方に関心をもった学者は多く（社会学者デュルケームなど），統計の格別の知識がなくとも「相関関係」の語を知っている人は多い．その定義

$$r = \frac{C}{\sqrt{A}\sqrt{B}},$$
$$A = (x_1-\bar{x})^2 + (x_2-\bar{x})^2 + \cdots + (x_n-\bar{x})^2,$$
$$B = (y_1-\bar{y})^2 + (y_2-\bar{y})^2 + \cdots + (y_n-\bar{y})^2,$$
$$C = (x_1-\bar{x})(y_1-\bar{y}) + (x_2-\bar{x})(y_2-\bar{y}) + \cdots + (x_n-\bar{x})(y_n-\bar{y})$$
(1.2)

となると，ややその数は少なくなる．何といっても，高校以来，分数の分子・分母が初学者には複雑で親しみにくく，近づき難いことがある．その解釈がきちんとできれば統計分析も相当にエキスパートに近い．なお，第2章，第5章も参照のこと．

a) 線形関係の前提——曲線へのフィット，例えば放物線にきれいに沿っていても，相関係数は必ずしも高くない．この場合は，例えば横軸の変数 x を2次関数にしたり，適当に変数変換する（図1.4）．

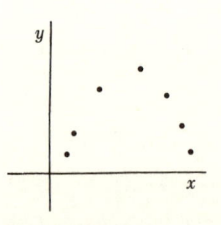

図1.4 放物線にフィットする場合

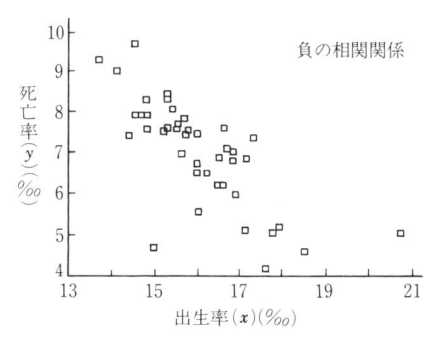

図 1.5 出生率と死亡率の散布図

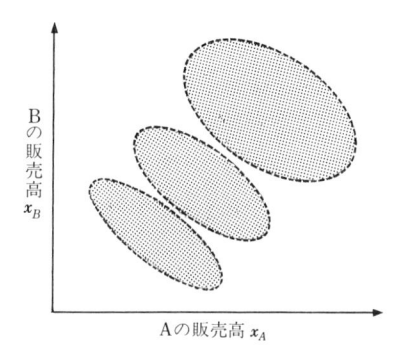

図 1.6 集団が 3 層に分かれている場合の散布図．全体では正の相関があるが，層別すると全体の相関が各層では負に変わる．

表 1.2 コーラの競合銘柄 A, B の各都市における売上高データ（仮設例）

No.	売上 銘柄 A	売上 銘柄 B	人口 (10^3人)
小都市			
1	17.4	14.8	144
2	13.2	14.4	184
3	11.5	20.3	157
4	15.1	10.2	168
5	20.3	12.1	199
6	10.1	17.6	133
7	5.8	24.7	125
8	5.7	28.0	101
9	7.4	27.8	138
中都市			
10	26.4	17.5	330
11	17.6	26.2	195
12	27.5	24.7	368
13	24.2	22.5	361
14	19.4	35.3	208
15	16.3	30.2	188
16	14.2	33.8	178
17	25.8	30.6	333
大都市			
18	26.3	31.2	329
19	34.5	37.5	408
20	31.4	40.6	410
21	42.2	27.4	594
22	37.5	19.6	441
23	30.1	34.2	409
24	39.7	45.5	550
25	30.4	37.5	468
26	27.3	49.1	370
27	38.0	40.3	437
28	41.2	38.2	546
29	24.5	38.4	337

b) 尺度不変性，位置不変性——正の定数倍 $x \to ax$, $y \to by$，定数を加える操作 $x \to x+a$, $y \to y+b$ で不変である．例えば測定の単位を気にする必要はなく，また測定の原点をずらせてもよい．たとえば，年を1999を99としてもよい．また2000を0としてもよい．

c) 因果関係との相違——相関関係はまずは数量的関係で，実体的な因果関係とは区別される．因果関係は別途証明を工夫しなくてはならない．「風が吹けば桶屋がもうかる」式の論理も，相関関係だけでは根拠付けられない．といっても，因果関係を相関関係で代理することはあるわけで，相関関係，因果関

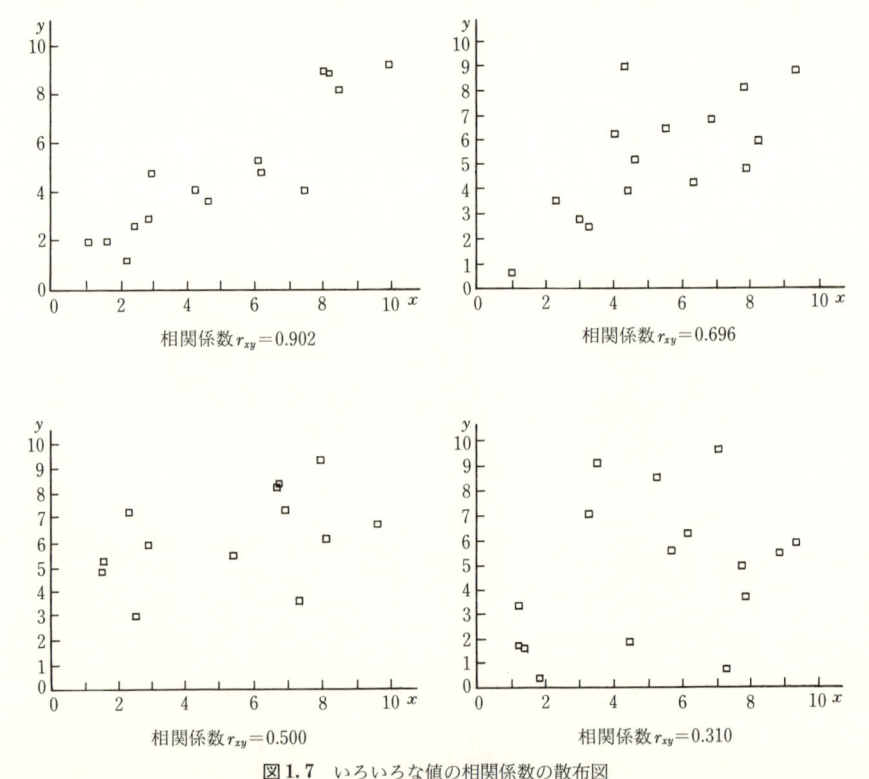

相関係数 $r_{xy}=0.902$

相関係数 $r_{xy}=0.696$

相関係数 $r_{xy}=0.500$

相関係数 $r_{xy}=0.310$

図 1.7 いろいろな値の相関係数の散布図

相関係数 r_{xy} の値がおおよそ 0.9, 0.7, 0.5, 0.3 の場合の散布図である.散布図におけるちらばり方の様子と相関係数の値の対応は,最も注意を要する.たとえば,n の値によるが,$r_{xy}=0.5$ は'半分程度'の相関ではなく,関係は微弱である.

係が混合して数多く入っているモデルでは,ある程度の注意をして,総合的に読むことが大切である.

d) 見かけ上の相関——たとえば,人口集団ごとに測った出生率と死亡率の関係で,マイナスの相関が得られるが,実はこれは双方が人口の老齢化率と強い関連をもつことの仮の姿にすぎない(図 1.5).

e) 層別・合併の影響——集団を合併,分割(層別)すると,相関の様子はガラリと変わる.d),e) の相関の様子を的確につかむには「偏相関係数」が用いられる.コーラ A,コーラ B の販売高の各都市(大,中,小)での相関はマイナスだが,全体ではプラスとなる(図 1.6,表 1.2).

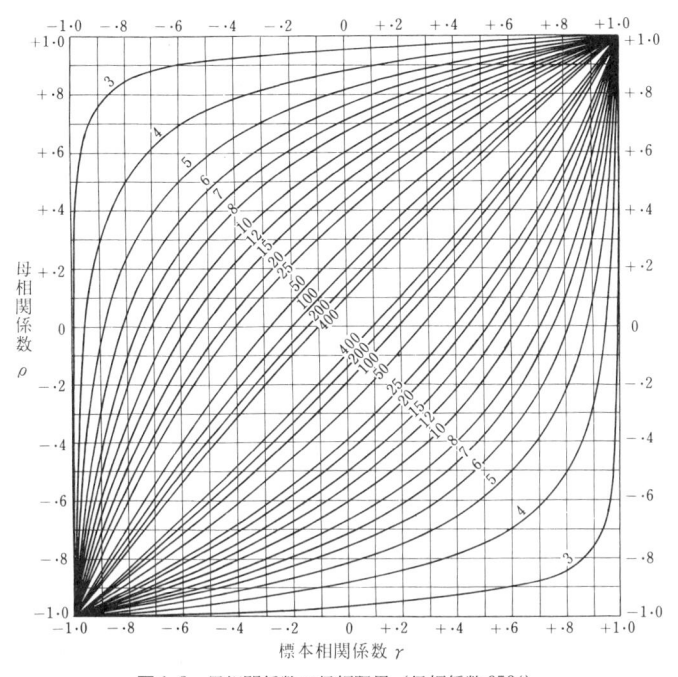

1章 必要とされるときの統計学　　　31

図1.8 母相関係数の信頼限界（信頼係数95%）

f) 切断による影響——センサリング（一定基準でサンプルを切り落として除く）すると，相関はやはり大きく変わる．たとえば，入学試験成績と大学学期試験の相関．入学試験の合格最低点でセンサリングされている．

g) 散布図による確認——何よりも相関関係の値の範囲（1〜-1）とその実体的な図（散布図）の対応が重要（図1.7）．これをやらないとかなり危険である．ことに相関が低い場合，相関ありなしの境界の線引きはよく論じられるが，学問分野や場合（状況）によるであろう．たとえば，経済時系列では相当に高いが，クロスセクション・データ（一時点を決め，集団や地域など，一定範囲でとったデータ）では低くなり，またその他の人文・社会科学の分野でも概して低くなる．

相関係数に無相関のシャープな境界を設定することはしばしば求められ，授業で質問も多い．無関係のあまりに杓子定規になりすぎるなら，境界自体あまり適当なことではない．実際，サンプル・サイズ（サンプル数）によるのであ

る．母集団の相関係数（ρ）が0となるサンプル相関係数の限界は$n=15$ならおよそ$-0.5 \sim 0.5$である（図1.8）．

　h)　手段・目的相関——警察官数と犯罪発生件数などは，手段（警察官）が増せば目的（犯罪抑止）が達せられ，相関がマイナスになると予想されるが，現実には逆にプラスになることが多い．警察官がいてはじめて犯罪が認知され，統計にかかるからである．行政制度を前提とした観測システムでは，観測システムが充実すればより多量の現象が観察され，手段・目的相関は予想と反対になることがしばしばである．

　i)　他の相関係数——順位相関係数（ケンドール，スピアマン），系列相関係数（自己相関係数）などがある．スピアマンのそれがより敏感である．また，相関係数類似の概念もあり，計数データ（度数データ）に用いられる．

1.3.4　χ^2統計量

　a)　頻度分布（クロス表）——分布の適合度（フィット）の検定と独立性の検定の場合がある．広い意味では後者も独立性へのフィットと考えられる．両式の定義

$$\chi^2 = \sum \frac{(f_i - np_i)^2}{np_i}, \tag{1.3}$$

$$\chi^2 = \sum_i \sum_j \left(f_{ij} - \frac{f_{i.}f_{.j}}{n}\right)^2 \bigg/ \frac{f_{i.}f_{.j}}{n} \tag{1.4}$$

の意味や由来はわかりやすいので学んでおく．np_i，$f_{i.}f_{.j}/n$はどうしてか．いずれも，ポイントは頻度分布（クロス表）をよく見ること．極端なものは一見して確認できる．なお，χ^2検定は頻度分布の原データを必要とし，比率（％）だけでは計算できない．

　さらに，イェーツの補正といって0.5だけの差引きを行なうことがあるが，文字通り補正であるから，あまり気にしなくてよい．

　あることの成立（適合している，独立である）からの距離であることに注意する．したがって「成立」を証明したいのか「不成立」を証明したいのかで，ユーザーから不便が感じられるのはムリもない．この不便は，現在の統計学のもっている限界といえるであろう．

b) **極端に大きいサンプル・サイズ**——サンプル・サイズ n が極端に大きいとそれが χ^2 に効いて，帰無仮説の棄却の傾向が強くなることもよく知られている．有名な「ウェルドンのさいころ」は，そのよい一例である（表1.3）．これほどよくフィットしていても，χ^2 検定では棄却となる．ちなみに $n=26,306$ である．

サンプル・サイズが大きくなると，仮説にデータが寸分違わずピタリと一致している（実際にはありえないが）のでない限りは，その違いが検出されて棄却傾向（棄却を証明したいならそれが証明される方向）に傾くのは当然で，通常の検定方式に共通のものである．適合度検定では n を大きくすることが比較的容易なため特に意識されるのである．

c) **オーバー・フィッティング**——逆に χ^2 が極端に小さいことをオーバー・フィッティングという．メンデルの遺伝学データ（3-1分離法則を前提とする）は χ^2 が極端に小さく（$\chi^2=0.470$），フィッシャーが指摘したように，データ収集過程が疑われていることは有名である．ただし，このデータはメンデルのデータの一部である（表1.4）．

d) **クロス表の合併・分割**——原則として回避したほうが安全．結論が大きく変わる可能性があり，それの理由を説明するのはふつうはかなり大変である．シンプソンのパラドックスはその典型である．

e) **ケース・コントロール研究**——医学統計学では，疫病にかかっているか

表1.3 ウェルドンのさいころ

成功の個数 x	相対頻度	二項分布
0	0.007033	0.007707
1	0.043678	0.046244
2	0.124116	0.127171
3	0.208127	0.211952
4	0.232418	0.238446
5	0.197445	0.190757
6	0.116589	0.111275
7	0.050597	0.047689
8	0.015320	0.014903
9	0.003991	0.003312
10	0.000532	0.000497
11	0.000152	0.000945
12	0.000000	0.000002

{5,6} の目を成功とし，さいころを12個投げたときの成功の個数の確率分布と実際（回数は26,306回）．古くより有名なもので，一見して二項分布に合致しているように見える．しかし実は，極端にずれていることが証明される．回数が多い場合には，常識程度の一致では「一致している」といえない．

表1.4 メンデルの法則による確率分布の適合

表現型	黄色・丸い	黄色・しわがある	緑色・丸い	緑色・しわがある	計
観測度数	315	101	108	32	556
確率	*9/16*	*3/16*	*3/16*	*1/16*	*1*
理論度数	312.75	104.25	104.25	34.75	556
両度数の差	2.25	−3.25	3.75	−2.75	0

「黄色・丸い」の度数は，メンデルの法則が正しければ，556×(9/16)=312.75となるはずである．観測度数と理論度数の差が重要となる．

(ケース) いないか (コントロール) で分類したサンプルからその原因を探究する．例えば猫爪病にかかっているかいないかで同数56人ずつとり，さらにその飼い猫にノミがいるかいないかで分類する二重クロス表をつくる．「いる」がそれぞれ32, 4,「いない」がそれぞれ24, 52であったとしよう．このとき，ノミがいることは猫爪病にとって32/36だけの危険度をもつという計算をしがちである．しかしこれはあきらかに誤っている．もし分析者が任意に選べるコントロールを2倍の人数にとれば，おそらくこれとは異なった比率32/40となるであろう．実践の場でこの種の誤りは多い．この研究はオッズ比，マクネマーのχ^2検定，マンテル-ヘンツェルの検定に発展してゆくが，進んだ方法としてここではのべない．

1.3.5 回帰方程式の統計量

最もよく用いられる．回帰係数，t値，決定係数が重要であるが，単回帰は歴史も古く比較的理論を理解しやすい統計的方法の一つである．たいていの統計学テキストで十分である．

相関係数の場合と同じく，やはり散布図と回帰直線の関係は目できちんと把握しておくことが大切．思いがけない誤解をする場合もありうる (図1.9)．

重回帰の場合は「最小二乗法」が単回帰と共通なのであるが，式展開はそれよりはるかに込み入ってくる．苦労するが，出力結果の最小限の意味を「読める」ことくらいは必要であろう．特に，決定係数，重相関係数，自由度調整，標準化係数などの理解が重要である (表1.5)．

ここでは，y＝ボール投げ距離，x_1＝体重，x_2＝身長，x_3＝握力として，

$$y = 0.125x_1 + 0.171x_2 + 0.201x_3 - 13.2 \quad (R^2 = 0.691) \tag{1.5}$$

1章 必要とされるときの統計学

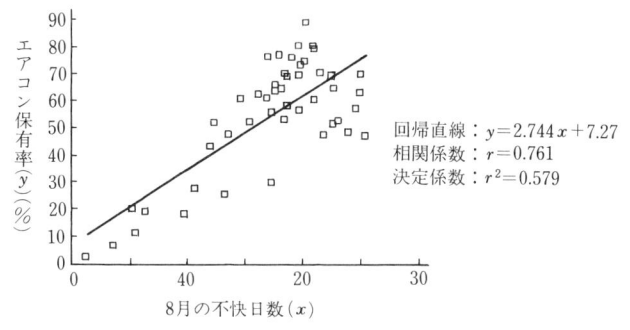

回帰直線：$y=2.744x+7.27$
相関係数：$r=0.761$
決定係数：$r^2=0.579$

図1.9 回帰分析の結果
散布図に回帰直線を引いたもの．決定係数 $r^2=0.579$ はよい値とはいえない．

表1.5 重回帰の計算

変　数	回帰係数 b	b の標準誤差	標準化回帰係数	t	有意確率（p）
体　重	0.124943	0.166698	0.281039	0.750	0.4693
身　長	0.171025	0.131560	0.306089	1.300	0.2202
握　力	0.201377	0.184209	0.347809	1.093	0.2977
（定数）	-13.217298	17.603765		-0.751	0.4685

重相関係数 $R=0.83147$，決定係数 $r^2=0.69135$，決定係数（自由度調整）0.60717，回帰値の標準誤差 $=2.53154$

を得ている（データ略*）．フィットは悪くない．重回帰式は採用される．ただし，各係数の t 値はみな有意でない（5% 水準で p 値をみる）．すなわち，x_1，x_2, x_3 はたがいに相関が高いので，x_1, x_2 で y を説明（回帰）した後，あらたに x_3 によって説明される部分はもう残されていない（x_1, x_2 で説明されるとき，同時に x_3 で説明されている部分がある）．ゆえに x_3 の t 値は低い．一般に，多くのたがいに相関の高い変数で重回帰を行なうとき，重回帰式の決定係数は高いのに，それぞれの変数の t 値は低いことがよくある．

この考え方をさらに極端に突き進めると，よく知られた「多重共線」という重回帰の異常が生じる理由がよくわかる．従属変数 y を独立変数 x_1, x_2 で説明する重回帰で，x_1, x_2 が強く相関していて互いにほとんど直線関係で結ばれている（例えば表1.6(a)におけるように $x_2 \fallingdotseq 2x_1$）としよう．情報的に x_1, x_2 は互いに読み替えただけであるから，実質は同じ変数である．y を x_1 で説明すれば（x_2 を変数にあらたに追加しなくても）すでに x_2 でも説明したことにな

---
* 『わかりやすい統計学』（松原，1996），あるいは『統計学大辞典』（竹内他，1989）参照．

るはずで，x_2 を変数に追加して y を x_1 および x_2 で説明する重回帰にした場合，x_2 には y を説明する固有の情報はほとんど残されていない．すなわち，その回帰係数の t 値は著しく低下する．いいかえると，推定の標準誤差が著しく増大し，信頼性が疑わしくなる．

以上の説明は x_1 と x_2 を交換しても同じである．表 1.6(b) はその例である．ここでは本来正（負）になるべき回帰係数が負（正）になる符号逆転さえ起こっている．独立変数が互いに直線関係に入ってしまうこの現象は，多変数が混

表 1.6　多重共線

(a)　多重共線の強いデータ

y	x_1	x_2
8	1	2
4	2	4.2
1	4	8
2	5	10
−3	6	12
3	9	18

(b)　重回帰分析の結果＊（Excel）

回帰統計	
重相関係数 R	0.5476
重決定係数 R^2	0.299865
同自由度調整 R^{*2}	−0.16689
回帰値＊＊の標準誤差	3.909767
観測数	6

分散分析表

	自由度	変　動	分　散	分散比 F	有意確率 (p)
回　帰	2	19.64118	9.820588	0.642445	0.585831
残　差	3	45.85882	15.28627		
合　計	5	65.5			

	係　数	標準誤差	t	p 値	下限 95%	上限 95%
切片（定数）	5.729412	3.781159	1.515253	0.226954	−6.30393	17.76276
x_1	2.470588	47.03683	0.052525	0.961413	−147.222	152.1629
x_2	−1.58824	23.65898	−0.06713	0.950701	−76.8817	73.70527

＊　見出しはわかり易いように改変．
＊＊　y の推定値を「回帰値」という．

表 1.6 (つづき)

(c) x_1 による単回帰分析の結果* (Excel)

回帰統計	
重相関係数 R	0.546638
重決定係数 R^2	0.298814
同自由度調整 R^{*2}	0.123517
回帰値**の標準誤差	3.388499
観測数	6

分散分析表

	自由度	変 動	分 散	分散比 F	有意確率 (p)
回 帰	1	19.57229	19.57229	1.704617	0.261714
残 差	4	45.92771	11.48193		
合 計	5	65.5			

	係 数	標準誤差	t	p 値	下限 95%	上限 95%
切片 (定数)	5.590361	2.741584	2.039099	0.111057	−2.02151	13.20223
x_1	−0.68675	0.525997	−1.30561	0.261714	−2.14715	0.773658

(d) x_2 による単回帰分析の結果* (Excel)

回帰統計	
重相関係数 R	0.547011
重決定係数 R^2	0.299221
同自由度調整 R^{*2}	0.124027
回帰値**の標準誤差	3.387514
観測数	6

分散分析表

	自由度	変 動	分 散	分散比 F	有意確率 (p)
回 帰	1	19.599	19.599	1.707937	0.261322
残 差	4	45.901	11.47525		
合 計	5	65.5			

	係 数	標準誤差	t	p 値	下限 95%	上限 95%
切片 (定数)	5.622475	2.760633	2.036661	0.111366	−2.04229	13.28724
x_2	−0.34566	0.264493	−1.30688	0.261322	−1.08001	0.388692

---

* 見出しはわかり易いように改変.
** y の推定値を「回帰値」という.

み合って干渉が起こるある種の病理で，多くの独立変数を投入する計量経済学の分野で多重共線と命名されている．

意味や役割について十分考慮することなく，変数は多い方が少ないよりよい，という軽い気持ちで投入すると多重共線が起こる可能性がある．困ったことに，多重共線にもかかわらず変数が多いほど決定係数は見かけ上は上がるから（表 1.6(c)），それが隠れて起こっていることが意識されない判断ミスも誘いかねない．独立変数の個数が多いとき単に「フィットがよいからよいモデルである」といったテクニカルな数理的基準だけでは，この多重共線をはじめ予測が当たらないとか思いがけない結果で解釈が不可能となるなど，モデル全体を崩壊させかねない．一般的に，実践上は人間による実質判断を越えるモデルはコントロールが効くように思い切って簡素化し，それによって説得力を獲得するものである．ある変数群が多重共線を引き起こすかどうかの判断も実質判断であり，面倒でも最終的には人間がするほかない．

最後に，x の値を与えて y の値（および y の平均値）を信頼区間で予測する必要が生じることがある．これは分析ソフトが出力しないので自ら計算するほかない．結果はわりによく知られたものであるが，最近はこれにふれないテキストが多い．（従来の）若干進んだテキストには出ている．

1.3.6 集団比較の統計量

a) 2 標本 t 統計量——集団を比較することは科学の基本概念であり，素人，専門家の別なく非常によく用いられる統計量であるが，分散が等しいことの F 検定が前置され，その採択・棄却でその後の用いる統計量や読む表が異なる．表 1.7 で合併分散か個別分散のどちらか一つだけが適用されるのだが，不親切なことに，両方とも出力される形式になっている．そこをユーザーが判断して決めることになる．ここで基礎を勉強しているかいないかが試されてしまう．ユーザー側の不勉強とソフト側の不親切の相乗効果で，混乱としては最も頻繁なものの一つである．

なお，この検定は文字通り集団ごとの比較で，個人（個体）ベースの比較ではないことに注意する．後者は「対応ある比較」といわれ，それぞれの差を計算する．これを誤る場合も多い．

表1.7 t 検定のコンピュータへの出力結果（例）

変　　数	ケース数	平　　均	標準偏差	標準誤差
グループ1	24	6.5917	1.709	0.349
グループ0	23	4.8696	2.083	0.434

F 値	両側確率	合併分散推定の場合			個別分散推定の場合		
		t 値	自由度	両側確率	t 値	自由度	両側確率
1.49	0.352	3.10	45	0.003	3.09	42.58	0.004

原データ：『わかりやすい統計学』（松原，1996）の表3.5（各県別経済成長率の東日本，西日本比較）．

分散を比較する F 値は有意でない（有意水準＝0.352＞0.05）から二つの分散は等しいという仮説は棄却されず，両サンプルは合併される．ゆえに「合併分散」の結果を読む．

b) 分散分析——比較は2集団のような簡単な場合とは限らない．1元配置は3集団以上の（母平均の）比較の仮説検定であるが，サンプル・サイズが大きくても，たった1枚の「分散分析表」が結果のすべてである．このアンバランスがユーザーには，納得いかないことが多い．いいかえれば，分散分析表が読めなければ，分散分析の一切が意味なくなる．

一般に分散分析は初心のユーザーにとっては計算が難渋（なんじゅう）な分野であるが，ポイントとして，「間」betweenと「内」withinを理解することである．日本人とアメリカ人を比較（間）しようというとき，アメリカ人にもいろいろいるし日本人も同様（内）ということを考えずには，実質無意味であろう．あとはこの基本アイデアをどう計算に移すかである．よい分析例がのっているテキストで，平方和，自由度，分散比 F などを実践的に学ぶのが早道である（表1.8）．

「分散分析」というコトバに惑わされないこと．あくまで平均の比較で，そこで分散を基準にとるだけである．すべての平均が等しいという帰無仮説が棄却されれば，どれがどれだけ異なっているかの比較をあらためて分散分析とは別に行なう．それこそ1枚の分散分析表では間にあわなくなる．これを「多重比較」という．最近は医学・薬学の臨床ではここまで要求されることが多く，シェフェ，ボンフェローニ，テューキー，ダネット，キュールスの各方法などあるが，必要のときにあらためて学べばよく，初学者に必須というわけではな

表1.8 分散分析表（例）

要因	平方和	自由度	平均平方	F値
圧延率 (A)	$S_A = 100.736$	$\nu_A = 2$	$V_A = 50.368$	$F_A = 9.34$**
圧延速度 (B)	$S_B = 158.278$	$\nu_B = 3$	$V_B = 52.759$	$F_B = 9.78$**
交互作用 $(A \times B)$	$S_{A \times B} = 49.161$	$\nu_{A \times B} = 6$	$V_{A \times B} = 8.194$	$F_{A \times B} = 1.52$
誤差	$S_e = 64.735$	$\nu_e = 12$	$V_e = 5.395$	
計	$S_T = 372.910$	$\nu_T = 23$		

原データ：『自然科学の統計学』（東京大学教養学部統計学教室，1992）の表3.5．
$F_{A \times B} = 1.52 < F_{0.05}(6, 12)$ だから交互作用 $(A \times B)$ は有意ではない．$F_A = 9.34 > F_{0.01}(2, 12) = 6.93$, $F_B = 9.78 > F_{0.01}(3, 12) = 5.95$ だから圧延率 (A)，圧延速度 (B) はともに1%有意である．このように，2元配置分散分析表では，二つの因子の他に交互作用が変動要因として現れる．

い．もっとも，難しい方法でもない．

最後に，しばしば用いられるのが，「ノン・パラメトリック」統計学である．これはふつうの（しいていえば）「パラメトリック」統計学とちがって○○分布などは用いない，というよりは用いなくてもよい統計的方法である．したがって，数量的なものは必要とせず，ただ順序，順位（ランク），符号（＋，－）などを見てゆく．例として，2集団の比較も，混ぜておいて一方が高順位で他方が低順位なら，おおむね判断がつく．そのかわり，やや粗く鋭敏さを欠く（差の検出力が低い）ことはやむをえない．また，特別の表を必要とするというハンディもある．その限りではテキストに出ているラン検定，マン-ホイットニー，ウィルコクソン，クラスカル-ウォリス，フリードマンの各検定などは，有効である．今後，この簡便さは実践の上では再評価するべきであろう．

1.4 統計学の歴史

1.4.1 決定論の終焉

統計理論は不変の真理というよりは歴史的産物である．便利だができることとできないことがある．ユーザーがその用法や効能に不満があるのは，ちょうどわれわれが機械や道具の便利さは一定範囲で，万能やユニバーサルな機械はないことと同じである．さびしいことかもしれないが，そのほうが人はよく考えるのである．ものを深く考える一つのよい方法は，考えた人々の跡を追ってみることである．

= コラム 1.3 =

典型と凡庸の間

「典型」も「凡庸」も統計的なものである．すなわち，集団中の多数を占める性質である．しかし，意味合いはやや違う．統計学の元祖（のその前）というべき，ケトレーは諸国民の体型を測って詳しく調べ，諸民族には固有の平均値があるという確信に達した．「平均人」homme moyen というのがそれで，平均値とは「典型」である．

同じ平均値でもゴルトンになると「凡庸」となる．凡庸はよくない，それから（上へ）偏った人がいいことになる．ゴルトンは「天才家系」の研究で有名で，バッハ家，ベルヌーイ家などがその研究材料になった．平均値を中心としたベル型曲線のひとつが正規分布で，「ノーマル」normal 分布という．命名はゴルトンだが，「ノーマル」とは正常とか，可もなく不可もなくまあボチボチというくらいで，あまりよい意味ではない．これがいやな人は「ガウス分布」といっている．ゴルトンが用いた「回帰」regression ももとは退化という意味で，優れた才能も代が経つと平均＝凡庸へ引き寄せられていく．そういう意味で使われた．これもよい意味ではない．

次のようなよくある統計学の試験問題を考えてみよう．

［問］ある一定時点における，TV 番組の視聴率を統計的にサンプル調査したい．誤差は $X\pm 1.0\%$ の形にしたい．ただし，調査は機械据え付けによって，特定の番組だけでなくすべての番組を同時に対象にし，またここでいう誤差はおおむね $2SD$ を意味するものとする．また機械式なので回収率は考えない．必要なサンプル・サイズ（機械の台数）n を求めなさい．

近代以前の古代・中世の人々はこのような問題にはまったく無縁であり，解くことに悩むこともなかった．もちろん，TV がなかったというのでなく本質的意味においてである．これら昔の人々は人生も世界もことごとく「運命」や「自然」によって決められており，偶然（チャンス）が不幸をもたらしても，そのまがまがしさはこれまた運命として手早く片付けられた．しかし，イアン・ハッキングもいうように，近代に入って人間が神を追放し，自然に対して支配をもち，また政治によって人生を改善できるようになると，このような決定論は徐々に後退を余儀なくされる．各人のすべての仕事，社会の運行の出来

事はすべて人間次第となり，偶然という不確実性も「たまたま」では処理できず，真正面からコントロールせざるを得なくなったのである．

　統計学の発生は近代のこういう状況の中ではきわめて必然的である．人口が増え生産も増加し，諸民族の交流が頻繁となった反面，戦争，貧困，自殺のような逸脱行為が無視できなくなって，その把握とコントロールに，国家は忙殺されるようになった．ヨーロッパ先進国は競って統計局を設置し，統計調査を行ない，おびただしい統計表を作成し，国家運営に役立てた．統計は権力の一手段となったのである．ハッキングが「統計学革命」の時代とよんだ，このヨーロッパの18世紀前半に，この革命をリードしたのが人間の精密研究『平均人』のA.ケトレーであった．ケトレーが後のゴルトン，K.ピアソンら精密数理化の始祖に与えた学問的影響も考えあわせると，彼ケトレーなくして統計学は現代社会に大きな役割を担うことにはならなかったことは明らかである．

1.4.2　確率論との出合いとランダム・サンプリング

　方法論的，理論的には，統計学はきわめて意欲的にフランス古典確率論の成果を摂取した．まず完全な輸入超過である．「古典確率論」とは，端的に高校の「確率」を思い浮かべればよい．パスカル，フェルマー，ド・モアブル，J.ベルヌーイを経て，S.ラプラスで大成された現象志向型で知識集積型，かつ（以降に比べて）それほど高度には数学的でない知識体系である．ことに，ラプラスによる確率の定義「場合の比」の原理は，この知識体系の枢軸である．トランプの絵札の確率は $12/52=0.231$ とする式である．定義がそのまま統計理論に活用されることはいうまでもない．

　統計学がこのように確率をとり入れた最大の理由は，ランダム・サンプリング（サンプルの無作為抽出）のランダムネスがちょうど確率論によってピタリと説明され，うまく表現できるからである．これによって，もとの集団（母集団）からランダムにその小さい一部（サンプル）を抽き出すことが理論上正当なものとして許容され，諸公式が次々と得られることになった．これを発展させると，伝統的な全数調査がサンプル調査へと簡素化・効率化され，また今世紀の大量生産過程のコントロールもこの考え方によって可能となった．

　統計学のこの意味での数理化，「数理統計学」の体系成立は，K.ピアソン，

1章 必要とされるときの統計学

表 1.9 近代統計学理論を築いた10人

---
1. ペティ (William Petty, 1623-1687)
   社会経済現象の数量的観察.
2. アッヘンヴァル (Gottfried Achenwall, 1719-1772)
   国勢学派. 統計調査 (今日の官庁統計). 'Statistik'の語を使用.
3. ラプラス (Simon Laplace, 1749-1827)
   古典確率論の大成と近代確率論の基礎.
4. ガウス (Carl Friedrich Gauss, 1777-1855)
   誤差理論と正規分布. 最小二乗法.
5. ケトレー (Adolphe Quetelet, 1796-1874)
   大量観察と統計的法則性.「平均人」,「平均」の概念.
6. ゴルトン (Francis Galton, 1822-1911)
   遺伝学の数理的理論.「回帰」の概念.
7. カール・ピアソン* (Karl Pearson, 1857-1936)
   近代統計学の数理的基礎.「母集団」の萌芽.「相関係数」, χ^2 統計量の導入.
8. ゴセット** (William Gosset, 1876-1937)
   t 分布の導入. 小 (精密) 標本理論.
9. フィッシャー (Ronald Fisher, 1890-1962)
   統計的推測理論の確立. 標本分布論. 実験計画法. F 分布.
10. ワルド (Abraham Wald, 1902-1950)
    統計的決定理論. 検定理論と推定理論の数学的統一と精密化.

「統計学略年表」(林, 1988:272) 中の重要人名 (太線で表示) から, 統計理論の確立に直接かかわったものにしぼり, ゴルトンとゴセットを加えた.
  * 子 Egon Pearson も「ネイマン-ピアソン理論」で知られる.
  ** 'Student'の名でほとんどすべての論文を発表した.

ゴセット, フィッシャー, ネイマン, E. (エゴン) ピアソン等現代統計学の建設者の手によって行なわれたが, 統計学への確率論の導入＝ランダム・サンプリングというわけではなく, ランダム・サンプリングの実践化, 政策化, 工業化つまりは手続き化をとりわけ強く遂行したのは, ネイマン, E. ピアソンであった. 狷介といわれるほどに真面目な実験科学者であったフィッシャーが, ランダム・サンプリングのこのように慎重でない (脳天気な?) 用い方に強く反発して, 一連の統計学の論争を引き起こしたことはよく知られている. これについては次節で触れるが, 重要な今日的論点である.

いずれにせよ, 専門家の統計学者が理論を巡って論争するということは, 理論の方法に限度と限界があることを示している. つけ加えれば, ランダム・サンプリングは, 全数調査のみが正しい調査とするマルクス主義経済学者から, 「偏りのない」ランダム・サンプリングは直視すべき労働者階級の階級的状況

を見えなくする視点，社会観察に「階級的ゆがみを導入するものである」と批判された歴史もある．

皮肉なことであるが，コンピュータの発達によって，場合により全数調査が安価でできるようになった現在，ランダム・サンプリングに基づく現代の統計理論はどうなるか，という問題も新たに提起されつつある．

1.4.3 仮説検定のロジック

仮説検定はもともと，いわば首実検する仮説（「帰無仮説」null hypothesis という）の「有意性検定」test of significance（フィッシャー）であった．この後，「対立仮説」alternative hypothesis（ネイマン-E. ピアソン）という考え方が導入され，「仮説検定」hypothesis testing と称されるようになった．これらが同じ考え方か異なった考え方か，統計学者の間で論争があった（フィッシャー-ネイマン論争）．今日の統計理論は「ネイマン-ピアソン理論」といわれ後者が前者を含んだ，具合のいい混合ないしは「雑種」となっていて，教える側も習う側も違いは意識しない．

ただし，幸か不幸か，深く考えていくとユーザーにとってもこの違いに基づく混乱が問題化することがある．これは，ユーザーの責任ではない．これについては節を改めて次に解説する．

1.5 フィッシャー対ネイマン論争と今日の統計分析

1.5.1 論争の内容と基礎概念

統計学のユーザーや初学者が統計学にこんがらがるのは，その人々のせいでないところがある．そこはある程度安心してよい．いま大学で教えられている統計学である「ネイマン-ピアソン理論」は，実は「理論」というより「派」「流派」と理解した方がスッキリする点も少なくない．対するのが「フィッシャー派」である．二つの流派はそれぞれよくできているが理論的には微妙なところで食い違う．現実にはこれが大きく違ってくる実践的場合もあって，そこでユーザーが混乱に取り残されるのである．

仮に「先生」「弟子」と呼んでおこう．この弟子は先生の理論を発展させれ

ば先生は喜ぶと思った．実際，発展させたと確信した．しかるに先生は喜ぶどころか，「発展」は誤解，曲解に基づくと断じ，歪曲とまで言い切った．弟子は最初は意図を説明し説得に努めたが成らず，ついに先生との大論争に踏みきる．ここで「先生」はフィッシャー，「弟子」はネイマン，E. ピアソン（K. ピアソンの子）である．もっともここで教育・指導上の師弟関係ではなく，理論上の影響・感化をさす．論争は「フィッシャー対ネイマン-ピアソンの統計学論争」とよばれる．

先生は自然科学者にみる信念一徹（あるいは，ガンコ一徹）の人である一方，弟子は楽天的でアイデア豊富，発展的性格をもっていた．これらの性格の組み合わせがうまくいくかどうかは興味深いが，当面本論とは関係ない．実際のところ，たしかに個々の主張点で両者が対立することはもっともと思われた．しかし，両理論が根本で対立的とは思われず，全体的には弟子が先生の理論を継承発展させ，一般化・普遍化したことには疑いを容れにくい．論争としては弟子に軍配が上がる一方，理論創造者の歴史的業績はそれによって偉大さが損なわれることはない．さながら統計学基礎用語事典のつもりで見ていこう．

検定の目的　フィッシャーは統計的方法は自然法則の追究と発見のためのもので，観察と仮説定立の論理から成り立つ両輪であり，全体として「推論」の立場に立つ．ネイマン-ピアソンではこれにとどまらず，企業経営や生産の現場での「決定」までに踏み込む．

ユーザーとしてどこまで行くかは，ユーザーの立場，考え方，周囲の状況などから決まるから，どちらが正しいとはいえないであろう．日本の統計学では，心持ち前者が多かったようであるが，実際には「意思決定」の理論として後者の統計的方法は現実に用いられている．

有意性検定　フィッシャーにとっては検証すべき仮説（例えば，メンデルの「3-1分離の法則」）はおのずから一つしかない．その法則が成立するのか，それから大きくずれるのかである．二つの仮説のどちらかが成立する，などというケースは科学の場ではまずありえない．データの統計的有意性が仮説の妥当性を決める基準である．「統計的に有意」とは，仮説からの逸脱に関して，"意味（つまり原因）を認めうる程度に十分"ということであり，たとえば，コイン（表裏の確率は1/2と仮定されている）を20回投げて15回表が出る場

合の程度である．11回なら有意ではないであろう．あるいは，誤差の範囲を超えるとか範囲内であるといえば，この感覚はつかめよう．有意性は15回以上あるいは11回以上の確率から判断される．小さい確率は有意に通じる．データが有意なら仮説は棄却され，しからざれば棄却されない．この確率を「有意水準」という．何をもって「小さい」とするか特に定めない．

「有意にずれる（偏る，逸脱する）」ということはプラスの方向あるいはマイナスの方向へずれることを意味し，したがって棄却すべき範囲（棄却域）は両側の端にあることになる．

対立仮説　大きな対立点である．ネイマン-ピアソンは，仮説（帰無仮説）に対抗する「対立仮説」を予め設定し（たとえば，「0 である」に対し「0 より大」を置く），帰無仮説の棄却イコール対立仮説の採択（成立）と判断するものとする．対立仮説を採択すべき領域（帰無仮説の棄却域）は両側でなくてもよい．片側（たとえば右側）だけでもよい．両側か片側かは，統計学の教科書にはキチンと書いてないが，問題から決まるもので，統計学が決める問題ではない．とくに片側にする理由がなければ，両側である．

フィッシャーの考え方では，仮説が棄却されれば新仮説の模索作業が再開する．つまり当面統計から離れるのである．なぜなら「有意」「有意でない」はあくまで統計的なものであって，これがただちに実質を意味するものではないからである．棄却されない場合には，仮説が積極的に証明されたとするより，否定されなかったくらいに考える（事実，帰無仮説に近いところなら，一致していなくても認めるのである）．だから新事実，類似・関連研究によりさらに強化する．すなわち，いずれにせよ，証明したいことを帰無仮説にした場合，帰無仮説はそれ自体で証明されることはない．端的に，フィッシャーの見方では統計学はある一つの「リサーチ・プログラム」なのである．

そもそもフィッシャーは，いかなる意味においても否定により命題が根拠付けられることはありえないから，対立仮説なる概念も認められないとする．実際問題として，対立仮説を設けなくとも仮説検定は可能であるし，また無理やりに対立仮説を考えるのも却って不自然であるという意見や場合も十分にありえよう．

これがおおまかな構図である．むしろ統計的方法のユーザーには，自分の証

明したいことを帰無仮説におくのか対立仮説におくのか，ということはしばしばわからなくなる．上述からもわかるように，統計的方法の範囲内でいえる唯一のことは「命題の否定」だけであり，肯定の証明は決してできないということである．残念であるがそう考えるほかない．

サンプル・サイズ至上主義　先の 1.4.1 の問を解いてみよう．

[問]　ある一定時点における，TV番組の視聴率を統計的にサンプル調査したい．誤差は $X\pm1.0\%$ の形にしたい．ただし，調査は機械据え付けによって，特定の番組だけでなくすべての番組を同時に対象にし，またここでいう誤差はおおむね $2SD$ を意味するものとする．また機械式なので回収率は考えない．必要なサンプル・サイズ（機械の台数）n を求めなさい．

統計的推論の本論としては典型的問題であるが，抽象論とせず具体的な分析の場（オーディオ・メータ，ビデオ・メータによる視聴率測定と推定）を設定してある．番組をウォッチしている，していないを 1, 0 で表せば，先にのべた二項分布の確率モデルを用いることができ，母集団つまり全視聴者集団における番組視聴率 p を，$\pm$ を入れた区間でサンプルから推定する問題となる．

統計理論の通説であるネイマン-ピアソン理論では，サンプル・サイズ（いわゆるサンプル数）が推定誤差をコントロールするパラメータと考えられているので，必要サンプル数を定めるのはもとより自然な流れである．現実にも何台必要かは決して小さい問題ではなかろう．サンプル・サイズの決定は統計学では重要な問題とされている．ここでいう推定の幅もそうであるし，後述する検出力もそうである．ここでは前者で説明する．

[解答例]

$$2\cdot\sqrt{\frac{p(1-p)}{n}}\leq 0.01 \qquad \therefore\quad n=10000 \qquad (1.6)$$

これが理論的には正解であるが，それを鵜呑みにしてはならない．理論的正解は必ずしも「実質的妥当解」ではない．相当厳しい条件下の試算で $n=1$ 万（台）は相当に大きい．オーディオ・メータなる機械がかなり高価であることは想像に難くなく，仮に 5 万円として 5 億円は設備としても相当高価である．参考として，アンケート（質問票）で特定番組について特定時点で調査することとすると（条件が緩くなる），1人 500 円のコストとして 500 万円となり，

これでも高くはないが決して安いともいえない．

　そもそも，サンプル・サイズをきめることがそれほど大切なことなのか．ネイマン-ピアソン理論では，誤差に対する要求からサンプル・サイズが決まり，ついでそのサンプルについて計算を行なう．その結果も結論の正確さもサンプル・サイズによって左右される．しかし，だからといって，理論上1万台必要なので調査会社が5億円の設備の投資をする，などということは現実には考えられない．大部分，調査会社の資金，資産の状況から決まるという方が自然である．そこが難しい．一般にサンプル・サイズ，ひいては分析の結論の正しさが，企業や組織の事情で左右されたり（商業主義？），逆に，サンプル・サイズを確保するために，無理を重ねたり強行したりすることにならないか？

　ネイマン-ピアソンと論争をした統計学者フィッシャーは先輩格として，「サンプル・サイズ」に大きな役割を与えるネイマン-ピアソン理論を「わが徒にあらず」と厳しく批判した．フィッシャー対ネイマン-ピアソン論争は統計学の各分野ではげしく繰り広げられたが，「サンプル・サイズの決定」という考え方をめぐる側面もその一つであった．

　もちろん，これは決してサンプル・サイズが結論の正確さに影響を与えることを考えなくてよい，ということでは決してない．統計学を用いて物を観察したり，研究したり，意思決定を行なうことには，より総合的，連続的，立体的な見地や態度が求められているということなのである．

　検出力　もう一つ（というよりは，こちらの方が重要なのだが），サンプル・サイズが効いてくるのが，検出力である．「検出力」powerとはいわば検定の「鋭敏さ」のことである．つまり，対立仮説が正しいなら「正しい」（つまり，仮説は誤り）とすべきである．そうなる確率を検出力という．仮説と対立仮説がきわめて近接していると，当然見分けにくくなり，検定のしかた（たとえば，ノンパラメトリック法）の選び方次第では，情報が不十分なためあるいはあっても効率的に用いないため，判断の鋭敏さが低下する．たとえばわずかでも相関があるのに「ある」と判断する確率（これが検出力）が十分高くない．これはもちろん分析の正しさに直接響く．一般に，サンプル・サイズが大きくなると，検出力は大きくなる．

　ネイマン-ピアソンは，ある確率（例：5%）を決め，それに応じてその確率

をもった棄却すべき集合 R を決めておき，それにサンプルが入ったら棄却するとの判断が便利と考える．これを「棄却域」とよぶ．5%より1%のほうが集合は「小さく」なるから，予め採用するこの確率で棄却域を決めておく．

数学的に，確率5%となる集合はもちろん無限にある．このうち，対立仮説が正しいときに，棄却域にサンプルが落ちる確率 $1-\beta$（β はいわゆる「第2種の誤り」の確率で，対立仮説が正しいときに帰無仮説を採択する確率．統計的品質管理では「消費者危険」ともいう）を「検出力」という．そして，検出力最大の棄却域（最強力検定）の存在およびその作り方は有名な「ネイマン-ピアソンの基本補題」で保証される．帰無仮説に対しては一定の小確率以下，対立仮説に対しては最大確率で，帰無仮説が棄却されるよう設計することができる．

ランダム・サンプルのサンプル・サイズ n を大きくとることによって検出力は上がる．ネイマン-ピアソンは，たとえば，0.9の検出力を確保するならこれこれ以上の n をとる，という考えをする．ここにおいてもサンプル・サイズが重要になるのである．

フィッシャーにとっては，有意水準の判定のために予め一定の確率値（例：5%）を決めておくことはありえない，自然科学の判断にそのような値はもともとない，とする．「検出力」「サンプル・サイズ」をはじめとして，これらの発想全体が数学的遊びにすぎず，あまりに科学の論理として無意味，単純思考である（childish とさえ批判した）と思われた．

ランダマイゼーションとランダム・サンプリング　　フィッシャーは，データはそう軽々しくとれないし，とるべきでもない，データがランダムにとられることは結論から非実験的因子の影響を除く上で重要だが，実験の場でランダム性を導入する工夫（ランダマイゼーション，確率化）でいくらでも対応できる，と思っていた．「ランダマイゼーション」randomization とは，例えば，新薬の薬効を調べようとするとき，男性に新薬，女性に従来の薬を投与して調べて薬効あり（なし）と結論しても，それは薬効でなく男女の差を調べたにすぎないから，薬効を見るなら，両者にランダムに薬を与えたり与えなかったりランダム化する必要があり，そのような実験の計画をいう．これについては第3章参照．

フィッシャーにとってはこの考え方は統計学の本質と考えられた．ネイマン-ピアソンが想定するいわゆる「ランダム・サンプリング」では，企業・組織のコスト要素の考慮が入ることはさけられず，科学的判断に「商業主義」が介入する途を開くものと批判する．

　フィッシャーは，このほかにも，対照実験，実験計画と分散分析，盲検法，F 統計量，z 変換，最尤推定，区間推定，十分統計量，フィッシャー情報量などの，現代統計学の基本枠組みを次々と作り上げ，「統計学の父」とよばれるようになった．しかし，論争だけに関していえば，ネイマン-ピアソンがフィッシャーを発展させ，今日「ネイマン-ピアソン理論」といわれる統計学理論を大成したことは否定できない．たとえば，統計学がフィッシャーの狭い意味での「有意性」検定にとどまっていれば，統計的方法がこれほど広く使われることはなかった．今日，統計学は文字通り「雑種」の理論になったのである．実際，「有意水準 5% で仮説検定すると……」というきわめてありふれた記述は，フィッシャーもネイマン-ピアソンも考えてみなかったであろう．雑種が強いように，この理論は圧倒的な普遍性を以て多くのユーザーに用いられるようになった．

1.5.2　画一化，無思想化，無責任化

　統計理論は計量的分析の一つの有用な型である．しかし，一つにすぎない．そこに論争が起こったことからもわかるように，理想的なものではない．仮説検定は仮説の証明ではない．否定は証明できるが，肯定は証明できない．検出力が低ければ信頼できない．しかし，検出力はサンプル・サイズの都合上十分に大きくはできない．逆に大きすぎれば，帰無仮説はほとんど棄却される．また，全数調査ができたら，理論はどうなるのか，等など．

　他にも問題が生じている．体系理論が生み出す画一化，無思想化，無責任化が統計学の分野でも例外でなくなり，各方面，各現場でその安易な適用とそれに対する反発が次第に無視できなくなっている．「統計学者に任せると何でも仮説の採択・棄却で一刀両断されてしまう」．論争を思い返してみると，フィッシャーの実験者としての精神が見直される時がきているのであろう．ただ，歴史を後戻りさせることにあまり意味があると思われない．科学者フィッシャ

ーが構想して結局は批判・放棄した，ベイジアンの発想は再考に値する．ベイズ，およびラプラスのもう一つの「確率」，つまり原因の確率であるところの「逆確率」は統計学の発想により近い．すなわち，与えられたデータの確率でなく，分析者から見た仮説の確率が統計学の本質にはふさわしいのである．

つまりは，狭いデータの計量分析ではなく，一般に統計学に限らないが，方法を用いる者の主体性という基本発想を問うていくのが今後の統計学の重要課題であろう．この基本姿勢は第5章を参照．

1.6　ケース・スタディ——バッテリーの寿命実験*

1998年の6月にデンマークで開かれた第4回国際活動理論会議（The Fourth Congress of the International Society for Cultural Research and Activity Theory, ISCRAT 98) で，P. (ポール) コッブ教授が座長のシンポジウム ("Perspectives on designed artifacts and mathematical learning") で大変興味深い小学校7年生を対象にした授業実践のビデオ記録が紹介された．

図1.10に示すように，Always-Ready社製とTough-Cell社製の2種類の乾電池それぞれ10本ずつ，計20本についての寿命実験（豆電球が消えるまでの連続時間）のデータが寿命の短いものから順に示され，「このデータをもとにして，あなたがこれから乾電池を買うとしたら，どちらの製品を買いますか」という問が出された．

このような問題状況は，統計的な判断が求められる状況の典型だといえよう．すなわち，特定の有限な数のデータが与えられ，そのデータをもとにして，「そのようなデータを生み出す原因系」について何らかの判断や決定をしようというわけである．ここでの問題に即していえば，二つのメーカーのバッテリーそれぞれ10本の寿命実験のデータというのは，本来，それぞれのメーカーが無数に製造しているバッテリーのごく一部（サンプル，標本）だとみなし，その一部のデータをもとにして，まだ製造していないか，あるいはすでに製造してはいてもまだ購入されていないもともとのバッテリー全体（母集団）の特

---

* 佐伯胖氏の紹介と寄稿に感謝する．

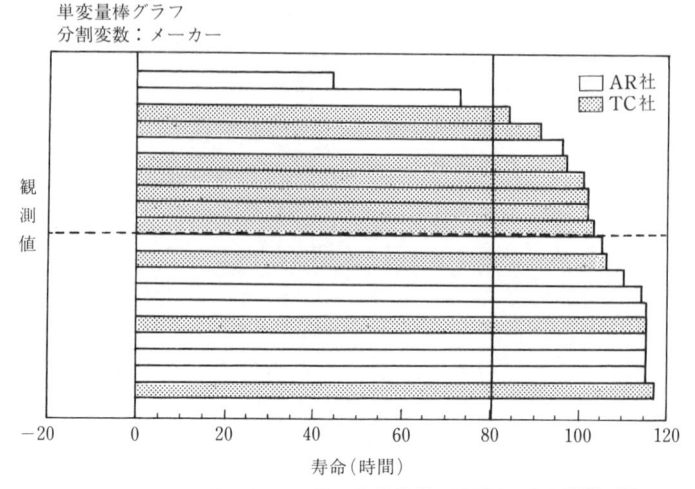

```
        単変量棒グラフ
        分割変数：メーカー
```

図 1.10　Always-Ready 社と Tough-Cell 社の乾電池の寿命時間の図

表 1.10　Always-Ready 社と Tough-Cell 社の乾電池の寿命時間の表

AR 社製（時間）	44	73	96	105	110	114	115	115	115	115
TC 社製（時間）	84	91	97	101	102	102	103	106	115	117

性を推定して，その「善し悪し」を判断しようというわけである．

　子どもたちにはとりたてて「標本」とか「母集団」とかの概念も用語も説明されなかったが，子どもたちはごく自然にさまざまな意見をのべていた．そのいずれもが，「サンプルから母集団の特性を推察する」という統計学の基本的ロジックにかなったものばかりであった．ちなみに，図から読み取ったデータは表 1.10 の通りである．

1.6.1　子どもたちの反応

　子どもたちからはいろいろな意見が出た．（図 1.10 における上位 10 本についての枠や 80.1 時間を示すラインは，議論の途中で子どもたちの要請にしたがって教師がパソコンを操作して入れたものである．）

　a)　「最長のものから 10 本とると，7 本が AR 社製で 3 本が TC 社製だ．だから，AR 社製の乾電池の方が優れている．」

　b)　「でも，AR 社のものは最短寿命のものもある．」

c)「でも，それはたった1本だけだ．AR社は10本中7本が105時間を超えているがTC社は3本しか超えていない．」

d)「TC社のものは全部80時間以上もつから，TC社のものの方が安心して使える．80時間近くなったら交換すればいい．」

e)「AR社のものでも80時間以下のものはごく少数（わずか2本）だから問題ではない．そんなのにあたるのはたまたま運が悪かっただけだ．」

f)「AR社は110時間以上のものが6本もある．TC社は2本しかないからだめだ．」

このような子どもたちの議論を検討する前に，一般の統計学の教科書ならばどう扱うかをちょっと考えてみよう．AR社とTC社の乾電池の寿命についての二組のデータが与えられると，まず，機械的に，それぞれの会社の製品ごとに寿命の平均値と標準偏差が求められるだろう．ちなみに，AR社の乾電池の平均寿命は100.2時間で標準偏差は23.81時間であり，TC社の乾電池の平均寿命は101.8時間であり，標準偏差は9.90時間であった．

しかしこの段階の子どもたちには，「平均値」とか「標準偏差」といった概念はまだ導入されていない．しかしそれだけに，「統計的手法」なるものにとらわれないで，「このデータから，何が読み取れるか」をきわめてナイーブな感覚で眺めている．2社のデータをあえて分離せず，ともかく寿命の長いものから順に並べてみることで，「電池の寿命」という一つの軸（観点）で全体を見ているのである．

1.6.2 「なぜ，データを見るのか」——データを読み取る必要性

ここで注意したいことは，子どもたちは「そのデータから何を知りたいか（どちらの乾電池の方が"よい"か）」ということだけでなく，「なぜ，どういうことのために，それを知りたいのか」について考え始めている．それが，80時間以上と以下にわけてみたり，「最短時間」に焦点を当てたり，「最長時間」の近傍に焦点を当てたりしていることからわかる．

ここで子どもたちの議論に即して，私たちも少し自由に，データを読み取る必要性についてのさまざまな可能性を考えてみよう．

そもそも，乾電池を買うのはどういうときだろうか．たとえば，テープレコ

ーダに入れて会議などに臨むというときは，途中で電池切れになることを恐れて，寿命ぎりぎりまで使うのではなく，「早目に交換する」だろう．その場合は，寿命が終わるまで使うことはなく，むしろ「この電池は最低何時間もつか」という最短寿命の近傍に関心があり，最短寿命が比較的長いものを購入するだろう．あるいは，「この会社の乾電池は絶対に70時間はもつ」ということが保証できるなら，「70時間経てば，必ず交換する」というルールを決めることができるだろう．そういうルールが決められない，あるいはそういうルールで実行した場合にリスクを伴うというのは避けたいと思うだろう．

　一方，子どもの玩具に使うときのように，電池が切れれば，そのときに交換すればよいというような場合は，寿命の平均値だけを比較し，それが長ければよいので，寿命時間に多少のばらつきがあってもほとんど関係ないだろう．

　あるいは，こういうケースもあるだろう．「乾電池の寿命を延ばす」研究に従事していて，「寿命が通常のものより長い」乾電池をみつけ，それを徹底的に調べて，長い寿命の乾電池はどういう条件を満たすかを発見したい，という計画のもとに，特定の会社の乾電池を選ぼうという場合ならば，比較的長い寿命の乾電池を生産している会社の製品をたくさん集めるだろう．その場合は，寿命順位が上位10位以内に多くのものが入る製品が望ましいことになる．

　さて，ここまで考えてきたケースでは，AR社にしろTC社にしろ，いずれかの会社の乾電池を買うときめたら，未来永劫，ずっとその会社の製品を使いつづけるということが前提になっている．しかし，もしも仮に，1本しか買えないとしたらどうだろうか．その場合の判断は，何十本も，否何百本も買う場合の判断と同じだろうか．

　1本しか買えないというとき，しかもその1本が一定時間以上もつことが強く要求されている場合は，明らかに「リスク」が伴う．先のデータを見ても，AR社製のものは，110時間以上もつかもしれないが，50時間以下かもしれない．TC社製であれば，中程度の寿命のところで安定しているので「あたりはずれ」はあまりないだろう．私たちはそういう「リスク」をどの程度引き受けるかということによって，判断は大きく変わるだろう．この「リスク」という概念は，単純にデータの平均値や分散では評価できないことは明らかである．

　このように考えると，図1.10に示すようなデータをどう見るか，これらの

データをどのように「まとめ直して」見るか,どう「表示」するか,など,私たちの目的や状況によって,さまざまに変わりうるということがわかるであろう.その場合に,それぞれの製品のデータに対して安易に平均値や標準偏差などを出してもほとんど意味がないかもしれないのである.

参考文献

本章は方法についての解説を含んでいるので,その考え方を中心に参考文献をあげ解題を付す.他にもあげるべきものは数多くあることを断っておく(原則として発行年次の新しい順).

- 松原 望 2000 改訂版・統計の考え方.放送大学教育振興会.
  初歩からやや進んだ解説書.実例と計算が中心.
- 繁桝算男・柳井晴夫・森 敏昭 1999 Q&Aで知る統計データ解析.サイエンス社.
  ポイントをついた「せよ」集(Dos),「べからず」集(Don'ts)で,レベルは高く,統計専門家とユーザーの境界の人々には有益だろう.ただ,このような疑問を持てるなら,もう基本は理解できているというべきかもしれない.
- 松原 望 1996 わかりやすい統計学.丸善.
  素養のつもりでまず通読していただきたい.「わかりやすい」とはレベルが低いことではない.学問のエッセンスにふれることで質の高い理解力につながる.
- モツルスキー(津崎晃一訳) 1995 数学いらずの医科統計学.メディカル・サイエンス・インターナショナル.
  原題は *Intuitive biostatistics*.臨床事例中心の生物統計学の初中級解説書.生存曲線,ケース・コントロール研究,ベイズ統計などふみこんだ事例もあり,カバー範囲は現代的.そこまで「数学いらず」あるいは intuitive(直観的)に解説するのはやや無理という感もあるが,よく読まれていることは確か.
- 東京大学教養学部統計学教室(編) 1991 統計学入門.東京大学出版会.
  1, 2, 3(章)が基本.4は確率の素養だろう.5.1, 5.2 まで行ければミニマム基礎として十分.統計理論としては 9, 11, 12 でざっと精神を理解していただきたい.無理をしないこと.百歩ゆずって,1, 2, 3 だけでも十分に身に付けば現象とつきあう自信をもってよい.
- 東京大学教養学部統計学教室(編) 1994 人文・社会科学の統計学.同上.
- 東京大学教養学部統計学教室(編) 1992 自然科学の統計学.同上.
  相当の力がないと通読は無理だろう.むしろ必要になったとき参照してほしい.
- 「行動計量学シリーズ」 1993 朝倉書店.
  定型的方法からはなれて現象に忠実であろうとする日本行動計量学会の看板的

研究著作集．「国産」の統計的方法「数量化理論」の応用が多い．
- 豊田秀樹　1994　違いを見ぬく統計学．講談社（ブルーバックス）．
若手によるセンスのよい入門へのいざない．
- 竹村彰通　1991　現代数理統計学．創文社．
「ネイマン-ピアソン理論」の懇切ていねいな解説書．筆者（松原）が若き頃に時代を制していたレーマン（E. L. Lehmann, カリフォルニア大学バークレー校教授）流の数理統計学，およびスタンフォード時代に感銘を受けたファーグソン（T. S. Ferguson）の数理統計学の内容（ベイジアンや統計的決定理論を含む）にほぼ重なる．レーマンの本は，統計理論的にはネイマン-ピアソン理論の通説を出ないが，数理的には高度で，著者が20代の後半頃レーマンを通読していた折，レーマンは本質的に統計学の本ではない（数学の本である），と先輩から直言されたものだ．本書を勧めるのは，統計学が歴史をもった理論体系であり，それ故の思想性があるからである．本書の内容はユーザーはとにかく統計学の専門家には必須の知識であろう．
- 杉山明子　1984　社会調査の基本．朝倉書店．
社会調査法の基礎入門書はサンプリング理論か調査ノウハウにかたよりがちだが，どちらにもかたよらず，バランスがとれた親しみ深い入門書．
- ヘンケル（松原　望・野上佳子訳）　1982　統計的検定．朝倉書店．
統計的検定の入門からやや専門の解説書．原題は $Test\ of\ significance$（有意性検定）．訳者が数値例を補い読みやすく工夫したが，残念ながら現在は絶版．
- 津村善郎・淵脇　学　1976　社会統計入門――経済を学ぶもののために．東京大学出版会．
思いきって t 検定しか扱っていないところが面白い．統計理論とは何か，を考えさせられるが，初版にあった哲学的議論が第2版ではなくなったのは残念．
- 奥野忠一・久米　均・芳賀敏郎・吉沢　正　1971　多変量解析法．日科技連．
研究者による適用例を中心とした多変量解析の代表的解説書．序説や重回帰分析の部分はことに懇切ていねい．数多くの方法が解説されているので，通読するよりは，必要とするときじっくりと読むのがいいだろう．
- スネデカー・コクラン（奥野忠一他訳）　1962　統計的方法．岩波書店．
生物統計学を中心とする例を用いた統計学の基礎入門書で，ほとんど数学記号を用いず，算術計算だけで通した風格ある大著．ただし進歩の速い医学，生物方面の統計的方法としては，今日やや物足りない感もある．
- 肥田野直・瀬谷正敏・大川信明　1961　心理・教育統計学．培風館．
クックブックの色合いを否定できないが，数理統計出身の著者にとって忘れ得ない1冊．因子分析を重心法で解く点は数理的方法論過剰の現代統計学に対する頂門の一針．重心法こそまさに「方法」の精神のあらわれだろう．

- ハッキング（石原英樹，重田園江訳）　1999　偶然を飼いならす　木鐸社

どの学問もそうだが，われわれの知識がどのように獲得されたかを知ることは，バランスのとれた成熟した研究者をつくるだろう．定番の1冊である．

やや分野は専門へ離れるが，著者のものを紹介しておく．本章でも述べた著者の基本哲学の一端に触れてもらえればさいわいである．
- 松原 望 1977 意思決定の基礎．朝倉書店（同新版1985）．
 ベイズの定理に基づく「統計的決定理論」の入門書だが，この時代としては先駆的であった「ゲーム理論」「リスク理論」の入門解説も含んでいて，今日的価値を先取りしたと確信する．
- 松原 望 1992 統計的決定．放送大学振興会．
 おなじく「統計的決定理論」の入門書だが，分野別応用を多く含む．たとえばベイジアンの立場からカルマン・フィルタ（リアル・タイムによる時系列データの情報処理アルゴリズム）を導出する工夫など，現実にも役立つだろう（放送大学の基本方針により終了以後は原則的には絶版となる）．
- 松原 望 1997 計量社会科学．東京大学出版会．
 統計分析だけが計量分析ではない．ゲーム理論，リスクと効用の理論，意思決定理論，応用確率論，動的システム論，カオスと複雑系などが，揃ってきていて，方法のライバルも出てきている．これについては
　　　　http://qmss.t.u-tokyo.ac.jp/qmss/
が扱っている．学生の感想などが数多くカバーされている．

引用文献（参考文献以外の）

林 周二 1988 統計および統計学．東京大学出版会．
Krukal, W. H. & Tanur, J. M. 1978 *International encyclopedia of statistics*, Vol. 2. The Free Press.
竹内 啓他（編） 1989 統計学大辞典．東洋経済新報社．

【練習問題】

 1.1は統計の使い方の基本，1.2は統計学の根拠，1.3～1.5は実習・演習の内容，1.6は実験データの分析，1.7はシミュレーションの問題である．なお，Excel，Lotus 1-2-3による簡単な統計計算を前提としている．簡便かつ容易に学べる内容なので，実践のためにも早期に習熟を勧めたい．

1.1 i) 公営企業，あるいは私営企業が，商品のうち最良銘柄のデータ（平均値よりは最大値・最小値）だけをその商品全体の性能として発表するこ

とは，広告・宣伝としてなら，許されるか．

ii) ある国で，ある能力について人種（A, B としよう）間の平均的な能力差は実際は存在しないことを根拠付けしようとした研究者が，帰無仮説を $\theta_A = \theta_B$，対立仮説を $\theta_A > \theta_B$ としてデータに基づき研究発表を行なった（θ は平均）．しかし，B 人種の人々は研究のこの対立仮説自体が偏見であるとしてこの研究者に強く抗議した．これにつきコメントしなさい．A, B が「人種」でなく「性」である場合はどうか．

iii) 新薬の効果を試験するために，安全が確認された後の最終段階で，a) ある患者集団には，外観その他の上で新薬とまったく見分けがつかない無効能・無害な偽薬（プラセボ）を，その旨の告知なく投与し，b) もう一つの患者集団には新薬をその旨の告知なく投与し，両集団のデータを統計的に比較した．告知をしないのは心理的効果（プラセボ効果）を遮断するためである．この試験方式（フィッシャーの盲検法）は許されるか．

iv) 統計的データに基づき「○○○○（物質名）は環境を汚染する可能性があるので，厳重対策を講ずる必要がある」という予測を TV が行なったところ，関連する地方（地域）の農作物価格が下落して生産者が損失を被った．TV 当局は賠償をするべきか．

v) 選挙運動期間中に報道機関が世論調査結果など選挙情勢を報道することは，選挙に影響を与え選挙の公正を害するという意見がある．賛否を述べなさい．

1.2 ベイジアン的論理によれば，確証のパラドックスは，アリの観察を，二つのつぼ

つぼ U_0：黒の玉のみ

つぼ U_1：黒，白は 99：1

から玉を取り出す実験と考えることで解決される．ベイズの定理から，これを説明しなさい（ベイズの定理は第 4 章参照のこと）．

1.3 次の行列，ベクトルに対し，指定された演算を Excel, Lotus 1-2-3 などの計算ソフトで実行しなさい．

i) 和，差　　$A+B, A-B$

ii) 積　　　　CD

iii) 積（内積） EF
iv) 逆行列 G^{-1}

$$A = \begin{pmatrix} 1 & 3 & 6 \\ 4 & 2 & 1 \end{pmatrix}, \quad B = \begin{pmatrix} 5 & 2 & 4 \\ -3 & 1 & 5 \end{pmatrix}, \quad C = \begin{pmatrix} 4 & 1 & 5 \\ 5 & 4 & -2 \end{pmatrix},$$

$$D = \begin{pmatrix} 3 & 1 & 6 \\ 8 & 0 & 2 \\ 6 & 5 & 4 \end{pmatrix}, \quad E = \begin{pmatrix} -3 & 2 & 5 \end{pmatrix}, \quad F = \begin{pmatrix} 4 \\ 6 \\ 8 \end{pmatrix}, \quad G = \begin{pmatrix} 3 & 6 & 5 \\ 6 & 1 & -4 \\ 5 & -4 & 2 \end{pmatrix}$$

1.4 有意確率に関する次の結果の中で（　）に数字を入れなさい．章末の分布表を参照すること．

ⅰ) 母集団平均の差の2標本 t 検定

　　帰無仮説：母集団平均の差＝0

　　統　計　量：$t = 1.51$

　　自　由　度：25

　　有意確率：$p = (\quad)$

ⅱ) 母集団平均の検定（母分散既知の場合）

　　帰無仮説：母集団平均＝0

　　統　計　量：$Z = 1.51$（標準正規偏差）

　　有意確率：$p = (\quad)$

ⅲ) 独立性の検定

　　帰無仮説：2要因の独立

　　統　計　量：$\chi^2 = 19.40$

　　自　由　度：10

　　有意確率：$p = (\quad)$

ⅳ) 母集団相関係数の検定

　　帰無仮説：母集団相関係数＝0

　　統　計　量：$r = (\quad)$

　　サンプル・サイズ：25

　　有意確率：$p = 0.05$

1.5 ⅰ) 表1.2のコーラの銘柄データ (x, y) では「人口」が介在する見

かけ上の相関が存在する可能性がある．人口 z を制御した両銘柄の相関係数 $r_{xy \cdot z}$ を計算し，元の相関が見かけ上の相関であることを確かめなさい．ただし

$$r_{xy \cdot z} = \frac{r_{xy} - r_{xz} \cdot r_{yz}}{\sqrt{1 - r_{xz}^2} \cdot \sqrt{1 - r_{yz}^2}}$$

ii) 次のデータに対し単回帰および重回帰分析を行ない，この重回帰分析は適切でないことを確かめ，その原因を見出しなさい．

肺活量 (y)	血圧 (x_1)	年齢 (x_2)
4100	114	35
3950	124	45
3420	143	55
2750	158	65
2330	166	75

1.6 囚人のジレンマのゲーミング・シミュレーションを次のペイオフ（利得）・パラメータで行ない，結果から裏切 (D) の確率が次のように計算された．S, T はゼロ和になっているので，$R-P$ が 0 に近いほど相対的にゼロ和に近くなる．ゼロ和になるほど裏切り確率は高まるといえるか．

	ペイオフ			裏切の確率
S	P	R	T	
-10	-1	9	10	0.266
-2	-1	1	2	0.338
-10	-9	1	10	0.226
-10	-5	1	10	0.406
-10	-1	5	10	0.365
-10	-1	1	10	0.542
-50	-1	1	50	0.732

注）ゲーム理論の基礎知識を前提としている．関心のない読者は割愛してよい．

1.7 i) 次のカオス*によるランダム系列 $a_0, a_1, a_2, a_3, \ldots$ を作りなさい．まず，a_0 を $0 < a_0 < 1$ にとる．$n=1, 2, 3, \ldots$ に対し，ロジスティック関数

$$f(x) = r \cdot x(1-x), \quad 0 \leq x \leq 1$$

において

$$a_n = f(a_{n-1})$$

---

* このカオスを「リー・ヨークのカオス」という．

とする．ただし，ここで r はロジスティック・パラメータで $r=3.9$ ととる．得られた系列 $a_0, a_1, a_2, a_3, ..., a_{50}$ をグラフに（折れ線グラフで）作成しなさい．

ii) 系列 $a_0, a_1, a_2, a_3, ...$ とそれをそれぞれ $1, 2, 3$ だけ遅らせた系列の 2 次元データの点を 3 種

a) $(a_0, a_1), (a_1, a_2), (a_2, a_3), ..., (a_{47}, a_{48}), (a_{48}, a_{49}), (a_{49}, a_{50})$

b) $(a_0, a_2), (a_1, a_3), (a_2, a_4), ..., (a_{47}, a_{49}), (a_{48}, a_{50})$

c) $(a_0, a_3), (a_1, a_4), (a_2, a_5), ..., (a_{47}, a_{50})$

作成し，それぞれ散布図を作り，相関係数 $r(1), r(2), r(3)$ を計算しなさい．遅れが $1, 2, 3$ となるにしたがい，$r(1), r(2), r(3)$ の順に相関が低下し[*]，系列的に無相関に（ランダムに）近づくことを観察しなさい．

---

[*] $r(1), r(2), r(3)$ を原系列のそれぞれ遅れ $1, 2, 3$ の「自己相関係数」という（厳密にはこの定義ではないが，結果は大きくは異ならない）．

1章付表1　正規分布表（上側確率）

$z=0\sim4.09$ に対する，標準正規分布の上側確率

$$Q(z)=\frac{1}{\sqrt{2\pi}}\int_z^\infty \exp\left(-\frac{u^2}{2}\right)du$$

を与える．累積分布関数の値は $\Phi(z)=1-Q(z)$ である．

例． $z=1.96$ に対する上側確率 $Q(1.96)$ は，左の見出し 1.9 の行と上の見出し 0.06 の列の交点の値 0.02500 である．$z=3.50$ に対する $Q(3.50)$ は $0.0^3233=0.000233$ である．

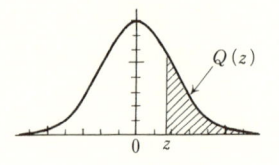

z	.00	.01	.02	.03	.04	.05	.06	.07	.08	.09
0.0	.50000	.49601	.49202	.48803	.48405	.48006	.47608	.47210	.46812	.46414
0.1	.46017	.45620	.45224	.44828	.44433	.44038	.43644	.43251	.42858	.42465
0.2	.42074	.41683	.41294	.40905	.40517	.40129	.39743	.39358	.38974	.38591
0.3	.38209	.37828	.37448	.37070	.36693	.36317	.35942	.35569	.35197	.34827
0.4	.34458	.34090	.33724	.33360	.32997	.32636	.32276	.31918	.31561	.31207
0.5	.30854	.30503	.30153	.29806	.29460	.29116	.28774	.28434	.28096	.27760
0.6	.27425	.27093	.26763	.26435	.26109	.25785	.25463	.25143	.24825	.24510
0.7	.24196	.23885	.23576	.23270	.22965	.22663	.22363	.22065	.21770	.21476
0.8	.21186	.20897	.20611	.20327	.20045	.19766	.19489	.19215	.18943	.18673
0.9	.18406	.18141	.17879	.17619	.17361	.17106	.16853	.16602	.16354	.16109
1.0	.15866	.15625	.15386	.15151	.14917	.14686	.14457	.14231	.14007	.13786
1.1	.13567	.13350	.13136	.12924	.12714	.12507	.12302	.12100	.11900	.11702
1.2	.11507	.11314	.11123	.10935	.10749	.10565	.10383	.10204	.10027	.09853
1.3	.09680	.09510	.09342	.09176	.09012	.08851	.08691	.08534	.08379	.08226
1.4	.08076	.07927	.07780	.07636	.07493	.07353	.07215	.07078	.06944	.06811
1.5	.06681	.06552	.06426	.06301	.06178	.06057	.05938	.05821	.05705	.05592
1.6	.05480	.05370	.05262	.05155	.05050	.04947	.04846	.04746	.04648	.04551
1.7	.04457	.04363	.04272	.04182	.04093	.04006	.03920	.03836	.03754	.03673
1.8	.03593	.03515	.03438	.03362	.03288	.03216	.03144	.03074	.03005	.02938
1.9	.02872	.02807	.02743	.02680	.02619	.02559	.02500	.02442	.02385	.02330
2.0	.02275	.02222	.02169	.02118	.02068	.02018	.01970	.01923	.01876	.01831
2.1	.01786	.01743	.01700	.01659	.01618	.01578	.01539	.01500	.01463	.01426
2.2	.01390	.01355	.01321	.01287	.01255	.01222	.01191	.01160	.01130	.01101
2.3	.01072	.01044	.01017	.00990	.00964	.00939	.00914	.00889	.00866	.00842
2.4	.00820	.00798	.00776	.00755	.00734	.00714	.00695	.00676	.00657	.00639
2.5	.00621	.00604	.00587	.00570	.00554	.00539	.00523	.00508	.00494	.00480
2.6	.00466	.00453	.00440	.00427	.00415	.00402	.00391	.00379	.00368	.00357
2.7	.00347	.00336	.00326	.00317	.00307	.00298	.00289	.00280	.00272	.00264
2.8	.00256	.00248	.00240	.00233	.00226	.00219	.00212	.00205	.00199	.00193
2.9	.00187	.00181	.00175	.00169	.00164	.00159	.00154	.00149	.00144	.00139
3.0	.00135	.00131	.00126	.00122	.00118	.00114	.00111	.00107	.00104	.00100
3.1	$.0^3968$	$.0^3935$	$.0^3904$	$.0^3874$	$.0^3845$	$.0^3816$	$.0^3789$	$.0^3762$	$.0^3736$	$.0^3711$
3.2	$.0^3687$	$.0^3664$	$.0^3641$	$.0^3619$	$.0^3598$	$.0^3577$	$.0^3557$	$.0^3538$	$.0^3519$	$.0^3501$
3.3	$.0^3483$	$.0^3466$	$.0^3450$	$.0^3434$	$.0^3419$	$.0^3404$	$.0^3390$	$.0^3376$	$.0^3362$	$.0^3349$
3.4	$.0^3337$	$.0^3325$	$.0^3313$	$.0^3302$	$.0^3291$	$.0^3280$	$.0^3270$	$.0^3260$	$.0^3251$	$.0^3242$
3.5	$.0^3233$	$.0^3224$	$.0^3216$	$.0^3208$	$.0^3200$	$.0^3193$	$.0^3185$	$.0^3178$	$.0^3172$	$.0^3165$
3.6	$.0^3159$	$.0^3153$	$.0^3147$	$.0^3142$	$.0^3136$	$.0^3131$	$.0^3126$	$.0^3121$	$.0^3117$	$.0^3112$
3.7	$.0^3108$	$.0^3104$	$.0^4996$	$.0^4957$	$.0^4920$	$.0^4884$	$.0^4850$	$.0^4816$	$.0^4784$	$.0^4753$
3.8	$.0^4723$	$.0^4695$	$.0^4667$	$.0^4641$	$.0^4615$	$.0^4591$	$.0^4567$	$.0^4544$	$.0^4522$	$.0^4501$
3.9	$.0^4481$	$.0^4461$	$.0^4443$	$.0^4425$	$.0^4407$	$.0^4391$	$.0^4375$	$.0^4359$	$.0^4345$	$.0^4330$
4.0	$.0^4317$	$.0^4304$	$.0^4291$	$.0^4279$	$.0^4267$	$.0^4256$	$.0^4245$	$.0^4235$	$.0^4225$	$.0^4216$

1章付表2　χ^2 分布表（パーセント点）

自由度 ν の χ^2 分布に対し，上側確率 α に対応する χ^2 の値を与える．この値を上側 100α パーセント点とよび，$\chi^2_\alpha(\nu)$ で表す．

例．自由度 $\nu = 10$, $\alpha = 0.05$ に対しては，$\chi^2_{0.05}(10) = 18.307$ である．

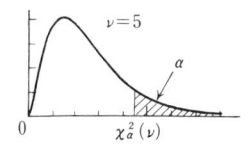

α \ ν	.995	.990	.975	.950	.900	.500	.100	.050	.025	.010	.005
1	.0⁴39270	.0³15709	.0²98207	.0²39321	.015791	.45494	2.7055	3.8415	5.0239	6.6349	7.8794
2	.010025	.020101	.050636	.10259	.21072	1.3863	4.6052	5.9915	7.3778	9.2103	10.597
3	.071722	.11483	.21580	.35185	.58437	2.3660	6.2514	7.8147	9.3484	11.345	12.838
4	.20699	.29711	.48442	.71072	1.0636	3.3567	7.7794	9.4877	11.143	13.277	14.860
5	.41174	.55430	.83121	1.1455	1.6103	4.3515	9.2364	11.070	12.833	15.086	16.750
6	.67573	.87209	1.2373	1.6354	2.2041	5.3481	10.645	12.592	14.449	16.812	18.548
7	.98926	1.2390	1.6899	2.1673	2.8331	6.3458	12.017	14.067	16.013	18.475	20.278
8	1.3444	1.6465	2.1797	2.7326	3.4895	7.3441	13.362	15.507	17.535	20.090	21.955
9	1.7349	2.0879	2.7004	3.3251	4.1682	8.3428	14.684	16.919	19.023	21.666	23.589
10	2.1559	2.5582	3.2470	3.9403	4.8652	9.3418	15.987	18.307	20.483	23.209	25.188
11	2.6032	3.0535	3.8157	4.5748	5.5778	10.341	17.275	19.675	21.920	24.725	26.757
12	3.0738	3.5706	4.4038	5.2260	6.3038	11.340	18.549	21.026	23.337	26.217	28.300
13	3.5650	4.1069	5.0088	5.8919	7.0415	12.340	19.812	22.362	24.736	27.688	29.819
14	4.0747	4.6604	5.6287	6.5706	7.7895	13.339	21.064	23.685	26.119	29.141	31.319
15	4.6009	5.2293	6.2621	7.2609	8.5468	14.339	22.307	24.996	27.488	30.578	32.801
16	5.1422	5.8122	6.9077	7.9616	9.3122	15.338	23.542	26.296	28.845	32.000	34.267
17	5.6972	6.4078	7.5642	8.6718	10.085	16.338	24.769	27.587	30.191	33.409	35.718
18	6.2648	7.0149	8.2307	9.3905	10.865	17.338	25.989	28.869	31.526	34.805	37.156
19	6.8440	7.6327	8.9065	10.117	11.651	18.338	27.204	30.144	32.852	36.191	38.582
20	7.4338	8.2604	9.5908	10.851	12.443	19.337	28.412	31.410	34.170	37.566	39.997
21	8.0337	8.8972	10.283	11.591	13.240	20.337	29.615	32.671	35.479	38.932	41.401
22	8.6427	9.5425	10.982	12.338	14.041	21.337	30.813	33.924	36.781	40.289	42.796
23	9.2604	10.196	11.689	13.091	14.848	22.337	32.007	35.172	38.076	41.638	44.181
24	9.8862	10.856	12.401	13.848	15.659	23.337	33.196	36.415	39.364	42.980	45.559
25	10.520	11.524	13.120	14.611	16.473	24.337	34.382	37.652	40.646	44.314	46.928
26	11.160	12.198	13.844	15.379	17.292	25.336	35.563	38.885	41.923	45.642	48.290
27	11.808	12.879	14.573	16.151	18.114	26.336	36.741	40.113	43.195	46.963	49.645
28	12.461	13.565	15.308	16.928	18.939	27.336	37.916	41.337	44.461	48.278	50.993
29	13.121	14.256	16.047	17.708	19.768	28.336	39.087	42.557	45.722	49.588	52.336
30	13.787	14.953	16.791	18.493	20.599	29.336	40.256	43.773	46.979	50.892	53.672
31	14.458	15.655	17.539	19.281	21.434	30.336	41.422	44.985	48.232	52.191	55.003
32	15.134	16.362	18.291	20.072	22.271	31.336	42.585	46.194	49.480	53.486	56.328
33	15.815	17.074	19.047	20.867	23.110	32.336	43.745	47.400	50.725	54.776	57.648
34	16.501	17.789	19.806	21.664	23.952	33.336	44.903	48.602	51.966	56.061	58.964
35	17.192	18.509	20.569	22.465	24.797	34.336	46.059	49.802	53.203	57.342	60.275
36	17.887	19.233	21.336	23.269	25.643	35.336	47.212	50.998	54.437	58.619	61.581
37	18.586	19.960	22.106	24.075	26.492	36.336	48.363	52.192	55.668	59.893	62.883
38	19.289	20.691	22.878	24.884	27.343	37.335	49.513	53.384	56.896	61.162	64.181
39	19.996	21.426	23.654	25.695	28.196	38.335	50.660	54.572	58.120	62.428	65.476
40	20.707	22.164	24.433	26.509	29.051	39.335	51.805	55.758	59.342	63.691	66.766
50	27.991	29.707	32.357	34.764	37.689	49.335	63.167	67.505	71.420	76.154	79.490
60	35.534	37.485	40.482	43.188	46.459	59.335	74.397	79.082	83.298	88.379	91.952
70	43.275	45.442	48.758	51.739	55.329	69.334	85.527	90.531	95.023	100.43	104.21
80	51.172	53.540	57.153	60.391	64.278	79.334	96.578	101.88	106.63	112.33	116.32
90	59.196	61.754	65.647	69.126	73.291	89.334	107.57	113.15	118.14	124.12	128.30
100	67.328	70.065	74.222	77.929	82.358	99.334	118.50	124.34	129.56	135.81	140.17
110	75.550	78.458	82.867	86.792	91.471	109.33	129.39	135.48	140.92	147.41	151.95
120	83.852	86.923	91.573	95.705	100.62	119.33	140.23	146.57	152.21	158.95	163.65

1章付表3　t 分布表(パーセント点)

自由度 ν の t 分布に対し，上側確率 α (両側確率 2α) に対応する t の値を与える．この値を上側 100α パーセント点とよび，$t_\alpha(\nu)$ で表す．

例．自由度 $\nu=10$ の上側5パーセント点は $t_{0.05}(10)=1.812$ である．また，両側確率5パーセントの点は $t_{0.025}(10)=2.228$ である．

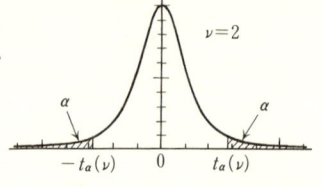

α	.250	.200	.150	.100	.050	.025	.010	.005	.0010	.0005
2α	.500	.400	.300	.200	.100	.050	.020	.010	.0020	.0010
ν										
1	1.000	1.376	1.963	3.078	6.314	12.706	31.821	63.657	318.309	636.619
2	.816	1.061	1.386	1.886	2.920	4.303	6.965	9.925	22.327	31.599
3	.765	.978	1.250	1.638	2.353	3.182	4.541	5.841	10.215	12.924
4	.741	.941	1.190	1.533	2.132	2.776	3.747	4.604	7.173	8.610
5	.727	.920	1.156	1.476	2.015	2.571	3.365	4.032	5.893	6.869
6	.718	.906	1.134	1.440	1.943	2.447	3.143	3.707	5.208	5.959
7	.711	.896	1.119	1.415	1.895	2.365	2.998	3.499	4.785	5.408
8	.706	.889	1.108	1.397	1.860	2.306	2.896	3.355	4.501	5.041
9	.703	.883	1.100	1.383	1.833	2.262	2.821	3.250	4.297	4.781
10	.700	.879	1.093	1.372	1.812	2.228	2.764	3.169	4.144	4.587
11	.697	.876	1.088	1.363	1.796	2.201	2.718	3.106	4.025	4.437
12	.695	.873	1.083	1.356	1.782	2.179	2.681	3.055	3.930	4.318
13	.694	.870	1.079	1.350	1.771	2.160	2.650	3.012	3.852	4.221
14	.692	.868	1.076	1.345	1.761	2.145	2.624	2.977	3.787	4.140
15	.691	.866	1.074	1.341	1.753	2.131	2.602	2.947	3.733	4.073
16	.690	.865	1.071	1.337	1.746	2.120	2.583	2.921	3.686	4.015
17	.689	.863	1.069	1.333	1.740	2.110	2.567	2.898	3.646	3.965
18	.688	.862	1.067	1.330	1.734	2.101	2.552	2.878	3.610	3.922
19	.688	.861	1.066	1.328	1.729	2.093	2.539	2.861	3.579	3.883
20	.687	.860	1.064	1.325	1.725	2.086	2.528	2.845	3.552	3.850
21	.686	.859	1.063	1.323	1.721	2.080	2.518	2.831	3.527	3.819
22	.686	.858	1.061	1.321	1.717	2.074	2.508	2.819	3.505	3.792
23	.685	.858	1.060	1.319	1.714	2.069	2.500	2.807	3.485	3.768
24	.685	.857	1.059	1.318	1.711	2.064	2.492	2.797	3.467	3.745
25	.684	.856	1.058	1.316	1.708	2.060	2.485	2.787	3.450	3.725
26	.684	.856	1.058	1.315	1.706	2.056	2.479	2.779	3.435	3.707
27	.684	.855	1.057	1.314	1.703	2.052	2.473	2.771	3.421	3.690
28	.683	.855	1.056	1.313	1.701	2.048	2.467	2.763	3.408	3.674
29	.683	.854	1.055	1.311	1.699	2.045	2.462	2.756	3.396	3.659
30	.683	.854	1.055	1.310	1.697	2.042	2.457	2.750	3.385	3.646
31	.682	.853	1.054	1.309	1.696	2.040	2.453	2.744	3.375	3.633
32	.682	.853	1.054	1.309	1.694	2.037	2.449	2.738	3.365	3.622
33	.682	.853	1.053	1.308	1.692	2.035	2.445	2.733	3.356	3.611
34	.682	.852	1.052	1.307	1.691	2.032	2.441	2.728	3.348	3.601
35	.682	.852	1.052	1.306	1.690	2.030	2.438	2.724	3.340	3.591
36	.681	.852	1.052	1.306	1.688	2.028	2.434	2.719	3.333	3.582
37	.681	.851	1.051	1.305	1.687	2.026	2.431	2.715	3.326	3.574
38	.681	.851	1.051	1.304	1.686	2.024	2.429	2.712	3.319	3.566
39	.681	.851	1.050	1.304	1.685	2.023	2.426	2.708	3.313	3.558
40	.681	.851	1.050	1.303	1.684	2.021	2.423	2.704	3.307	3.551
45	.680	.850	1.049	1.301	1.679	2.014	2.412	2.690	3.281	3.520
50	.679	.849	1.047	1.299	1.676	2.009	2.403	2.678	3.261	3.496
60	.679	.848	1.045	1.296	1.671	2.000	2.390	2.660	3.232	3.460
80	.678	.846	1.043	1.292	1.664	1.990	2.374	2.639	3.195	3.416
100	.677	.845	1.042	1.290	1.660	1.984	2.364	2.626	3.174	3.390
120	.677	.845	1.041	1.289	1.658	1.980	2.358	2.617	3.160	3.373
∞	.674	.842	1.036	1.282	1.645	1.960	2.326	2.576	3.090	3.291

1章付表4　F 分布表（パーセント点）

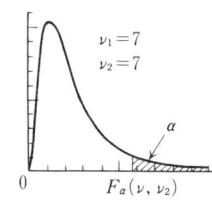

自由度 ν_1, ν_2 の F 分布に対し，上側確率 α に対応する F の値を与える．この値を上側 100α パーセント点とよび，$F_\alpha(\nu_1, \nu_2)$ で表す．

例1．自由度 $\nu_1=4, \nu_2=10$ の上側5パーセント点は $F_{0.05}(4, 10)=3.478$ である．

自由度が表にないときの $F_\alpha(\nu_1, \nu_2)$ は，自由度の逆数による線形補間を用いるか，近似式により求める．線形補間による方法を例2に示す．

$\alpha=0.05$

$\nu_2 \backslash \nu_1$	1	2	3	4	5	6	7	8	9	10	12
1	161.45	199.50	215.71	224.58	230.16	233.99	236.77	238.88	240.54	241.88	243.91
2	18.513	19.000	19.164	19.247	19.296	19.330	19.353	19.371	19.385	19.396	19.413
3	10.128	9.552	9.277	9.117	9.013	8.941	8.887	8.845	8.812	8.786	8.745
4	7.709	6.944	6.591	6.388	6.256	6.163	6.094	6.041	5.999	5.964	5.912
5	6.608	5.786	5.409	5.192	5.050	4.950	4.876	4.818	4.772	4.735	4.678
6	5.987	5.143	4.757	4.534	4.387	4.284	4.207	4.147	4.099	4.060	4.000
7	5.591	4.737	4.347	4.120	3.972	3.866	3.787	3.726	3.677	3.637	3.575
8	5.318	4.459	4.066	3.838	3.687	3.581	3.500	3.438	3.388	3.347	3.284
9	5.117	4.256	3.863	3.633	3.482	3.374	3.293	3.230	3.179	3.137	3.073
10	4.965	4.103	3.708	3.478	3.326	3.217	3.135	3.072	3.020	2.978	2.913
11	4.844	3.982	3.587	3.357	3.204	3.095	3.012	2.948	2.896	2.854	2.788
12	4.747	3.885	3.490	3.259	3.106	2.996	2.913	2.849	2.796	2.753	2.687
13	4.667	3.806	3.411	3.179	3.025	2.915	2.832	2.767	2.714	2.671	2.604
14	4.600	3.739	3.344	3.112	2.958	2.848	2.764	2.699	2.646	2.602	2.534
15	4.543	3.682	3.287	3.056	2.901	2.790	2.707	2.641	2.588	2.544	2.475
16	4.494	3.634	3.239	3.007	2.852	2.741	2.657	2.591	2.538	2.494	2.425
17	4.451	3.592	3.197	2.965	2.810	2.699	2.614	2.548	2.494	2.450	2.381
18	4.414	3.555	3.160	2.928	2.773	2.661	2.577	2.510	2.456	2.412	2.342
19	4.381	3.522	3.127	2.895	2.740	2.628	2.544	2.477	2.423	2.378	2.308
20	4.351	3.493	3.098	2.866	2.711	2.599	2.514	2.447	2.393	2.348	2.278
21	4.325	3.467	3.072	2.840	2.685	2.573	2.488	2.420	2.366	2.321	2.250
22	4.301	3.443	3.049	2.817	2.661	2.549	2.464	2.397	2.342	2.297	2.226
23	4.279	3.422	3.028	2.796	2.640	2.528	2.442	2.375	2.320	2.275	2.204
24	4.260	3.403	3.009	2.776	2.621	2.508	2.423	2.355	2.300	2.255	2.183
25	4.242	3.385	2.991	2.759	2.603	2.490	2.405	2.337	2.282	2.236	2.165
26	4.225	3.369	2.975	2.743	2.587	2.474	2.388	2.321	2.265	2.220	2.148
27	4.210	3.354	2.960	2.728	2.572	2.459	2.373	2.305	2.250	2.204	2.132
28	4.196	3.340	2.947	2.714	2.558	2.445	2.359	2.291	2.236	2.190	2.118
29	4.183	3.328	2.934	2.701	2.545	2.432	2.346	2.278	2.223	2.177	2.104
30	4.171	3.316	2.922	2.690	2.534	2.421	2.334	2.266	2.211	2.165	2.092
31	4.160	3.305	2.911	2.679	2.523	2.409	2.323	2.255	2.199	2.153	2.080
32	4.149	3.295	2.901	2.668	2.512	2.399	2.313	2.244	2.189	2.142	2.070
33	4.139	3.285	2.892	2.659	2.503	2.389	2.303	2.235	2.179	2.133	2.060
34	4.130	3.276	2.883	2.650	2.494	2.380	2.294	2.225	2.170	2.123	2.050
35	4.121	3.267	2.874	2.641	2.485	2.372	2.285	2.217	2.161	2.114	2.041
36	4.113	3.259	2.866	2.634	2.477	2.364	2.277	2.209	2.153	2.106	2.033
37	4.105	3.252	2.859	2.626	2.470	2.356	2.270	2.201	2.145	2.098	2.025
38	4.098	3.245	2.852	2.619	2.463	2.349	2.262	2.194	2.138	2.091	2.017
39	4.091	3.238	2.845	2.612	2.456	2.342	2.255	2.187	2.131	2.084	2.010
40	4.085	3.232	2.839	2.606	2.449	2.336	2.249	2.180	2.124	2.077	2.003
45	4.057	3.204	2.812	2.579	2.422	2.308	2.221	2.152	2.096	2.049	1.974
50	4.034	3.183	2.790	2.557	2.400	2.286	2.199	2.130	2.073	2.026	1.952
60	4.001	3.150	2.758	2.525	2.368	2.254	2.167	2.097	2.040	1.993	1.917
80	3.960	3.111	2.719	2.486	2.329	2.214	2.126	2.056	1.999	1.951	1.875
120	3.920	3.072	2.680	2.447	2.290	2.175	2.087	2.016	1.959	1.910	1.834
∞	3.841	2.996	2.605	2.372	2.214	2.099	2.010	1.938	1.880	1.831	1.752

例2. 自由度 $\nu_1=4, \nu_2=90$ の上側5パーセント点は，$\nu_2=90$ が表に含まれていないので，$\nu_2=80$ に対する $F_{0.05}(4, 80)=2.486$，および $\nu_2=120$ に対する $F_{0.05}(4, 120)=2.447$, さらに，

$$\left(\frac{1}{90}-\frac{1}{120}\right)\Big/\left(\frac{1}{80}-\frac{1}{120}\right)=0.666$$

より，

$$F_{0.05}(4, 90)=2.447+(2.486-2.447)\times 0.666=2.473$$

とする．

14	16	18	20	24	30	40	60	120	∞	ν_1 / ν_2
245.36	246.46	247.32	248.01	249.05	250.10	251.14	252.20	253.25	254.31	1
19.424	19.433	19.440	19.446	19.454	19.462	19.471	19.479	19.487	19.496	2
8.715	8.692	8.675	8.660	8.639	8.617	8.594	8.572	8.549	8.526	3
5.873	5.844	5.821	5.803	5.774	5.746	5.717	5.688	5.658	5.628	4
4.636	4.604	4.579	4.558	4.527	4.496	4.464	4.431	4.398	4.365	5
3.956	3.922	3.896	3.874	3.841	3.808	3.774	3.740	3.705	3.669	6
3.529	3.494	3.467	3.445	3.410	3.376	3.340	3.304	3.267	3.230	7
3.237	3.202	3.173	3.150	3.115	3.079	3.043	3.005	2.967	2.928	8
3.025	2.989	2.960	2.936	2.900	2.864	2.826	2.787	2.748	2.707	9
2.865	2.828	2.798	2.774	2.737	2.700	2.661	2.621	2.580	2.538	10
2.739	2.701	2.671	2.646	2.609	2.570	2.531	2.490	2.448	2.404	11
2.637	2.599	2.568	2.544	2.505	2.466	2.426	2.384	2.341	2.296	12
2.554	2.515	2.484	2.459	2.420	2.380	2.339	2.297	2.252	2.206	13
2.484	2.445	2.413	2.388	2.349	2.308	2.266	2.223	2.178	2.131	14
2.424	2.385	2.353	2.328	2.288	2.247	2.204	2.160	2.114	2.066	15
2.373	2.333	2.302	2.276	2.235	2.194	2.151	2.106	2.059	2.010	16
2.329	2.289	2.257	2.230	2.190	2.148	2.104	2.058	2.011	1.960	17
2.290	2.250	2.217	2.191	2.150	2.107	2.063	2.017	1.968	1.917	18
2.256	2.215	2.182	2.155	2.114	2.071	2.026	1.980	1.930	1.878	19
2.225	2.184	2.151	2.124	2.082	2.039	1.994	1.946	1.896	1.843	20
2.197	2.156	2.123	2.096	2.054	2.010	1.965	1.916	1.866	1.812	21
2.173	2.131	2.098	2.071	2.028	1.984	1.938	1.889	1.838	1.783	22
2.150	2.109	2.075	2.048	2.005	1.961	1.914	1.865	1.813	1.757	23
2.130	2.088	2.054	2.027	1.984	1.939	1.892	1.842	1.790	1.733	24
2.111	2.069	2.035	2.007	1.964	1.919	1.872	1.822	1.768	1.711	25
2.094	2.052	2.018	1.990	1.946	1.901	1.853	1.803	1.749	1.691	26
2.078	2.036	2.002	1.974	1.930	1.884	1.836	1.785	1.731	1.672	27
2.064	2.021	1.987	1.959	1.915	1.869	1.820	1.769	1.714	1.654	28
2.050	2.007	1.973	1.945	1.901	1.854	1.806	1.754	1.698	1.638	29
2.037	1.995	1.960	1.932	1.887	1.841	1.792	1.740	1.683	1.622	30
2.026	1.983	1.948	1.920	1.875	1.828	1.779	1.726	1.670	1.608	31
2.015	1.972	1.937	1.908	1.864	1.817	1.767	1.714	1.657	1.594	32
2.004	1.961	1.926	1.898	1.853	1.806	1.756	1.702	1.645	1.581	33
1.995	1.952	1.917	1.888	1.843	1.795	1.745	1.691	1.633	1.569	34
1.986	1.942	1.907	1.878	1.833	1.786	1.735	1.681	1.623	1.558	35
1.977	1.934	1.899	1.870	1.824	1.776	1.726	1.671	1.612	1.547	36
1.969	1.926	1.890	1.861	1.816	1.768	1.717	1.662	1.603	1.537	37
1.962	1.918	1.883	1.853	1.808	1.760	1.708	1.653	1.594	1.527	38
1.954	1.911	1.875	1.846	1.800	1.752	1.700	1.645	1.585	1.518	39
1.948	1.904	1.868	1.839	1.793	1.744	1.693	1.637	1.577	1.509	40
1.918	1.874	1.838	1.808	1.762	1.713	1.660	1.603	1.541	1.470	45
1.895	1.850	1.814	1.784	1.737	1.687	1.634	1.576	1.511	1.438	50
1.860	1.815	1.778	1.748	1.700	1.649	1.594	1.534	1.467	1.389	60
1.817	1.772	1.734	1.703	1.654	1.602	1.545	1.482	1.411	1.325	80
1.775	1.728	1.690	1.659	1.608	1.554	1.495	1.429	1.352	1.254	120
1.692	1.644	1.604	1.571	1.517	1.459	1.394	1.318	1.221	1.000	∞

2章

データを読む
相関分析, 主成分分析, 因子分析の意味をさぐる

　データというのは, どこかに「ある」のではなく, 私たちがあることがらを「データ」とみなし,「データ」にするのだ. そこには当然, 私たちの主観や偏見, 思い違いが紛れこむ. あるいは, 実在していないものを実在しているかのように思いこむこともある. そういうアブナイ話がいろいろあるのが, データ解析というものなのだ. 本章では, 最も基本的なデータ解析の一つである相関分析を出発点にして, 主成分分析, さらには因子分析へと, データ解析の展開をたどる. それを通して, データの背後に想定される何らかの構造をうきぼりにしていくという, 統計解析の基本的な考え方を吟味する. ここでも, データが自ずから「語っている」ことと, 私たちが, データに対して,(いわば「勝手に」)みなしていることとの違いと, それらのせめぎあいに注目することになる.

2.1　データとは何だろうか

2.1.1　表象とデータ

　何かを観察したとき, そこにわずかでも驚きがあり, そのことを誰かに伝えたい衝動を感じたとき, 観察したことを, 文字や図, 記号, 写真などの, 後に残るような, 具体的なカタチで表すだろう. 観察されたことを何らかの「後に残るカタチ」に表したもののことを, ここで,「記録」とよぶことにする. 記録は文字や数字で書かれたテキストの場合もあれば, 図や記号のような図柄, スケッチ, といったようなものである場合もある. フィールドワーカーが現場

で出来事を記述するフィールド・ノーツなども，ここでいう記録である．そういう記録は，別の機会に，別の場所で，別の人に見せることができて，見せられた人は，説明が必要な場合もあるが，それがどういうモノやコトを指しているかが伝わるとされる．その場合，見せられる記録がそれを作成した本人しかわからないものであったり，あいまいだったり，多義的であったり，あるいは見せられる場（状況，文脈など）によって見え方がまったく変わってしまうならば，少なくとも他人にとってはあまり使いものにならないだろう．もっとも，過去の有名な学者が読んだ本の余白に落書きのような，一見意味がとれないことを書き残していた，という場合，こういう「記録」は，それが何を表しているかはかなりあいまいであっても，さまざまな観点から分析されるべき貴重な「記録」であることは確かである．

　ここで，記録がそもそもどういうコトやモノを表象しているか，それがどれだけ明確に規定されているかという問題を「表象問題」representation problem とよんでおこう*．

　表象問題のうち，かなりやっかいな問題は，記録されるコトやモノが「記録する」という行為によって何らかの影響を受けているということである．厳密なことをいえば，まずほとんどの場合，記録内容は「記録する」という行為との相互作用の結果であり，多かれ少なかれ，「記録する」ということによって何らかの影響を受けていると考えておくべきであろう．例えば，アンケートなどで，質問者が気にくわなければ，いいかげんな返答をしているかもしれない．あるいは，ビデオ録画をする場合，ビデオに撮られているという意識から，ふだんとは違う行動を示しているかもしれない．こういう問題は，どう扱えばよいかについて一般論は存在しない．ただ，「そういう可能性をできるだけ排除する」か，もしくは，「そういう観察者が観察対象に影響しつつ観察したもの」と当初から認めるかしかない．いずれにせよ，誰が，どういう状況で，どういう方法で記録したのかということを，「記録」に含めておくことが重要である．また，「記録」というのは，宇宙の彼方から望遠鏡で覗いているというようなものではなく，かならず，記録される側と記録する側の相互作用が介入してい

---

*　データに関する基本問題を以下のように「表象問題」「一義性問題」「意味性問題」に分けて論じるのは，もともとは Coombs ら (1970：7-30) による．ただし，本章では若干異なる解釈を加えている．

るものであり，「記録内容」というのはその相互作用の結果にすぎないということは，すべての分析者が承知しておくべきことである．

記録を見て，これがそもそもどういうコトやモノを表象したものかがある程度わかるにしても，アレとかコレというように，完全に一義的な対応関係として，明確に定まるとは限らない．例えば，ある人が「今日は体温が高い」と日記に記録したとき，この日の彼の体温が 37 度だったのか 39 度だったのかはわからない．しかし，少なくとも，「平常の体温よりは高かった」ということは間違いないだろう．つまり私たちは，記録について，それが表象するコトやモノがどこまで一義的に定めうるものなのかということを問題にしなければならない．このような問題を「一義性問題」uniqueness problem とよんでおこう．

記録が何を表象し，それがどの程度一義的かについて明確になったとしても，私たちは通常それだけでは満足しない．つまり，私たちは記録を通してその背後にある何らかの意味（一般性のある法則や命題，あるいは関係構造）を推察したいはずである．それがたんなる憶測や「私見」ではなく，ある程度妥当性のある解釈というものを引き出したいのである．

そのように，特定の記録から，その背後にある一般性のある「意味」の解釈がどの程度可能かという問題を「意味性問題」meaningfulness problem とよぶことにする．例えば，ある人の「体温が高い」という言明が，当人が「病気にかかっている」ということを意味しているのかどうかということである．この「意味性問題」は，当然のことながら，表象問題と一義性問題への「答え」に依存している．つまり，表象関係が明確で，一義性が高ければ，（さらに，意味づけに利用される理論体系の妥当性が高いとすれば，）確かな意味づけが引き出されるが，表象関係があいまいで，一義性が低い記録からは，どんなに高度な理論を駆使しても，妥当性の高い意味づけを引き出すことは不可能であろう．

記録が，表象問題，一義性問題，意味性問題に対し，妥当な（つまり，個人的見解を越えて，一般的に主張しうる）答えを出しうるとみなされたとき，それは「データ」とよんでよいだろう．言い換えると，私たちが何らかの記録をあえて「データ」とよぶならば，それについて表象問題，一義性問題，意味性問題を問うていくことを意味する．もちろん，究極的には，最後の意味性問

題こそが「最も知りたいこと」であるにしても，である*．

　データは繰り返し利用できるものだが，データ自体は「一回かぎりのこと」を表象している場合も十分ありうる．たとえば，特別の才能をもち，特別の訓練を受けたチンパンジーが，ある複雑な文法構造の「文章」を明らかに「理解した」という証拠が一回でも観察されたならば，それが不可能ではなかったという事実の重みはきわめて大きく，その記録（データ）はその後の研究に多大の影響を与えるだろうし，多くの人々が活用するだろう**．あるいは，ある教室で，学力が極端に低く，日頃は授業内容をほとんど理解しないであそんでばかりいたＡ君が，ある日の授業の時に，突然すばらしい発言をし，みんなを驚かせたとする．そういうできごとのデータも，それは二度と観察されえないことであったとしても，とてつもなく大きな意味があり，多くの人々に語りつがれたり，分析されたりするだろう．

　一方，何度も繰り返し観察されるが，別段，その「頻度」が問題にならないデータもある．言語学者が自然言語のもつ特定の文法構造の説明に利用する「文例」などは，いわれてみれば誰もがよく使う文であり，とりたててその出現頻度は問題にされないが，そこで引用されることの意味は大きく，重要なデータではある．

　このように考えると，データというものには，「それを・デー・タに・する（データとして取り上げる）」ということに，何らかの価値があるとみなされていたと考えるべきであろう．そもそもデータは，それをあれこれ利用して他の事柄を導き出したりしようというもくろみがあるからこそ，データとみなしたのである．つまり，データの表象問題，一義性問題，意味性問題のうち，最後の意味性問題こそが，そもそもデータを取る目的なのである（表象問題と一義性問題は，意味性問題をできうるかぎり妥当なものにするための条件を問う問題な

---

* データについて，しばしば「信頼性」と「精度」が問題にされる．データの「信頼性」問題というのは，データが，記録としてどの程度正確に「実際にあったコト」を表象しているかという，ある種の表象問題を意味する．データの「精度」というのは，そのデータがどれだけ一義的なモノやコトを表しているかという一義性問題とみなせる場合もあるが，同一の事象を繰り返し観察した場合の記録がつねに同一の記録になっているか，という，測定方法の安定性のことを意味する場合もある．

** もっともそのためには，その観察記録がチンパンジーの具体的などういう行動を指すのかについての表象問題，その観察が，「何が起こったか」についてどこまで異論のない形で答えられるかについての一義性問題，さらにその「意味すること」を引き出す理論がきちんと確立しているかという意味性問題のそれぞれが，きちんと吟味されて答えられるものでなければならない．

のだといえよう）．したがって，私たちは，観察事実について，何らかの「カテゴリー」（「概念」や意味体系）とか「理論」が背後にあるとか，少なくともそういうものがありそうに見えるときに，それを「データにする」わけである．つまり，データの「背後」に何らかのカテゴリーや理論，あるいは構造が想定され，データをそのような背後のものの「ある現れ方」にすぎないとみなすのである．そして，私たちはその「背後」にこそ関心があるのであって，何とかして，合理的な推論の手続きによって，データから，その「背後」について，何らかの妥当な「意味」を引き出そうとするのである．

2.1.2 統計的データとは

さて，統計学が対象にするデータというものについて考えてみよう．統計学が対象にするデータというのは，出現する（観察される）頻度が重要な関心事になるようなデータである．つまり，「同じ」とみなされることが，繰り返し生起し，それが観察されるということと，さらに，観察される頻度の多いか少ないかが問題になる（多ければよいとか，少なければよいというような単純なこととは限らないが）ようなデータである．統計学が対象にするのはそういうデータである．もちろん，ここでいう頻度そのものも，当然のことながら，統計学の対象になるデータである．

ここで大切なことは，ものごとが「繰り返す」という判断には，私たちがそれを「繰り返し」であるとみなす行為が介入しているということである．たとえば，私の講義は毎年同じ内容の繰り返しだという人がいるかもしれない．教えた内容の項目リストだけを取りあげると，あるいはそういう判断も可能かもしれない．しかし，講師としては，毎年，新しい発見があり，そのときの受講生の反応や意見を参考に，さまざまな工夫をして，そのときそのときの状況に応じているつもりである．この場合，どのような状況で，どういう関係の中で取り上げたかというような，状況や背後の事情は全部関係ないこととみなして，「どういう項目を取り上げたか」だけに焦点を当てれば，それは毎年の「繰り返し」とみなされ，頻度がカウントされて，何か（たとえば別の大学の同じ題目の講義など）と比較されるかもしれない．しかし，講義をしている当人にとっては，そういうデータの取られ方自体が心外だということもありうる．とく

に,「毎年,同じことを繰り返して講義している」というラベルづけがなされること自体を拒否するかもしれない.

同様に,あるテストでの「得点」というものにも,そのテストが行なわれた場の状況や,テストされた人の体調などの影響は当然あるだろう.しかし,そういう影響は,とりあえず考察の対象から除外して,テストの得点は本人が「もっている」潜在的な「能力」の表象なのだとみなすならば,それは「繰り返し」観察されるものとみなされ,統計的データとみなされる.もしもそうしたデータを分析した結果,どうもヘンだ(例えば,いつもとかけ離れているとか,他の人のデータとまるで違う,など)ということが判明したときには,あらためて,このテストの状況や本人の体調などに何らかの異変があったのかと疑うかもしれないが,そうでもないかぎり,そういう「状況」や「事情」は(少なくとも,従来の慣例では),捨象されるのである.

しかしこのように「個人の得点データ」というものを,それがとられた文脈と切り離して扱うということは,その背後で,「能力」というものが個人の「もっている」「比較的安定した」「特性」なのだという「みなし」をしていることを意味している.それに対し,「能力」というのは,もともとが周囲の状況,他者との相互作用的関係の中で,結果として立ち現れるものだ,という考え方もありうる.もしもそうだとしたら,その「周囲の状況」や「その場にいた他者」も含めたものこそがデータとみなされるべきであろう.つまり,テストの状況の違いに焦点を当てて,状況の違い(たとえば,「競争的状況」か「非競争的状況」かの違いなど)自体を観察項目に加え,そういう状況の違いそのものをデータとして分析することもできるのである*.

このように,何をデータとみなすかは,何が「繰り返して生じている」とみなすかということに依存しているのであり,それは分析者が自らの理論的枠組みや価値観にもとづいて決めることなのである.そこには当然,ある種の偏見や差別,あるいは「見落とし」がつきまとう.「中立的な立場」なるものは,

---

* 例えば,幼児は一般に「数の保存」が獲得されていないとされていた.例えば,まったく同じ間隔で並べられた2列のおはじきの一方を,間隔を広げて,「同じ数か,それとも一方のほうが多いか,少ないか」をたずねると,幼児は,間隔の広がった列のほうが「多い」という.マイケル・シーガルは,この「数の保存」実験が,幼児が「あまりにも自明のことを繰り返したずねる大人の実験者」に対して,「わかり切った答え」を出してはいけないと考えてしまうのだという仮説を立て,巧妙な実験でみごとにその仮説を検証している (Siegal, 1991).

厳密にはありえない．だからこそ，データはさまざまな観点からの吟味や見直し（再解釈）の対象となるのであり，それだけに，多様な観点から「データを取っておく」ことが重要になる．

2.1.3 データの公開性

選挙前に新聞社などが予備的な調査を行なうことが多いが，そういう「予想」が示されることが，実際の選挙に影響がないとはいえない．つまり，予備調査結果の公開が本調査（投票）に影響しているかもしれないのである．あるいは，大学入試の採点結果の公開は，偏差値競争を激化させたり，大学のランク付けを固定化したりするかもしれない．特定のデータが広く知られるときに，それが次の調査なり次の実験なりにどのような影響を与えうるかについて，私たちは十分配慮しておく必要がある．「事実は事実なのだ」といっても，「事実の公開は次の事実に影響を及ぼす」可能性を十分配慮しなければならない．

このことはまた，データを非公開にする場合も考えておかねばならない．つまり，データ結果を関係者に「知らせない」ということになると，データのねつ造，勝手な解釈，都合の悪い内容の隠蔽などが生じやすい．

いずれにせよ，私たちはデータをただ「取る」ことだけに集中して統計学を適用すればよいというものではない．データを「取る」こと，「解析結果を出す」こと，また，そのことを「公開」（もしくは「非公開」）すること，それらのいたるところに「人」が介入し，そこに「それが他人に知られる」ということによる影響，あるいは逆に「それが誰にも知られない」ということによる影響が生じうる．さらに，データを取ったことにかぎらず，解析結果が広く世の中に知られたとき，それがどのような影響を与えるかについての思惑も，そこには働くし，また，それだけの責任も生じる．どんなデータでも，ありのままを反映しているだろうと単純に考えるわけにはいかない．このようなことは，最近の環境汚染問題，薬害問題などでのデータを取り扱うときなど，そのデータをとりまく人々の利害関係によるバイアスが混入している可能性を十分配慮しなければならない．

2.1.4 データの尺度

さて，統計学では頻度が問題になるデータに数学的処理を行なう．数学的処理を行なうために，データは「数値」で表象されることが多い．ここで，データが数値で表象されていたからといって，本当に数値（実数や整数）と同等に扱えるとは限らない．そこで，「（とりあえず）数として表象されたデータ」に対して，数学的な意味での一義性（つまり，どのような変換を施しても，もともとの意味が保持されるか）が問われることになる．このような問題は，いい換えると，データをどのような「尺度」の数値とみなすか，という問題である．「尺度」というのは，数で表象されたデータをある基準で「並べた」ものを指す．尺度のもともとの意味はモノサシ上の「目盛り」のことなのだが，モノサシの場合のように，きちんと順序だって並べられるものか，さらに，モノサシのように2点間の差異が「測れる」とみなしてよいかは，必ずしも保証のかぎりではなく，データの性質に依存しているのである．つまり，どのような変換や処理がもともとの意味を失わない範囲で許容されるかがデータの性質に依存しており，それらは通常，間隔尺度，比率尺度，順序尺度，名義尺度などの種類に分けられる．以下で順に説明していこう．

間隔尺度　間隔尺度というのは，まずデータが数値として表象されており，それらがモノサシの上の目盛りのように一直線上にならべられると想定できるデータである．当然，A＞B，B＞C，ならばA＞Cであるという，いわゆる「推移律」が常に保たれる．ここで，間隔尺度の場合，ゼロ点なるものをどこに置くかについて一義的な定義はできない（任意に設定してよい）し，1単位をどう定義するかも，あらかじめ決まっているわけではない．ゼロ点や1単位を定義しなくとも，「差」というものを相互に比較することができることになっている（「スープ」の温度と「味噌汁」の温度の差が，「ホット・コーヒー」の温度と「アイス・コーヒー」の温度の差よりは小さいというような判断は，温度のゼロ点も1単位の温度なるものもまったく決めていなくとも，客観的に測定できるだろう）．もっとも，「差」が定義できるといえば，通常は「Aの，Bとの違い」と「Bの，Aとの違い」を区別しない．しかし，心理的な判断の場合，「Aの，Bとの違い」と「Bの，Aとの違い」は同じではないことが多い．たとえば，Mを母親とし，Dを娘としたとき，「Dさんは，Mさんそっ

═ コラム 2.1 ═

海は母の愛のように深い（？）

　トヴァスキー（Tversky, 1977）は，人間の「類似性判断」というものがもつ非対称性として以下のような例をあげている．

　その1：「参照」すべき基準が存在する場合．「あの肖像画は本人にそっくりだ」（×「あの人は肖像画そっくりだ」），「その楕円形はほとんど円に近い」（×「その円は楕円形に近い」）．

　その2：メタファとしての類似性の場合．「オスマン・トルコ人は虎のように襲いかかった」（×「虎はまるでオスマン・トルコ人のようだった」），「母の愛は海のように深い」（×「海は母の愛のように深い」）．

　その3：注目すべき特徴が異なる場合．「人生はゲームのようだ」（「そのゲームはまるで人生のようだ」），「その立木はまるで人のようだった」（「その人はまるで立木のようだった」）．

　以上のことから，「a が b に似ている」という場合の類似性の程度を $S(a,b)$ としたとき，a の特徴集合を A とし，b の特徴集合を B とすると，なんらかの実関数 f とパラメータ α, β によって，

$$S(a,b) = \theta f(A \cap B) - \alpha f(A-B) - \beta f(B-A)$$

で表現されるものとした．［上記の例で，θ, α, β がどんな値を取りうるか，考えてみなさい．］

くり」といえば，親から子への遺伝の結果，娘の顔や風貌が親に似ているという話だろうが，「M さんは，D さんそっくり」といえば，母親の M さんが，娘さんと間違うぐらいに若く見えるということを意味するかもしれない．このような類似性判断の非対称性については，トヴァスキーが対比モデル Contrast Model という興味深いモデルを提唱している（Tversky, 1977）．

　データに間隔尺度を想定する場合には，「差」というもの（2点間の違い）にはこのような非対称性はないものということになっている．さらに，A と C の差（違いの度合い）は，A と B の差と B と C の差を「加え合わせた」ものになっている，というわけである．つまり，A−C=(A−B)+(B−C) という関係が成り立つと想定されているのである．これはもう，ほとんど，モノサシ上の目盛りと同じである．ただ，ゼロ点と1単位なるものが定義されていない

=コラム 2.2=

遠い親戚より近くの他人

いわゆる「心理的距離」とか「非類似性（似ていない程度）」を表す尺度に「距離尺度」とよばれるものがある．

任意の 2 点，a と b に対して，「a と b の差（違い）」を $d(a, b)$ としたとき，次の三つの条件を満足する場合，これらのデータは距離尺度を構成しているという．

(1) $d(a, b) \geq d(a, a) = 0$
(2) $d(a, b) = d(b, a)$
(3) $d(a, b) + d(b, c) \geq d(a, c)$

地上の 2 地点の距離はすべてこの条件を満たしている．たとえ，地上の経路だけでなく，地底をぶち抜いて直進する場合でも，この条件は満たす．(3)で，不等号が等号となるのは，まさに 1 本の直線上の点の場合のみである．

ミンコフスキーの距離尺度は次のように定義される．2 点 $x = (x_1, x_2, \cdots, x_n)$ と $y = (y_1, y_2, \cdots, y_n)$ の間の距離を $d(x, y)$ とすると，

$$d(x, y) = \left[\sum_{i=1}^{n} |x_i - y_i|^r \right]^{1/r}$$

ここで，$r = 2$ であれば，モノサシ上の距離（ユークリッド空間上の距離）である．$r = 1$ のときは「市街化距離」とよばれる．その意味は読者の方で考えていただきたい．

だけである．どこをゼロとみなし，何を 1 単位とみなすかは，分析者が決めればよいのだ．

さて，ゼロ点を決め，1 単位を決めれば，あとは正確なモノサシができる（例えば，「温度」が摂氏や華氏で測定できるように）といいたいのだが，実は，これはそう簡単な話ではない．1 という単位が決められるためには，例えば，1 単位の「差」というものが，モノサシ（尺度）上の至るところで，まったく同じ「差」とされなければならない．例えば，温度といっても，「体で感じる温度」の場合，極端に冷たくなると感覚が「鈍って」きて，寒暖計の温度差を同じ「差」として体感できるとは限らない．それなら，「本人が明白に "違い" として認識できる幅」なるものをもとにして，それを 1 単位とみなせば，同じ 1 単位の差の意味はどこでも「同じ」とみなせるかというと，これもまた，厳

密には「そうともいえない」場合がある．"1"とした「差」が尺度のどこでも"同じ"意味をもつことを保証するには，その"1"を別の（より明白に規定できる）判断と対比して確かめなければならない．そこまで確かめれば，確かに，ゼロと1が定義できて，そのようなデータには四則演算が適用可能になるのである．

このように，厳密にいえば，データに間隔尺度をあてはめてよいということを完全に保証するには，とてつもなくきびしい条件をクリアしなければならないのである．しかし残念ながら，通常はあまり厳密に議論することなく，分析者は，強引に「データは間隔尺度とみなす」という場合が多い．それは統計的手法のほとんどが，間隔尺度のデータを前提にして理論化されているからである．しかし，私たちは，少なくともどういうことが「前提」とされ，どういう「条件」を満たしていると仮定されているかを，心得ておくことが必要である．

比率尺度　次に，比率尺度（比尺度ともいう）といわれるものは，間隔尺度のうち，ゼロ点がはじめから明確な意味をもっている場合を指している．「重さ」がよい例であろう．ポンドで測ろうがグラムで測ろうが，ゼロはゼロだ．当然，比率も一定である．「2倍の重さ」というのも測定単位に依存しない．

順序尺度　データが順序尺度で表せるという場合は，少なくとも順序が意味をもつことは保証できるが，隣接したものの「差」の大小が意味をもつという保証はないとされる．隣接したものの差が意味をもたなければ，当然，比率は出しようもない．ただし，ここで「順序がつけられる」といっても，いろいろなケースがある．完全に一列に並び，同順位が存在しない場合（完全順序 total order），同順位があってもよい場合（弱順序 weak order），枝分かれしていて，順序がつかないものも含まれる場合（半順序 partial order），さらには必ずしも推移律を満たさないもの（準順序 semiorder）もある．統計学的に扱いが簡単なのは，もちろん，完全順序や弱順序であるが，それ以外のデータでも，数学的な処理がある程度は可能な場合もある．また，順序判断がさまざまな条件（「等間隔加法的コンジョイント系」とよばれる公理系：佐伯(1973)を見よ）を満足するものと仮定すると，結果的には，比率尺度や間隔尺度にどこまでも近いものになる．逆に言えば，比率尺度や間隔尺度というの

は，順序判断が相当きびしい，さまざまな制約条件を満たしていると想定できる場合に限られるのである．

しかし，実際には，そんな厳しい条件がすべて満足されることはほとんどないといってよい．むしろ，厳密にいえば順序尺度だが，間隔尺度に近い性質をもっているというケースが多い．アンケートなどでそれぞれの質問項目に対して「大いに賛成である」「やや賛成である」「あまり賛成ではない」「絶対反対である」などの反応項目を与えて選択させたというとき，厳密にいえば，これらの反応項目は順序尺度でしかない．つまり，「大いに賛成」と「やや賛成」の違い（差）が，「絶対反対」と「あまり賛成でない」の違い（差）と同じかといわれると，何ともいえないだろう．どちらの方がより大きな差だということもできない．こういう場合，ときには，これを（反応項目は「等間隔」だとみなして）「間隔尺度として扱ってみる」ということが，ある程度許される場合もある．もちろん，結果の解釈に当たっては，そういう，やや強引な前提のもとでの分析結果であるということを，十分に配慮しなければならないが．

名義尺度　最後の名義尺度というのは，文字通り，「名称」を並べたものである．この場合，各「名称」の並びが順序尺度の条件さえも満たされていないならば，そもそも「尺度」とよぶのにはかなり無理がある．そういう場合は比率も差も順序も明確な意味をもたず，たんに互いの「質的な」違いだけが問題になる場合である．数値が割り当てられていたとしても，それは「名前の一種」（番号）にすぎない．いわゆる「性差」は男女の違いによって説明されるなんらかの特性値の「差」を意味しており，量的な違い（間隔尺度，比率尺度，あるいは順序尺度）となっている場合もあるが，質的な違い（名義尺度）を指すこともある*．

ここでも，厳密にいえば名義尺度なのだが，ある観点からは順序尺度とみなして分析してみるという場合もある．幼稚園の子どものケンカをいくつかのカテゴリーに分けて分類したとき，そのカテゴリー分けそのものは単なる名義尺

---

* 名義尺度，順序尺度，間隔尺度，比率尺度の相互関係を論じるのは簡単ではない．厳密にいえば，すべての比率尺度は間隔尺度でもあり，同時に順序尺度でもあり，名義尺度でもあり，また，すべての間隔尺度は順序尺度でもあり，名義尺度でもある．つまり，これらのカテゴリーは，厳密にいえば互いに包含関係にある．しかし実際には，名義尺度といえば，順序尺度ではないもの，順序尺度といえば，間隔尺度にならないもの，というように，互いに排反なカテゴリーのようにみなされることが多い．

度なのだが,「使われる手段」という点に焦点をあてて,暴力性という観点から暫定的に順序を想定して分析してみる,ということもありうるだろう.その場合も,その順序の想定が,分析者がかなり主観的に想定したものだということを十分心得ておく必要はあるが.

このように,データの尺度の種類についても,分析者の「みなし」の部分はかなりある.つまり,「このデータは○○尺度のデータとみなす」ということで,とりあえずの分析をしてみる,ということである.そのかわりに,得られた結果については,分析過程で「みなしてきた」ことが「当たっていない」場合に,どの程度結果の真実性に影響を与えるかについて,十分配慮した解釈をしなければならないであろう.

データ解析というのは,このように,「厳密にいうと,本当ではないかもしれないこと」を,解析方法の都合で,勝手に「本当であるとみなして」解析をすることが多い(というよりも,ほとんどの場合がそうだといってもよいだろう).問題は,分析者が多くのこのような「みなし」をして解析したという「罪の意識」をどの程度もっているか,ということである.そういう「罪の意識」をもたず,あるいは隠蔽して,統計的解析結果をあたかも絶対的な真実であるかのように語ることこそ,大いなる罪を犯すことになる.ここで,「本当でないかもしれないことを,本当だとみなした」という,統計学者がどこかでは必ず犯している罪のことを「第一種の罪」といっておこう.次節では,統計学者が多かれ少なかれ必ず犯してしまう,もう一つの罪を紹介することになる.

データの背後に秩序を見る　　データがそもそもどういう尺度のデータであるかを「決める」段階で,私たちはすでにデータに対してある種,最低限の「秩序性」orderliness を想定しているわけである.統計解析というのは,そのように想定されたデータの秩序性を利用し(まさに,そこに統計学という理論体系を適用し),データの背後にあるさらなる秩序性を「導き出す」というわけである.しかし,統計解析によって「導き出される」秩序性というのは,本当にデータが潜在的に「もっていた」特性が,いわば「あぶり出されて」くるものなのだろうか,それとも,そこにも私たちの側からのある種の「みなし」によって,「……かのように」見えるということなのだろうか.ある種の「みなし」によっては「そうも見える」が,別の「みなし」をすれば「別のように

見える」ということなのか．それとも，どうみなすかというのはたんなる便宜的なことで，やはり適切な解析方法を適用すれば，背後にある（実在する）「本当の姿」なるものが現出してくるということなのだろうか．

　こういうことをじっくり考える一つの基礎的な「演習」exercise として，相関分析を取り上げることにする．データの相互関係をさぐる相関分析は，さらに「背後にあるもの」をさぐっていくと，主成分分析や因子分析という分析方法に発展する．この間の展開のロジックをていねいにたどり，データの「みなし」と「見え」の相互依存的関係を明らかにしたい．

2.2　相関関係を探る——データが自ずから語るもの

2.2.1　拳のサイズから前歯のサイズがわかる（？）

　随分前の話だが，米国留学中，日本で作った前歯のブリッジがだめになり，作り替えることになった．大学病院で若い歯科医（インターン生か）が私の顎や頬のあちこちのサイズを測ったあと，手の拳のサイズをノギスで測定して，何やら計算したあと，妙にいぶかしげな顔をしていたが，遠慮がちにこうたずねた．「失礼なことをお聞きするが，貴方はかつて，出っ歯ではなかったでしょうか」．これにはたまげてしまった．「実はそうなんです．しかし，どうしてわかったのですか」と聞くと，「あなたの拳のサイズからあなたの前歯のサイズを推定すると，あなたの上顎のサイズに合わない．どうしても歯が入りきらないので，たぶん，出っ歯になっていたと考えられる」と答えてくれた．今日の歯科医学の現状は知らないので，このような推定法の妥当性が現在も認められているのかは定かではないが，少なくとも，「あって不思議ではない」話ではある．身体のどの部位がどこと相関があるかというのは古くからのバイオメトリックスの重要な課題であったわけであるから，相当のデータが集積されていることであろう．

2.2.2　相関係数のもつべき特性

　さて，一つの対象に二通りの測定をし，測定対象としたものすべてについてのデータ（間隔尺度があてはまるもの）が与えられたとき，二組の測定値の間

の相互の関係の強さというものを表すために，通常は相関係数が利用される．ここで，n 個の対象について，X についての測定値を $x_1, x_2, x_3, ..., x_n$ とし，Y についての測定値を $y_1, y_2, y_3, ..., y_n$ としたとき，相関係数（厳密に言うと，ピアソンの積率相関係数）というのは以下の r_{xy} で定義される．

$$r_{xy} = \frac{\sum_{i=1}^{n}(x_i - \bar{x})(y_i - \bar{y})}{\sqrt{\sum_{i=1}^{n}(x_i - \bar{x})^2 \cdot \sum_{i=1}^{n}(y_i - \bar{y})^2}} \tag{2.1}$$

このように定義された相関係数なるものが，そもそもどんな性質をもつかということから考えてみよう．

a) 相関係数は -1 と $+1$ の間の値である．

b) 二つの変量の相関係数はそれぞれの変量を任意に正の線形変換をほどこしても不変である．たとえば，一方の変量がグラムで表され，他方の変量がセンチメートルで表されたときの変量間の相関は，同じものをポンドとインチで表しても変わらない．このことは，各データを平均 0, 分散 1 になるように変換したもの同士で比較しても，変換しないままでの相関と変わらないということである．このような平均 0, 分散 1 になるようにする変換は，通常，z 変換とよばれ，そのように標準化されたデータは z 値とよばれる．

z 変換されたデータ点を原点 $(0,0)$ を交わる x 軸と y 軸で分割した場合，第 1 象限と第 3 象限にあるものは「正の相関」に貢献し，第 2 象限と第 4 象限にあるものは「負の相関」に貢献するべきである．

c) 最も相関が高い（$r=1$, あるいは -1）というのは 1 本の直線上に測定値がならぶ場合である．つまり，データを z 変換すれば，$Y=X$ という，傾きが 45 度の直線上に測定値がならぶことになる．相関がゼロというのは，z 変換したデータが座標の四つの象限にほぼ均等にばらついている場合である．

上記 b) の性質を利用して，z 変換されたデータで相関を定義すると，これは要するに X 値と Y 値の積の平均値になっている．すなわち，

$$r_{x'y'} = \sum_{i=1}^{n} x_i' y_i' \Big/ n \tag{2.2}$$

2.2.3 散布図を描く

二つの変量間の相関の様子を「目で見る」には，なんといってもそれぞれのデータを2次元の座標上の点の集合として表す「散布図」を描くのがよい．最も「素直な」（統計的に処理しやすい）データの場合は，点の集合がいわゆる「フットボール」のような，やや先のとがった楕円形を傾けたような形になっている場合である．

2.2.4 相関分析ができないデータ

次のようなケースは，そもそも統計的な相関を問題にすべき対象ではない．

ケース1：x軸，もしくはy軸に平行な直線上にのるデータ．［さらに，特定の直線，もしくは曲線上の固定した値しかとらないデータは統計学を適用すべき「確率的変動」をしたデータではない］（図2.1）．

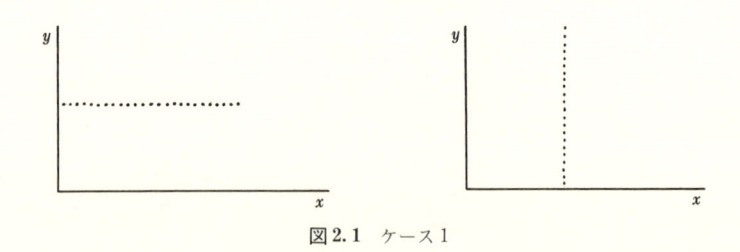

図2.1　ケース1

ケース2：明らかに「比例的関係」でないデータ（図2.2）．

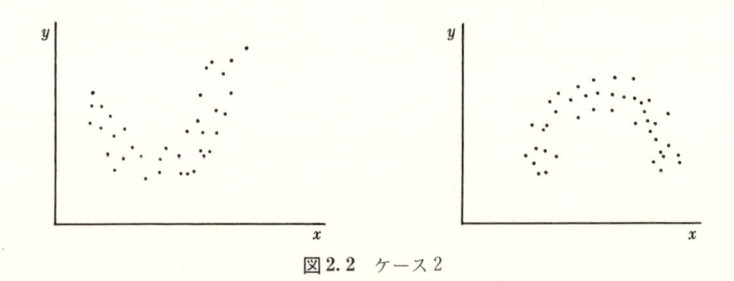

図2.2　ケース2

ケース3：二つ以上の「かたまり」があるデータ（図2.3）．

図 2.3 ケース 3

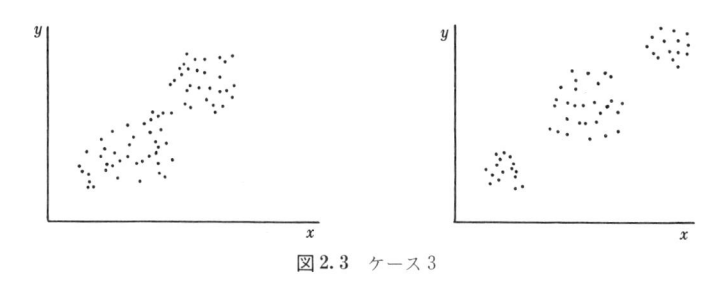

ケース 4：異常値があるデータ（図 2.4）．

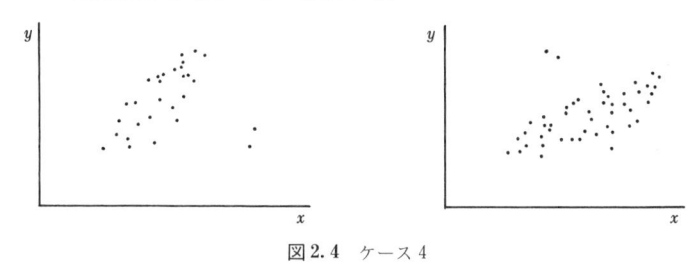

図 2.4 ケース 4

ケース 5：x 軸，もしくは y 軸の計測値がカテゴリー名であったり，たんなる順序尺度値であったりするデータ（図 2.5）．

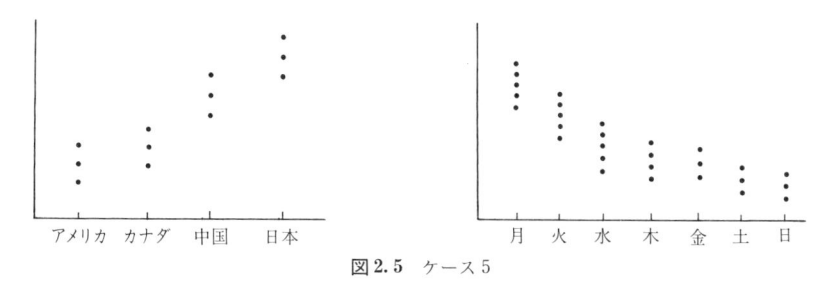

図 2.5 ケース 5

2.2.5 相関分析における「要注意」データ

上記のような「統計的な相関分析はできない」ケースは，散布図を描けばたちまち明らかになるだろう．しかし，散布図を見ただけでは，ごく普通の，よくある散布図のように見えるデータでも，そのまま相関係数を計算して議論するわけにはいかない，「要注意」のケースがある．

そのような「要注意」のケースについては，大村（1985：49-52）がたいへ

んわかりやすく説明している．大村があげているのは以下の四つのケースである（すべて，大村がつくった架空のデータ）．

第一は，「混在その1：ないのに，ある」例で，一見すると「足の大きさと数学力」に相関があるように見えるが，実は小学校2年生から6年生のデータを混ぜたため，各学年では無相関なのに，全部あわせると相関があるように見える話（図2.6）．

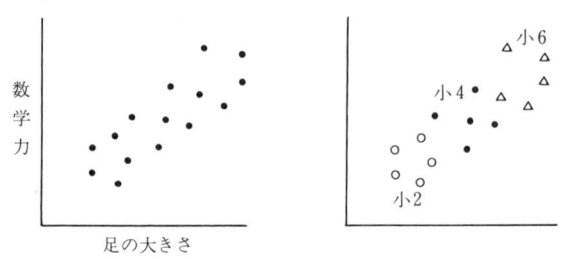

図2.6 混在その1：ないのに，ある

第二は，「混在その2：あるのに，ない」例で，数学力と英語力にはまったく相関がないように見えるが，実は，男子と女子を分けると，それぞれでは相関があるという話（図2.7）．

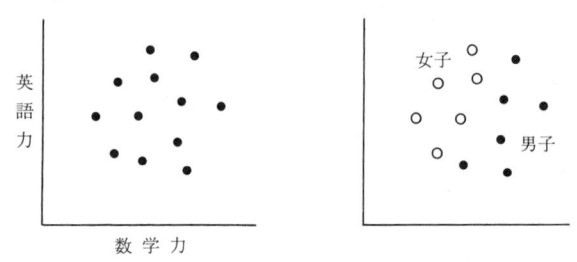

図2.7 混在その2：あるのに，ない

第三は，「切断その1：ないのに，ある」例で，世界の各国での酒類の消費量とGNPの相関があるように見えるが，実は（といっても架空の話だが）たまたま有色人種の国を除外していた結果だった，という話（図2.8）．

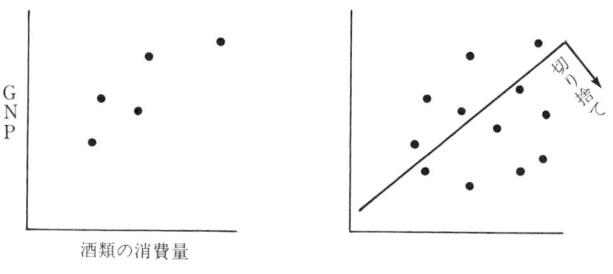

図 2.8 切断その 1：ないのに，ある

第四は，「切断その 2：あるのに，ない」例で，入社試験の成績で一定の点数以下の者を除外したために，本当は存在するはずの相関がないように見えるという話（図 2.9）．

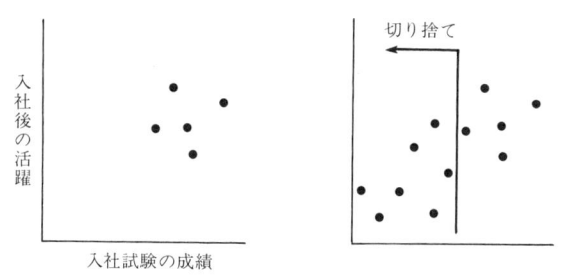

図 2.9 切断その 2：あるのに，ない

2.2.6 「要注意」の注意

ところで，例えば「混在その 1：ないのに，ある」例のもともとのデータを実際に示されれば，まさか「足のサイズと数学力」に何らかの因果関係があるなどということは常識的にありえないと誰でも考えるだろう．したがって，「相関がある」という話を聞くと「どこか，おかしい」と疑ってかかるだろう．そういう疑いをかけて再分析すれば，そういう「相関」がたんなるデータ表示の際の見かけ上のものであることが直ちにばれる．ところが現実には，多くの場合，「理由が（かんたんには）説明できない」相関というのはたくさんあり，そのうちのかなりのものは，ちょっとしたカテゴリー分けをすれば違った結果になるというものがある．ところが私たちは，どういうカテゴリー分けをすれば，「真実があらわになる」のかを知らないのがふつうである．さらに，何が

何と相関関係があるかよくわからないときに，それこそ足のサイズから数学力まで，ありとあらゆるデータの相関をとってみるということが必要な場合もある．困ったことに，そのように得られた相関データをつくづく眺めていると，なんとなくもっともらしい因果的説明ができてしまうということもある．

そこで，統計学者が犯す第二の罪は，「あえて疑って別の分析をすれば，別の（本当の）結果が出たかもしれないことを，とりあえずの結果を絶対的な結論とみなす罪」である．これを「統計学者が犯さないではいられない，第二種の罪」としよう．しかし，この「罪」は，ほとんどすべての科学の探究につきものの罪であろう．ここでも，罪を犯すかどうかということよりも，「知らないところで犯しているかもしれない罪」をどの程度意識しているか，ということである．この種の罪の意識をもっていれば，「一見，もっともな説明ができてしまうけれど，もしかしたら，別の真実が隠れているのかもしれない」という疑いの目を持ち続けて分析していくことができる．反対に，こういう「罪の意識」のない統計学者は，救いがたい「大いなる罪」を犯しかねない．

2.2.7 相関と因果

相関関係というのは，いわゆる「因果関係」とは異なる．因果関係の結果と考えられる場合もあるが，まったく因果関係とは無縁の場合もある．例えば，これは吉田（1998：118）があげている例だが，静岡県の民謡の「ちゃっきり節」の最後に「きゃーる（カエル）が鳴くんで雨づらよ」という一節があるが，これはまさかカエルの鳴き声が雨の原因になるという話ではない（両者の相関はあっても不思議ではないが）．また，これも吉田（1998：86-88）のあげている例だが，日本酒の値段とそれに対する評価値の関係に相関が見られたのだが，その場合，以下の三つの場合がありうるという．第一は，価格を見て，「高いからうまいはずだ」と思わせた可能性（価格が評価の原因）．第二は，蔵元がうまいと評価した酒に高い値段をつけた（評価が価格の原因）．そして第三は，良い原料（米）を使うとうまい酒ができるが，それでできた酒には高い値段をつけないと採算があわないのでやむをえず高い価格になった（別の原因である米が，価格と評価の両方に影響した結果）．以上の三つの場合があるので，相関関係だけから特定の因果関係を推測することはできないという．

一方，因果関係は強く存在しても，相関係数にはそれほど高く現れないこともある．そもそも相関係数というのは，変量間の直線的比例関係の強さを表すものなので，例えば，背後の因果関係として指数関数的関係や2次関数，あるいは3次関数的な関係が存在している場合には，本来の「強い」関係が相関係数には直接現れない．こういうことがないように，まずは散布図を描いてみて，およそどんな関係が背後にありそうかを判断し，必要ならばデータに適切な変換を施し，直線的な比例関係として扱ってよいようにした上で相関分析をするべきであろう．

2.3 相関データを「説明」する──主成分分析の考え方

2.3.1 データをベクトルで表す

これ以後の議論の展開にどうしても必要なこととして，データの「ベクトル」による表現について説明しておこう．

簡単な例からはじめる．いま，3人の子どもA君，B君，C君の算数と国語の成績が表2.1のようであったとしよう．

たった3人のデータだが，ここは強引に成績に関する散布図を描いてみよう（図2.10）．

ここで，たったの3点だが，あえて相関係数を求めると，-0.419 となる（もちろん，こんな少数での相関係数は現実には何の意味ももたない）．

ところで，図2.10は，横軸に「算数」，縦軸に「国語」として，A君，B君，C君の得点を点で表したものである．

今度は，同じデータを，A君，B君，C君という3人を3次元座標のそれぞれの座標軸にして，算数と国語を点で表してみよう（表2.1）．表2.2は，3人の成績を各教科の平均がゼロ，分散が1となるように z 変換したものである（算数と国語の相関係数は変わらない）．

このデータを直交する3本の軸A，B，C上の点として表すと，図2.11のようになる．

こういう表し方を，データのベクトル表現という．ここでは，算数と国語を，3次元空間のベクトル（原点からの方向と長さをもった矢印のついた直線）で

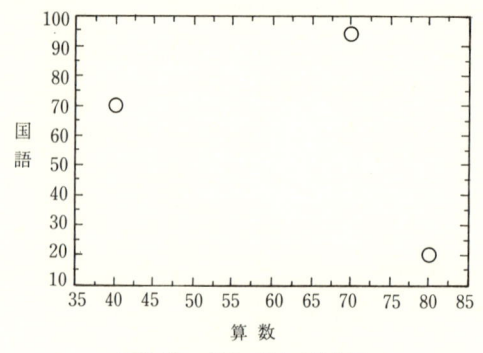

図 2.10 成績に関する散布図

表 2.1 3人の生徒の成績得点

	算 数	国 語
A 君	40	70
B 君	80	20
C 君	70	95

表 2.2 z 変換した成績得点

	算 数	国 語
A 君	−1.121	0.218
B 君	0.801	−1.091
C 君	0.320	0.873

表現したわけである.

　ここで，先の相関係数 −0.419 という数値はどこへ行ったのかといえば，これは算数と国語のベクトルの間の角度を反映している．つまり，二つのベクト

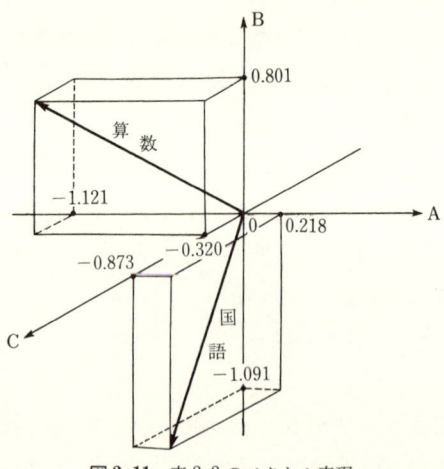

図 2.11 表 2.2 のベクトル表現

表 2.3 12人の生徒の成績

生徒	1	2	3	4	5	6	7	8	9	10	11	12
算数	40	80	70	40	80	70	40	80	70	40	80	70
国語	70	20	95	70	20	95	70	20	95	70	20	95
理科	45	75	70	45	80	70	45	75	70	45	80	70

表 2.4 3種の成績の相関

	算数	国語	理科
算数	1.000	−0.419	0.994
国語	−0.419	1.000	−0.399
理科	0.994	−0.399	1.000

ルの角度の cos が -0.419 になっている．ここで，$\cos\theta=-0.419$ となるような θ を求めると，$\theta=115$ 度である．つまり，二つのベクトルのなす角は 115 度である．

こんなグラフを描いてどういう意味があるのかというと，これは以下で見るようになかなか意味が深いのである．例えば仮に，もとのデータの 3 人ではなく，12 人のデータとし，ついでに，理科の成績も付け加えて表 2.3 のようなデータが与えられたとしよう．ちなみに，表 2.3 は，たまたま，表 2.1 の 3 人とほとんど同種の人物がそれぞれ 4 人ずつ，合計 12 人そろったということになっている．理科は算数の成績に若干の「ノイズ」を入れてつくっただけである．

このように，サンプルの数が 12 にふえると，当然，3 次元ではなく 12 次元の空間に 3 本のベクトルが存在することになる．しかし，もしも算数と国語の相関係数がやはり -0.419 だとすると，この 12 次元空間であっても，算数と国語のベクトルの間の角度は，先と同様，115 度の角度をなしているのである．

このことからわかるように，相関のあるデータをベクトル図で表現すると，データの数（散布図のときは「点」の数）というデータ解析にとってそれほど本質的ではない特性は背後に「見えなく」なって，相互の「関係」（相関関係）だけが一つの形（ベクトルのなす角）として表現されることになるのである．相関係数がプラス 1 に近ければ，ベクトルのなす角は 0 に近いし，マイナス 1 に近ければ 180 度に近くなる．相関係数が 0 に近ければ，二つのベクトルのなす角は 90 度（つまり直交）に近くなる．

ちなみに，理科を加えた成績では，理科と算数の相関は 0.994，理科と国語の相関は -0.399 となり（表 2.4），理科と算数のベクトル角は 6.3 度，理科と国語のベクトル角は 113.5 度となる．

このことから，算数と理科は実質的にはほとんど同じ内容になっていることを意味し，国語は，算数・理科とはまったく独立というわけではないが，ややマイナスの相関，ベクトルは算数・理科のベクトルとは反対側に傾いているということがわかる．

2.3.2 相関行列データの「合理的説明」——主成分分析

さて，先の相関行列（表 2.4）は，12 人のデータをもとにしたものであるが，実質的には 3 人のデータを 4 組つくったものである．つまり，12 次元空間での算数，国語，理科のベクトルの相互関係は，実質的に 3 人のデータを元にして構成した図 2.11 に理科のベクトル（実は算数の得点に若干のノイズを加えた程度のものであり算数のベクトルとほとんど同じはずのもの）を加えたものになっている．この例は極端だが，一般的にも，n 人のデータで構成される相関分析をもとにして，n 次元空間を，n より小さい r による r 次元空間に縮小できないかという問いは当然の問いであろう．

これに答える一つの考え方は，「主成分分析」の考え方である．主成分分析では，相関行列の固有値と固有ベクトルを求めることによって，その固有ベクトル（必ず互いに直交する）を座標にした空間内にすべてのデータを「圧縮」して表すのである．

実際に，先の相関行列（表 2.4）の固有値と固有ベクトル（「主成分ベクトル」とよばれる）は，表 2.5 のものである．

この場合，第 1 主成分とされる最大固有値をもつ固有ベクトル

$$\begin{pmatrix} 0.645 \\ -0.417 \\ 0.641 \end{pmatrix}$$

の各要素の値は，各教科の得点を，この第 1 主成分の座標に射影する際の重みづけである．つまり，例えばある生徒 S の算数，国語，理科の得点（標準化したもの）がそれぞれ，x_{S1}, x_{S2}, x_{S3} とすると，第 1 主成分軸上の彼の得点

表2.5 表2.4の固有値と固有ベクトル

	第1主成分	第2主成分	第3主成分
固有値	2.260	0.735	0.005
算数	0.645	0.282	0.711
国語	−0.417	0.909	0.018
理科	0.641	0.308	−0.703

（第1主成分得点）z_{S1} は

$$z_{S1}=0.645x_{S1}-0.417x_{S2}+0.641x_{S3} \tag{2.3}$$

ということになる．主成分分析というのは，このように変換された得点（主成分得点）が，変換された座標軸上で最大限にばらつくように，という条件から，結果的に，最大固有値をもつ固有ベクトルを座標軸にするのがよい，ということが導かれるわけである．つまり，上記の (2.3) は，個人差が最大限に現れるような得点を算出する式になっているわけである．

2.3.3 主成分の「寄与率」

ところで，固有値はそれぞれの固有ベクトル（主成分）の座標軸上でのデータの分散を表している．例えば上記の例で，第1主成分の固有値の割合は

$$2.260/(2.260+0.735+0.005)=0.753 \tag{2.4}$$

となっているが，このことは，データ全体のばらつきの75.3%がこの第1主成分上のばらつきとして「説明」されたとするのである（このような固有値の比率は「寄与率」とよばれる）．

第2主成分（2番目に大きな固有値の固有ベクトル）は第1主成分に直交し，第1主成分で説明できなかったばらつきを説明しようとする．第2主成分の寄与率は24.5%である．

第3主成分の寄与率はわずか0.2%である．すなわち，ほとんどのデータは第1主成分と第2主成分の座標上で説明がついており，第3主成分は無視してよいことがわかる．つまり，与えられたデータは，第1主成分と第2主成分を座標とする直交2次元空間上にそのほとんどが表されたことになる．つまり，与えられたデータは，二つの「成分」に分解して考えればほとんどすべて説明しつくせる，という次第である．

2.3.4 「主成分」の解釈

さてここで，このようにして得られた二つの主成分（それによってほとんどのデータのばらつきがうまく説明できるとされるもの）の意味を考えてみよう．

第1主成分は算数，国語，理科の得点に対してそれぞれ0.645，−0.417，0.647という「重みづけ」で評価する「座標」である．これは明らかに「論理数学的思考」に突出した人物を「選り分ける」働きをもつ評価基準だといえよう．ここで，国語の重みづけがマイナスになっていることは，別段，「国語の成績の高い人は理数系に向いていない」というようなことを意味するわけではない．国語にマイナスの重みをつけるということは，この場合に得られたデータの相互の「ちがい」をはっきりさせるためには国語の得点にマイナスの重みづけをするのが有効だということを意味しているにすぎない．

第2主成分は，算数，国語，理科の得点に対して，それぞれ0.282，0.909，0.308という「重みづけ」で評価するものである．これは明らかに「言語的思考」に突出した人物を「選り分ける」働きをもつ評価基準だといえよう．ここで，算数や理科の得点がマイナスにはなっておらず，プラスの重みづけになっていることは，「言語的思考力」でこのデータを識別しようとするときに，算数や理科が不得意な人物を高く評価し算数や理科が得意な人を低く評価するなどというような（常識的にはやってよさそうに思われる）ことでは人々の相互の違いをはっきりさせることにはならない，ということを意味している．算数や理科の得点も「そこそこに」評価しておくことでこそ，第二の評価基準（言語的思考能力）での互いの違いが鮮明に現れる，というわけである．

要するに，主成分分析というのは，得られたデータのばらつきを説明するための，なるべく少ない，しかも互いに独立の（座標が直交する）評価基準を，与えられたデータの相関行列から導出するということであり，それ以上でも以下でもない．ここでは，抽出された「成分」というのは，与えられたデータのばらつきをうまく（合理的に）説明する「座標」（評価の観点）なのであって，別段，データがもっている特別の「構成要素」とか「要因」とか，ましてやデータを生み出している「原因」などというものを積極的に示唆しているものではない．

2.4 相関データの背後の構造をさぐる——因子分析の考え方

ところで，主成分分析で分析したデータは，「因子分析」という統計的手法で分析することもできる．ただし，この場合，タテマエとしては（ここで，あえて「タテマエとして」とことわっている理由は後に説明する）主成分分析とは話のスジが全然ちがっている．

因子分析というのは，通常，まず与えられた対象の測定データというものに以下のような「モデル構造」（因子構造）を仮定する．

すなわち，i 番目の対象を z_i とし，z_i の測定項目 M_j での測定値を z_{ij} としたときに，z_{ij} が仮に二つの因子，因子1と因子2で構成されているとして，以下のような構造を仮定する（ここでは因子数は2とするが，実際の計算過程では，当初は未定とし，分析結果を見て最終的に分析者が決めることが多い）．

$$z_{ij} = a_{j1}f_{i1} + a_{j2}f_{i2} + e_{ij} \tag{2.5}$$

ここで，

a_{j1} とは，測定項目 M_j に因子1が影響する強さ（第1因子負荷量）

f_{i1} とは，i 番目の対象 z_i が因子1を含んでいる度合い（第1因子得点）

a_{j2} とは，測定項目 M_j に因子2が影響する強さ（第2因子負荷量）

f_{i2} とは，i 番目の対象 z_i が因子2を含んでいる度合い（第2因子得点）

e_{ij} とは，対象 z_i に含まれる，M_j 測定についての独自の因子（独自因子）の影響ないしは誤差である．

要するに，データというものが，潜在的には，因子1と因子2の影響とそのような一般化はできない独自の因子（ないしは誤差）で生成されたものとし，測定 M_j というのがそれらの因子をどれだけ直接的に反映するように仕組まれているかの程度に応じて，それぞれの測定結果が決まる，というわけである．

ここで，与えられたデータをそもそもいくつの「因子」で構成されたものとするかは，（タテマエとしては）分析する前に「因子構造」(2.5)を仮定し，分析はその「構造」に一番適合するように，想定された因子を抽出するのである．

ところで，因子分析（以下では，因子抽出にあたって「主因子法」という，よく利用される解析方法を採用しているものとする）では，この a_{j1} とか a_{j2}

の値を，主成分分析の場合と同様，相関行列の固有ベクトルとして導き出すのである．ただし，データ構造の中に，不確定な独自因子（ないし誤差）として e_{ij} が入っているので，相関行列の対角線上の値は1以外（1以下）の値が入る「はず」のものとして分析する．

ここで，もしも独自因子や誤差がないものと想定し，与えられたデータを「いくつか」の不確定な因子でできるかぎり合理的に説明しようという考え方をすれば，主成分分析の場合と数学的には実質的にほとんど同じ分析をすることになり，相関行列の固有値と固有ベクトルを求めて，固有値が極端に小さな値をとる固有ベクトルを「説明から除外」して，ある程度の寄与率を保つ固有ベクトルを「とりあえずの座標」として採用するのである．

2.4.1 因子分析による成績データの解析——2因子を仮定する場合

先の主成分分析で用いた算数・国語・理科の成績データは，主成分分析によれば「論理数学的思考」と「言語的思考」という二つの「主成分」（ばらつきを説明するのに都合のよい評価基準）をもつものとされた．これをもとにして，同じデータを二つの「因子」と誤差（独自因子を含む）で構成されるもの，すなわち(2.5)とみなし，それを前提にした因子分析（主因子法による）を適用してみよう（手近な統計パッケージなどを利用されたい）．その結果，与えられた相関行列（表2.4と同じ）から，表2.6に示すような二組の固有ベクトルと固有値が得られる．先の表2.5とくらべると，主成分分析の際の第1主成分，第2主成分の固有値とまったく同じ値になっていることがわかる．また，固有ベクトルの「パターン」も，主成分分析のときの固有ベクトルのパターンと似ていることにも気づかれるであろう．

ここで，それぞれの固有ベクトルの値は，それぞれの因子軸上の各教科の座

表2.6 表2.4から得られる固有値と固有ベクトル

	第1因子	第2因子
固 有 値	2.260	0.735
算 数	0.969	0.242
国 語	−0.627	0.779
理 科	0.963	0.264

2章 データを読む　　　　　　　　　　　　　　　　　　　　95

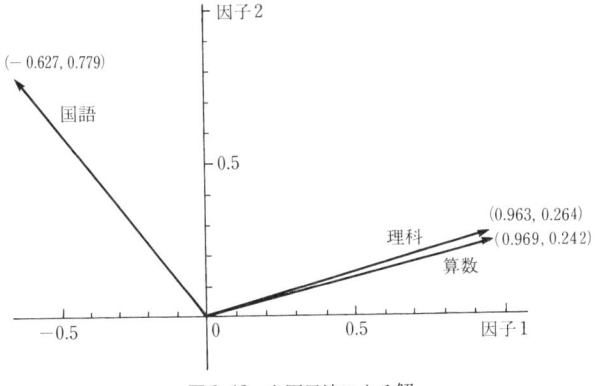

図2.12　主因子法による解

標を示している．すなわち，算数は $(0.969, 0.242)$，国語は $(-0.627, 0.779)$，理科は $(0.963, 0.264)$ である．これを因子1と因子2を座標軸にしグラフ上に表すと，図2.12のようになる．

このグラフで，算数，国語，理科のベクトルの相互の角度を求めると，算数と理科は1.3度，算数と国語は114.8度，理科と国語は113.5度となる．これはもともとの相関係数から算出された角度（それぞれが6.3度，114.7度，113.5度）にきわめて近い値である．また，そのときのベクトルの長さの2乗を，ピタゴラスの定理を用いてそれぞれの座標値の平方和から求めると（そのような値は「共通性」とよばれている），算数0.998，理科0.997，国語1.000で，すべてほぼ1である．ということは，もともとの12次元空間での算数，国語，理科の3本のベクトル（z 変換されているので，すべて長さは1である）は，実は，ほぼべったりとこの2次元平面に張り付いていたことがわかる．ベクトルの先がこの平面から浮き上がっていたり，沈み込んだりしていれば，当然，その影（因子座標上のベクトル）の長さは1より小さくなる．

考えてみれば，この結果はあまりにも当たり前である．なぜなら，理科は算数データにほんの少し「ノイズ」を入れた程度で，もともと算数とほとんど同じデータだったのだ．したがって，世界はほぼ算数と国語だけで構成されていたわけだから，どんなに多くのデータをとっても（しかもそのデータは最初の三つのデータの値の繰り返し），結果的には，算数と国語だけの位置関係を示す平面上にばらついているだけだったのだ．

2.4.2 因子分析における「軸の回転」

ここで注意したいことは，因子分析で得られたベクトル（算数，国語，理科のベクトル）の座標値は，無数の解の中の一組にすぎない，ということである．すなわち，この一組のベクトルの相互のはさむ角度を固定して，原点を中心にして任意に回転させたものでも，同じ程度の「あてはまりの良さ」を示す「解」なのである．一般的なものは「直交バリマックス解」とよばれるもので，それぞれの因子軸上に因子負荷の2乗値が最大限にばらつくようにして得られたものである．図2.12は主因子法による解のまま（無変換）であるので，第1因子軸上に最大限にばらつくようになっている．それに対し，ともかく最大の長さのベクトルを座標軸にとることもできる（図2.13）．

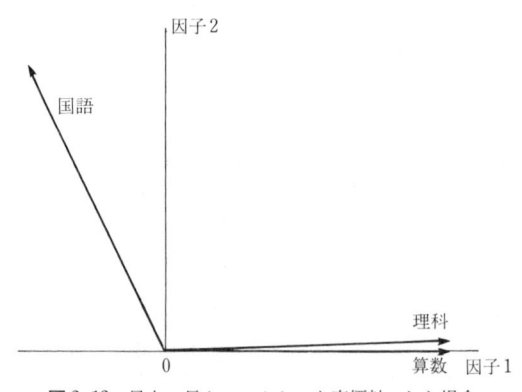

図2.13 最大の長さのベクトルを座標軸にした場合

2.4.3 因子分析における「解釈」——そのタテマエとホンネ

因子分析において，数学的に導き出していることといえば，独自因子を含む誤差項を度外視すれば，相関行列における相関（ベクトル同士の角度）を保ったままで，n次元のベクトルを，できるだけ少ない次元の超平面で，その射影がすべてできるかぎり1に近い値に保てる，そのような超平面を探り出すということであり，解析の「主旨」は主成分分析とほとんど同じといってよい．しかし，因子分析の考え方は，タテマエとしては主成分分析と異なり，当初から「因子構造」（因子パターン）を想定した上で，その構造パラメータである因子を推定するのである．

さてここで (2.5) で想定した「因子構造」についてあらためて考えてみよう．

主成分分析のときは，それぞれの主成分（固有ベクトル座標）は，たんに「データのばらつきを合理的に説明する，できるかぎり独立な評価の観点」と解釈し，そこにはデータが「もっている」要因であるとか，データを生成する「原因」であるという解釈はさけるべきだとした．しかし，因子分析の場合は，「はじめに」データ構造をモデル化しているので，タテマエとしては，因子は (2.5) の中にはっきりと「データの構成要素」と仮定されたものである．そこには，「因子」とそのデータへの影響度としての「因子負荷量」なるものもモデル上のパラメータとして想定されている．

ところが，因子分析では，因子負荷量は，軸の回転次第で，まるで異なった値をとりうる．先の例で図 2.12 のようなベクトル図をもとにすれば，M_1 を算数テスト，M_2 を国語テスト，M_3 を理科テストとしたとき，$a_{11}=0.969$，$a_{12}=0.242$，$a_{21}=-0.627$，$a_{22}=0.779$，$a_{31}=0.963$，$a_{32}=0.264$ となっている．したがって図 2.12 をもとにして考えれば，算数（M_1）と理科（M_3）は因子 1 は比較的大きな影響力がある（0.969 と 0.963）が，因子 2 の影響力は比較的小さい（0.242 と 0.264）．国語（M_2）では，因子 1 はややマイナスに作用し（-0.627），因子 2 はそれなりにプラスに作用する（0.779）がそれほど大きな影響力はもたない，というわけで，因子 1 は主成分分析のときと同様，「数理的思考力」とよべそうであり，因子 2 は「言語的思考力」とよべそうである．

しかし，ここで重要なことは，「因子負荷量」というのは，見出された超平面で，座標をどう設定するかによってどのようにも変わるのである（原点の周りをこの超平面上でどのように回転させてもよいことになっている）．例えば，算数や理科の因子 1 の負荷量は 1，因子 2 はゼロとし，国語について，因子 1 はややマイナス（-0.4 程度），因子 2 に対してはかなり大きな負荷量（0.9）を設定してもよい（図 2.13 を見よ）．このように解釈すれば，算数と理科のテストはほぼ完璧に因子 1 だけを測定しているとみなし，国語のテストは因子 2 をほぼ正確に反映しているが因子 1 については何ともいいようがない，あやふやなテストだったという結論になる．

因子分析がさまざまな心理テストのデータに対して利用されるとき，分析者

は超平面上の直交座標をぐるぐる回してみて，一番説明がもっともらしいところに固定し，その上でデータの因子構造 (2.5) のパラメータを推定するのであるが，そこにはほとんど無数といってよいほど多様な解釈が可能になるのである．そのなかのどの解釈を「採用」するかは，分析者の判断に任される．

こう考えると，因子分析の「理論上のタテマエ」は「はじめに想定されたモデルにおけるパラメータの推定」であって，たんなる「データの記述」ではないにせよ，実質的には，与えられたデータを「うまく説明する」座標軸（評価の観点）を探り出しているわけであり，別段，あたかも化学分析で特定の構成物質を「析出」するかのように，「因子」という隠されていた不変的な構成要素を抽出したわけではない．

このことは，次の事例を見ればより明らかであろう．

2.4.4 ある架空のデータから

あるクラスでの生徒の算数，理科，国語の成績が表 2.7 のようだったとする（ここでは最後の「総合」はまだ未調査の段階だとする）．

そこで，この 3 教科の成績の因子分析（主因子法）をしたところ，第 1 因子だけが抽出され，第 1 因子だけでデータの 93.4% が説明できることが判明した．その因子ベクトルから，算数，理科，国語の因子負荷量はそれぞれ 0.972, 0.994, 0.932 であり，いずれも高い値であるので，分析者は，「この教室の子どもたちは，要するに，"できる子"，"できない子"，"ふつうの子" というように，単純に "勉強ができる程度" だけでランク付けできるのだ」と結論し，この第 1 因子を「有能さ」因子と名づけた．

ところが，最近になって，「総合学習」なるものができ，従来の授業とはまったく異なる自由研究や野外活動，共同作業などが取り入れられた．そこでの活躍の様子や成果について慎重に評価して「総合」の点数をつけた．その結果，

表 2.7 あるクラスの生徒の成績

生徒	1	2	3	4	5	6	7	8	9	10	11	12	13	14	15	16	17	18	19	20
算 数	71	57	63	58	80	48	47	67	58	75	74	77	60	72	69	58	54	59	79	73
理 科	68	56	65	58	81	49	47	68	57	74	76	79	60	73	68	60	56	58	79	71
国 語	59	54	62	58	80	53	51	70	52	70	81	82	61	77	64	68	64	55	74	65

2章　データを読む

表 2.8　「総合」の成績

生徒	1	2	3	4	5	6	7	8	9	10	11	12	13	14	15	16	17	18	19	20
総合	45	57	63	62	69	70	68	72	54	58	78	77	65	75	58	81	79	56	60	53

表 2.9　算数・理科・国語・総合の成績の因子分析結果

固有値	第1因子	第2因子
	2.784	0.773
算　数	0.957	−0.317
理　科	0.989	−0.161
国　語	0.924	0.354
総　合	0.188	0.772

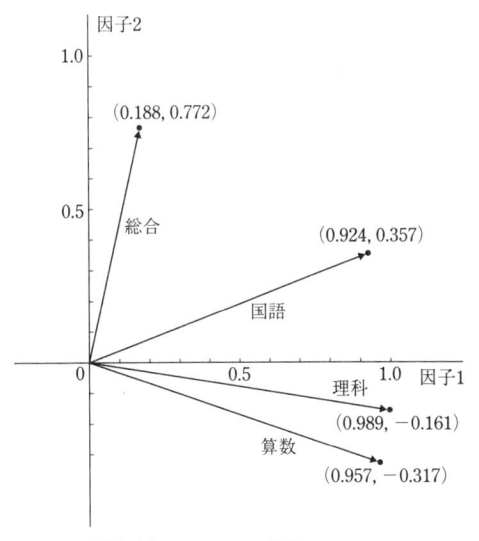

図 2.14　それぞれの教科のベクトル

表 2.8 のようなデータが得られた．

その上で，あらためて因子分析（主因子法による因子抽出，バリマックス変換）にかけてみたら，今度は，まったく異質な第2因子が出てきた（表 2.9）．

二つの因子を直交座標にしてそれぞれの教科のベクトルを描くと図 2.14 のようになる．つまり，総合学習は従来の教科とはかなり異質な活動であり，これまでの教科の勉強での"できる子"，"できない子"，"ふつうの子"という単純な尺度で子どもを評価していたことがいかに愚かなことだったかがわかった，

という次第である．

　以上の成績データは，もちろん，まったくの架空のデータであるが，分析は主因子法で直交/バリマックス変換を施して得た，「正当な」結果である．しかし，見てきたように，因子分析の結果は，新しいデータが加わることで，以前のデータの解釈自体が大幅に変更されてしまうものである．つまり，因子分析は，データの背後にある「独立の構成要素（原因）」を抽出してくれるというよりも，ともかく現時点で得られたデータ全体を，うまく説明する座標（観点）を提供してくれるにすぎない．とはいうものの，因子分析がそういう「原因」としての「因子」なるものの存在を「否定」しているというわけでもないことは当然である．そこに本来的に「あった」原因系が，因子分析によって「あぶり出された」という可能性はある．ただ「因子分析法」という解析法を通して論理的に「いえること」というのは，「与えられたデータを，できるかぎり分析者が"満足"する解釈枠で説明できる座標の提供と，その座標上でのデータのあてはまりの程度の評価」以上のものではない，ということである．

　この場合，人はこういうかもしれない．「データが想定したモデルにぴったり当てはまるならば，そのモデルの実在性が"検証"されたことになるのではないか」．

　残念ながら，通常の「仮説検証のロジック」に従うかぎりは，「そうはいえない」のである．それは，

　　　「もしも，AであればBである」
という命題と
　　　「Bである」
という命題からは，「Aである」という命題は導き出せない，ということからくる（「もしも，白うさぎであれば，毛が白い」「その動物の毛は白い」→「ゆえにその動物は白うさぎである」とはいえない）．したがって，「もしも因子構造を○○だと仮定すると，与えられたデータはそのモデルにあてはまる（ほとんどすべての分散がそのモデルで"説明"される）」「データはモデルに当てはまる」ということから，「その因子構造モデルが"検証"された」とは結論づけられないのである．

= コラム 2.3 =

白いならばウサギか

「もしも A ならば B」かつ「B が真」なら,「A は真」とする過ちは,人がよく犯すものである.例えば,「オウム真理教のシンパならば,破防法の適用に反対するはずだ」「あの人は破防法の適用に反対だ」「それならあの人はオウム真理教のシンパだ」というような場合である.これは共通点を過剰一般化したものだが,「違い」を過剰一般化する場合もある.「授業がうまく進んでいるときは,子どもたちはよく発言する」「あの授業では,子どもはほとんど発言しなかった」「じゃあ,授業は大失敗だったんだ」というような場合である.こういう勘違いを避けるには,2×2 の表をつくってみるのがよい.とかく私たちは 2×2 の表のどこかのセルの値だけに注目して推論してしまいがちなのである.白ウサギの例だけ表にするが,上にあげたその他の例についても表にしてみていただきたい.

	白　い	白くない
白ウサギ	全部	なし
ウサギ以外の動物	たまにある	よくある

推論上の陥りやすいさまざまな過ちについては,道田・宮元 (1999) を参考にされたい.

2.4.5 「人間の測りまちがい」を避けるために

S. J. グールドの『人間の測りまちがい』*The mismeasure of man* は,因子分析で特に第 1 因子のみに最大限の負荷量を想定する考え方が,知能の研究でいわゆる「一般知能」なる概念を物象化してしまったことを指摘している (Gould, 1996).つまり,因子分析法の開発の初期の頃,スピアマンは知能を測定するさまざまなテスト結果の相関マトリックスを因子分析し,第 1 因子がほとんどすべての知能テストに共通して作用する「一般知能」という因子(原因)であるという解釈をし,それがさまざまな「差別」の源泉となったことを詳しく分析している.これはちょうど先の例で,算数,国語,理科だけの成績で子どもを評価していたようなものである.「総合」が入るだけで,様相は一

= コラム 2.4 =

多知能論と「知能」の社会・文化的研究

　ガードナー (Gardner, 1983) は，多様な才能を発掘し育成するという立場から，知能をおよそ次の六つに分けている．
　　言語的知能(文章理解，作文，作詩などの能力)
　　音楽的知能(音楽演奏，音楽鑑賞，作曲などの能力)
　　論理数学的知能(計算，論理的推論，数学的推論，科学的推論などの能力)
　　空間的知能(図形の想像や理解，図形上の関係の把握，図的表現などの能力)
　　身体・運動知能(スポーツ，身体表現，などの能力)
　　人格的知能(自己理解，他者理解，省察などの能力)
　スターンバーグ (Sternberg, 1985) は，過去のさまざまな知能研究から，知能はおおよそ次の三つの能力で構成されているとする．
　　問題解決能力ないしは流動知能(Fluid Intelligence)：さまざまな推論と
　　　情報処理の能力で，伝統的な知能テストで測定されてきた知能．
　　知識獲得と結晶知能(Crystallized Intelligence)：知識の獲得と意味理解
　　　の能力．言語的表現や文脈理解も含む．
　　社会的・実践的知能(Practical Intelligence)：対人交渉能力や，実生活上
　　　の諸問題をうまくこなしていく能力．
　上記二人は，伝統的な「紙と鉛筆」だけで，机の上で行なわれる「知能テスト」の限界を指摘し，さまざまな場面で発揮されたり妨げられたりする人間の行動特性を幅広く観察し，社会や文化における実践の文脈で「生きている」知能の実態をなんとか把握しようとしている．
　それに対し，マクダーモット (McDermott, 1993; McDermott & Varenne, 1995) は，私たちの社会・文化が，自分たちで作り出した「知能」概念に呪縛されており，それによる一元的序列化という文化実践を生みだし，多くの差別と支配を形成してきたと指摘している．テスト的な場面で発揮する能力から「知能が低い」とされる子どもが，実生活ではむしろリーダーシップをとって「生き生きと」活動し，日常の困難な問題にうまく対応しているケースや，「能力がない」とされている下層階級の労働者が「学校的でない学び」を通して現実の社会で活躍する「能力」を身につけることに成功する例などをあげて，「能力」概念のもつ権力性を告発している．

変し，むしろ，「教科の知（紙と鉛筆の知）」対「実践知（実践活動の知）」という軸が存在することが示唆された――もっとも架空のデータからの話だが――ことに対応しているであろう．

今日の知能研究は，「多知能論」が主流である（例えば，Gardner, 1983; Sternberg, 1985）．似たようなテストの結果をかき集めて因子分析にかけるというような愚行（？）はもはやほとんど行なわれない．むしろ，さまざまな場面で異なって発揮される多様な知能がありうると想定し，テスト場面や観察場面を多様化した上で，そのような多様性の構造を明らかにするために因子分析が利用されている．しかし，グールドの警告の意味は十分考察に値する．

2.4.6 物象化とモデル化

グールドが警告していることは，因子分析の開発と適用の歴史の中で行なわれた物象化の誤謬である．つまり，因子分析は「特定のテストで得られたデータ」をうまく説明する観点（座標）の提供と，その観点からの各データの（いわば暫定的な）評価値を算出しているにすぎないにもかかわらず，私たちはそれが，そのテストがタテマエ上測定していると想定する一般的構成要素が抽出され，それこそが原因でデータの変動が生成されているのだと解釈してしまいがちなのである．知能をめぐる過去の研究での因子分析の適用は，まさしくそのような解釈を生み出してきた．つまり，人間の「知能」はさまざまな人間行動の多様性を生み出す原因とされ，それが因子分析で抽出されるのだとされてきた．そしてその「知能」が人々の差別と排除を生み出してきたという．

今日でも，ほとんどの統計学の教科書で因子分析を説明するときは，まずはじめにデータの因子構造（(2.5) のようなもの）を想定し，データがこういう構造をもっていると仮定した上で，その構造式のパラメータを推定する手法として紹介される．その場合，それらのパラメータには「因子」とか「因子負荷量」というように，そこに存在するモノのように名前がつけられる．私たちはたくみに，そういうモノが絶対「ある」はずであり，それが科学的・数学的な「ある」手法でみごとに抽出されるのだとし，推定されたパラメータは，まさしくそれであり，そこにあったとする．これは物象化の危険性そのものである．

しかし，考えてみると，何らかの与えられたデータに対し，何らかの数学的

モデルを想定して，そのモデルのパラメータを推定するということは，今日の数学的手法のほとんどが採用する論法である．つまり，「物象化」というのは，科学的探究過程ではほとんど避けられないことだということもできよう．

例えば，現在ではまさに「見たりさわったりできるぐらい」確実にその実在が明らかになっている原子構造も，当初に提案されたときは，たんに「その時点で得られたデータをうまく説明する」以上のものではなかっただろう．かのガリレオの時代に大問題となった天動説対地動説も，それが議論されていた段階では，「どちらがよりよく説明できるか」以上のものではなかっただろう．

しかし，ここで重要なことは，ラザフォードの原子模型でも，コペルニクスの地動説でも，モデルから「新しい事実」が予測され，それが「発見」によって確証されてきた．実際，科学におけるモデル化というのは，モデルを想定することで，これまで観察されていなかった新しい事実を予測し，それを検証するという新しい研究領域を生成し発展させる働きをもっている．そういう場合のモデル化は，グールドが批判するような「物象化」ではない．

したがって，「知能」の因子分析でも，もしも，何らかのテストでの結果を因子分析にかけた結果，特定の人物にこれまで知られていなかった特定の「潜在的才能」が「ある」ことがわかり，その才能を伸ばす訓練を施した結果，すばらしい成果を生み出した，というようなことになれば，たんなる「与えられたデータの説明」にとどまらず，そのような「知能因子」が存在したことになる．知能の因子分析を推進している人々は，そういうことがあるのだ，と信じており，そのために，因子分析を用いて精密なテストを作成しているのだ，と主張するに違いない．そのような人々から見れば，本章での因子分析の説明は腑に落ちないにちがいない．「因子分析は実際にそこに"ある"因子を抽出するのであり，たんなる説明のための便宜的な"観点"だけではない」と．

これに対して，ここであえていおう．因子構造は本当に"ある"かもしれないし，"ない"かもしれない．あるいはその両者の「中間」，すなわち，ある種の「ゆるやかな」原因系は実在するが，その「現れ」は，その場の状況や他の事物との相互作用によって，大きく異なる結果を示す，という可能性もある．ここで大切なことは，先に見たとおり，因子分析の数学的「しくみ」の中には，因子や因子負荷量の「実在」を証拠立てるものは何もないということである．

因子分析は，因子構造を仮に想定するとこういう解釈が可能になる，というだけのことである．しかも，因子分析過程というのは，代数で2次方程式の根を求めるようなものではない．基本的には「近似解」を出すものであり，同じ相関行列で，同じ方針で解を求めても（たとえば，主因子法，バリマックス解），ちょっとした初期解の違いや回転方式の違いで，見かけ上かなり異なる「解」が得られることもある．因子分析法というのはそのように，きわめて不安定な，あいまいさを含んだ分析方法なのである．

　繰り返すが，因子構造の「実在」を証拠立てるものは，因子分析という手法の中にあるわけではない．それでは因子構造の「実在」が証拠立てられるのはどういうときかといえば，それは，そのモデルをもとに別の種類のデータ，新しい観察領域の予測をたてて，それらが検証され，さまざまな他の理論や他の研究や他の観察事実とつきあわせて，全体として，整合性が保たれることがわかってきたときである．それは，地動説や原子模型などについて，その「実在」が確証されてきた経緯と同じことであり，たまたま入手されたデータを「うまく説明できる」というだけのことではなかったのだ．因子分析をそのような総合的な探究の一つのプロセスとして位置づけるならば，確かに，大変有効な分析手法だといってよいだろう．

引用文献

Coombs, C. H., Dawes, R. M., & Tversky, A. 1970 *Mathematical psychology : An elemenary introduction.* Prentice-Hall. pp. 7-30.

Gardner, H. 1983 *Frames of mind : The theory of multiple intelligences.* Basic Books.

Gould, S. J. 1996 *The mismeasure of man*, Revised and expanded with a new introductions. Norton. 鈴木善次・森脇靖子（訳）1998 人間の測りまちがい──差別の科学史，増補改訂版．河出書房新社．

McDermott, R. P. 1993 The acquisition of child by a learning disability. In S. Chaiklin, & J. Lave (Eds.), *Understanding practice.* Cambridge University Press.

McDermott, R. P., & Varenne, H. 1995 Culture as disability. *Anthoropology and Education Quarterly*, **26**, 324-348.

道田泰司・宮元博章（まんが：秋月りす）1999 クリティカル進化（シンカー）論

――「OL 進化論」で学ぶ思考の技法. 北大路書房.
大村　平　1985　多変量解析のはなし――複雑さから本質を探る. 日科技連出版社.
佐伯　胖　1973　公理論的アプローチ―― conjoint measurement 理論. 印東太郎（編）モデル構成（心理学研究法 17）. 東京大学出版会. pp. 231-247.
Siegal, M. 1991 *Knowing children : Experiments in conservation and cognition.* Lawrence Erlbaum Associates. 鈴木敦子・外山紀子・鈴木宏昭（訳）1993　子どもは誤解されている――「発達」の神話に隠された能力. 新曜社.
Sternberg, R. J. 1985 *Beyond IQ : A triarchic theory of human intelligence.* Cambridge University Press.
Tversky, A. 1977 Features of similarity. *Psychological Review,* 84, 327-352.
吉田寿夫　1998　本当にわかりやすい　すごく大切なことが書いてある　ごく初歩の統計の本. 北大路書房.

【練習問題】

2.1　次の表現を参考にしながら,「原因」ということばを用いてよい場合を論じなさい.

ⅰ)　「今日は雨だから運動会は中止だ.」
ⅱ)　「きゃーる（かえる）が鳴くんで雨づらよ.」（ちゃっきり節）
ⅲ)　「世論が○○首相を辞職させた.」
ⅳ)　「酒に酔って歩いていたら, 信号を無視して突進してきたバイクにはねられた.」

2.2　次の四つの表現を比較しなさい.

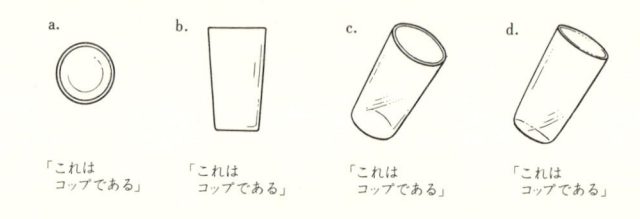

a.　「これはコップである」
b.　「これはコップである」
c.　「これはコップである」
d.　「これはコップである」

2.3　次の文章についてコメントしなさい.

　どんな理論体系も,「成り立つことを疑わないことになっている」中心命題をいくつかもっている. その命題をいちいち疑っていたのでは話が進まないし, 学問的コミュニケーションができなくなる. したがって, 学問

はある種，家元制度のようなところがある．

2.4 次の文章をコメントしなさい．

実際にあった話だが，ある評論家（医師免許をもっている）が試しに五つの異なったクリニックで人間ドックに入ってみた．後日送られてきた報告書の肝機能のGTP値（この定義は本題に関係ない）は，ことごとく異なった値であった．他の所見のデータについても大きな差があるものがあり，最終診断が当然ながら異なっていた．この評論家はこのことを「大変困った事態である」とのべている．

【付　記】

本章の事例について，初版では，いくつかのデータの数値に誤りがあったので，増刷の段階で訂正させていただいた．また，文章表現にも誤解を招くところがあったので若干修正した．これらの点について直接筆者にご指摘くださった南風原朝和氏（東京大学），柳井晴夫（大学入試センター），および繁桝氏を通してご指摘くださった堀啓造氏（香川大学）に，心から感謝したい．

3章

因果関係を推定する
無作為配分と統計的検定

　この章では，無作為配分と統計的検定の関係について説明する．因果関係を推定するために，個体差のある実験要素（人間や動物など）を使った実験を計画し，その実験要素を別々の実験条件に配分する場合には，配分は無作為に行なわなければならない．そうしないと，実験結果を統計的検定にかけても，出てくる結果は無意味なものになってしまう．

3.1　実験の「王道」

　この章のテーマは「無作為配分」である．

　医学や心理学などでは，人間や実験動物のように，個体差のある被験体を使って実験を行なうことが多い．そうした実験の結果から因果関係を推定しようとする場合，この「無作為配分」random assignment（「無作為割り当て」「無作為割りつけ」などと訳すこともある）は，たいへん有効な方法である．実験の「王道」とよばれることもある．

　しかし，無作為配分は，それだけでは役に立たない．統計的検定と組み合わせたとき，はじめて効果を発揮するのである．

　逆もまた真である．個体差のある被験体を使って実験を行ない，そのデータを統計的検定（t 検定や分散分析など）にかけることは多いが，そもそも無作為配分が行なわれていなければ，検定の結果から因果関係を正しく推定することはできないのである．いいかえると，無作為配分は，そうした実験データを統計的検定によって分析するさいの「絶対必要条件」とでもいうことになろう

か．

それほど基本的な方法であるにもかかわらず，日本の大学では，無作為配分については，あまりきちんと教えてもらえないことが多い．統計学の入門コースでは，無作為抽出の話はでてきても，無作為配分の話がでてくることは稀である．一方，統計学を利用するほうの心理学などの学問分野でも，実験計画法のテキスト（例えば，Solso & Johnson, 1989）を使った授業が行なわれている例外的なケースは別として，無作為配分のきちんとした説明をしてくれる授業は，やはり稀にしかない．あまりに基本的な方法なので，英語の実験論文にも，「無作為配分を行なった」というような記述がでてくることは滅多にない．そのため，日本では，少なからぬ数の研究者が，無作為配分についての正確な理解を欠いたまま，ときには，無作為配分なしで実験を行ない，統計的検定を誤って使用する結果になっているのである．

無作為配分そのものは，ごく単純な手続きである．複数の実験条件，例えば，実験群と統制群があるとしよう．何人もの被験者をこの二つの条件に振り分けるとき，無作為（ランダム）に振り分ける．それが「無作為配分」である．そうしてみると，別に，難しいことは何もないように見える．

しかし，無作為配分の意味を正確に理解したうえで，それを正しく利用するためには，これだけを知っていたのでは十分ではない．例えば，読者は，無作為配分についての次のような質問にどう答えるだろうか？

a) 無作為抽出——「無作為抽出」は，統計学の時間に習ったのだが，無作為配分というのは，それとは違うのだろうか？　違うとすれば，どう違うのだろうか？　この二つはどういう関係にあるのだろうか？

b) 個人差による解釈——実験群と統制群とのあいだで，統計的に有意な平均値の差が得られた．ところが，「実験群の被験者と統制群の被験者とがもともと違っていた（例えば，実験群の被験者のほうが，たまたま，総じて頭がよかった）からではないのか？」という批判を受けた．この批判は正しいのだろうか？　こういう批判を避けるためには，どうすればよいのだろうか？

c) 組織的な配分——実験群と統制群を等しくしたいのなら，個体差を表す変数（例えば，知能）を直接測定して，同じ値をもつ被験体をそれぞれの群に振り分けたほうがよいのではないだろうか？　そうすれば，実験群と統制群は，

この変数に関して同じ値をもつことになる．無作為に振り分けたのでは，結果として，両群のあいだで個体差変数の値が違ってしまうことになりはしないだろうか？

d) 無作為配分の限界——「王道」とよばれる無作為配分は万能なのだろうか？ 無作為配分をしさえすれば，因果関係の推定はかならず正しく行なえるのだろうか？

どの質問にも確信をもって答えることができた読者は，この章を読むにはおよばない．しかし，そうでなかった読者には，難しい話ではないので，ぜひ一読を勧めたい．

3.2 方向オンチ実験——個人差の問題

3.2.1 方向オンチ実験

よその大学の学生さんから，こんな質問を受けたことがある．心理学科で，卒業論文のための実験をやろうとしている学生さんだった．

——方向オンチについて調べる実験を計画しているのだが，去年，同じような実験をやった先輩がいた．その実験では，実験群と統制群とのあいだに，統計的に有意な差が得られた．ところが，その先輩が卒論発表会で自分の研究を発表したところ，ある先生から次のような批判がでた．「実験群と統制群とのあいだには，もともと，イメージ能力の差があって，実験操作ではなく，そちらのほうがほんとうの原因となって，統計的に有意な差が生じたのではないか」という批判だった．そこで，自分の実験では，イメージ能力を統制したいのだが，イメージ能力を測るためのよい検査はないだろうか？——

だいたい，こんな内容の質問だった．

これからの話は，実験の細かい手続きとは関連がないので，おおざっぱに，次のような実験だったと考えておくことにしよう．

この学生さんは，「方向オンチの人は，自分がたどってきたルートをきちんと頭の中に残していないのではないか」という仮説を立てた．この仮説が正しいとすると，ルートを頭のなかに残しておくように努力すれば，「方向感覚」は改善されるはずである．それを調べるために，以下のような実験を行なった．

被験者は，コンピュータ・グラフィクスの動画をいくつも見る．その動画は，街を歩いていて，角を2回曲がる様子を，その歩いている人の視点から描いたものである．曲がり角の角度は，動画によって，すこしずつ変わる．2回曲がって止まったところで，被験者は，出発点の方向に腕をのばして，いわば，コンピュータ・グラフィクスの仮想空間のなかで，見えない出発点を指さす．これが課題である．実験者は，腕がさし示している方向を記録する．その方向と，出発点があるはずの方向とのあいだのズレを測ったとき，このズレが小さいほど，「方向感覚」は優れているということになる．

　実験群と統制群の違いをつくりだす実験操作だが，実験群の被験者は，「動画を見ているあいだ，自分が歩いていくルートを上から（俯瞰して）見たところをイメージするように」といわれる．一方，統制群の被験者はなにもいわれない．さきほどの仮説が正しくて，自分がたどってきたルートをきちんと頭のなかに残していれば，「方向感覚」はよくなるのだとしよう．そうすると，ルートをイメージする実験群の被験者のほうが「方向感覚」がよくなって，さし示した方向のズレは小さくなるのではないか，という予測がなりたつ．

　さて，この実験を行なったところ，仮説の予測どおり，「実験群の被験者は，統制群の被験者に比べてズレが小さい」という結果が出たとしよう．ズレの平均値を t 検定にかけたところ，平均値の差は統計的にも有意だったとする．

　では，「仮説は支持された」と結論してよいだろうか？

　この結論に疑問を投げかけたのが，さきほどの先生の批判である．——この課題の成績を上げるためには，だれでも，自発的に，ルートを上から見たイメージをつくろうとするのではないだろうか．つまり，統制群の被験者のほうも，言われなくても，イメージをつくっていたかもしれない．しかし，統制群の被験者は，たまたま，平均して，イメージをつくる能力が劣っていたのかもしれない．だとすれば，実験結果を分析したときに，統制群のズレが実験群のズレより有意に大きかったとしても，それは，たまたまイメージ能力が劣っていたことの結果にすぎない，ということになる．いいかえると，得られた有意差は，ルートをイメージしたことの効果を表しているわけではなく，イメージ能力の差を表しているにすぎないのかもしれない．とすれば，当然，「仮説が支持された」と結論することもできないことになる．

さて，この批判はあたっているのだろうか？

だが，それを考えてみるまえに，すこしまわり道になるが，実験計画の用語を使って，この問題をもうすこし一般的なかたちで捉えなおしてみることにしよう．

3.2.2 実験のロジックと個人差

実験計画の用語では，原因にあたるのではないかと推測されている変数を「独立変数」independent variable とよぶ．方向オンチ実験の場合は，「ルートのイメージをつくるかどうか」が独立変数である．独立変数は，実験者が操作する変数である．この実験では，「上から見たルートをイメージするように」という教示を与えたり，与えなかったり，という手続きによって，独立変数を操作している．

一方，因果関係の結果のほうにあたるのではないかと推測されている変数は，「従属変数」dependent variable とよぶ．方向オンチ実験では，「方向感覚」が従属変数にあたる．従属変数は，実験者が測定する変数である．この実験では，出発点があるはずの方向と腕がさし示している方向とのあいだのズレを調べる，という方法で「方向感覚」を測定している．

さて，実験には，もうひとつ変数がある．困ったことに，この変数には，きまった呼び名がない．研究分野が変わると，呼び名も変わってしまう．「剰余変数」extraneous variable，「交絡変数」confounding variable，「二次的変数」secondary variable，「調整変数」moderator variable，「第三変数」third variable といった調子で，とても数えきれないほどである．歴史学などで使う「外生変数」exogenous variable という用語も，ほぼ同じ意味で使われることがある．統計学の「共変数」covariate という用語は，これらの用語と同じ意味でも使われるが，「独立変数」の意味でも使われるので，非常にまぎらわしい．用語が定まっていないということは，この変数についての理解がきちんと定まっていない，ということにもつながる．

それはそれとして，ここでは，「干渉変数」interfering variable という用語で統一しておくことにしよう．「独立変数と従属変数とのあいだの関係に干渉する変数」という意味の用語である．関係がある場合には，それをうち消して

しまったり，変えてしまったりする（3.6.2で具体例をあげる）．関係がない場合にも，関係があるかのように見せてしまうことがある．

しかし，ここでは，あまり細かいことには立ち入らない．干渉変数は，「独立変数とは別の変数なのだが，従属変数に影響をおよぼすのではないか，と疑われている変数」だというふうに理解しておくことにしよう．方向オンチ実験の場合は，先生の批判にあった「イメージ能力」がこの干渉変数に該当する．

干渉変数が独立変数の操作と相関するとき——例えば，実験群と統制群のあいだで干渉変数の値が異なるとき——には，実験結果の解釈を誤る可能性がでてくる．つまり，さきほどの先生が指摘したように，実験群のほうが，統制群よりイメージ能力が高かった（干渉変数の値に差があった）とすると，実験群のほうがズレが小さかった（従属変数の値に差があった）という結果のほんとうの原因は，「イメージ能力」という干渉変数のほうであって，「イメージをしたか，しなかったか」という独立変数のほうではない，という可能性がでてくるわけである．もし，干渉変数のほうがほんとうの原因なのだとしたら，「ルートをイメージすれば，方向感覚がよくなる」と結論してしまったのでは，実験結果を誤って解釈したことになる．

したがって，干渉変数は，実験者が統制しなければならない変数なのである（「統制」controlというのは，複数の実験条件のあいだで，値が違わないようにすることである）．そこで，あらかじめ，イメージ能力を測る検査をやっておき，その成績が実験群と統制群のあいだで違わないようにしておいてはどうか，という考えがでてくることになる．

先生の批判のなかに登場した干渉変数は個人差である．たまたま，実験群にイメージ能力の高い人がたくさん集まってしまった，という想定のもとに批判がなされていた．

実験で調べる人間や動物には，かならず個体差がある．その個体差のなかには，従属変数に影響をおよぼしうる変数，すなわち，干渉変数となりうる変数があるかもしれない．実験者が気づかないところで，干渉変数としての個体差の値が独立変数の操作と相関していたとすると，実験結果から，独立変数と従属変数のあいだの因果関係を正しく推定することはできなくなってしまう．したがって，個体差の統制は，実験によって因果関係を推定しようとする場合に

は，非常に重要な問題となるのである．

3.2.3 因果関係と実験

ここで，因果関係を推定することにどのような意味があるのか，すこし考えておくことにしよう．

というのは，「因果関係にこだわるのは無意味だ」と考える人もいるからである．そういう人たちは，「相関関係がわかれば十分だ」と主張する．

二つの変数のあいだに，何か規則的な関係があるとき，それを「相関関係」correlation という．例えば，図 3.1 をみてみよう．この図には，毛織物の売り上げと風邪の患者数との関係を示す，架空のデータがプロットしてある．図のなかの ○ や × は，それぞれ，1 年のなかの一つの月を表している．つまり，ひと月ごとに，毛織物の売り上げと風邪の患者数を集計して，それをプロットしたのである．この図をみると，「毛織物の売り上げがふえると，風邪の患者が多くなる」という規則的な関係のあることが読みとれる．いいかえると，この二つの変数のあいだには，「正の相関」がある．

もし，この相関関係が因果関係だったとしたら——つまり，毛織物を着ると風邪をひきやすくなるのだとしたら——風邪で寝こんだり亡くなったりする人の数を減らすためには，毛織物の販売を禁止すればよい，ということになる．原因がなければ，結果は生じないからである．

しかし，この相関関係がたんなる規則的な関係にすぎず，因果関係を表しているわけではないとしたら，そうはいかない．

図 3.1 では，1 年を大きく夏と冬に分けて，夏の 6 カ月は ○ で，冬の 6 カ

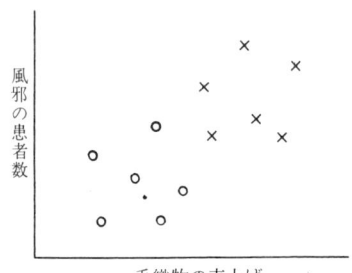

図 3.1 因果関係ではない相関関係

月は×で表してある．夏と冬とに分けて調べてみると，冬は，毛織物の売り上げも多く，風邪の患者も多いことがわかる．夏は，毛織物の売り上げも少ないし，風邪の患者も少ない．

　もうおわかりだろう．じつは，この相関関係を生み出しているほんとうの原因は，気温なのである．すなわち，気温が低くなると，ウールでできた暖かい服の売り上げがのびる．また，気温が低くなると，体を冷やしてしまうことが多くなって，風邪をひく人の数もふえる．つまり，毛織物と風邪とのあいだには，直接の因果関係はないのである．ただ，気温の下降が原因となって，その結果として，毛織物の売り上げも風邪の患者数も多くなるので，この二つの変数のあいだには，相関関係が現れるのである．だとすれば，毛織物の販売を禁止してみても，風邪の患者を減らすことはできない，ということになる．

　因果関係がある場合は，原因のほうを操作することによって，結果のほうを変えることができる．病気をなおしたいとか，火事で燃えにくい家をつくりたいとか，なにか望ましい結果を得たい場合には，因果関係がわかっていれば，その原因のほうに働きかけることによって，望ましい結果を手に入れることができる．しかし，たんなる相関関係しかわからない場合には，いまの例からも明らかなように，一方の変数に働きかけても，かならずしも，望ましい結果を手に入れられるとはかぎらない．

　現実を正確に認識しようとするとき，因果関係がもっとも適切な認識の形式なのかどうかという点については，哲学者のあいだで，こみいった議論がある．だが，それはそれとして，こういうことだけはいえるだろう．つまり，進化論的にみれば，人間が環境に適応していくためには，たんなる相関関係の認識よりは，因果関係の認識のほうがはるかに有用だったのである．

　では，その因果関係を見きわめるためには，どうすればよいのだろうか？「原因ではないか」と思われる変数（つまり，独立変数）を実際に動かしてみればよい．もし，ほんとうに因果関係があるのなら，「結果ではないか」と思われる変数（つまり，従属変数）のほうも，それにつれて値が変化するはずである．もし変化しなければ，それらの変数のあいだに何か規則的な関係があったとしても，それはたんなる相関関係にすぎず，因果関係ではない，ということになる．

=コラム 3.1=

コレラ菌を飲む話

　コレラの原因が細菌だという事実を発見したのは，ドイツの医学者コッホ (Robert Koch) である．しかし，この発見も，すぐに受けいれられたわけではなかった．コッホの説に反対していた医学界の権威ペッテンコーファー (Max J. von Pettenkofer) は，やがて，コレラ菌の存在を認めるところまでは譲歩したが，それでもなお，「コレラ菌は，コレラの唯一の原因ではない．不良な健康状態などもコレラの原因である」と主張して譲らなかった．ペッテンコーファーは，自説を証明するために，何とコレラ菌の培養液をみずから飲んでみせるという挙にでた．ところが，少しばかり腹を下しただけですんでしまい，コレラにはかからなかったのである．なぜコレラにかからなかったのかは，長らく謎とされてきたが，よく考えてみると，べつに不思議ではないのかもしれない．健康状態は干渉変数（本文を参照）として働いていたのだろう．つまり，コレラ菌の働きは，良好な健康状態によって抑えられてしまうこともありうるのである．その意味では，ペッテンコーファーは正しかったといえる．この人物は，「仕事ができなくなった人間は生きているべきではない」という自説に殉じて，ピストルで人生の幕を閉じた．読者の目には，「堅い信念の持ち主」と映るだろうか，それとも，「狂信者」と映るだろうか？

　実証的研究は，大きく「実験的研究」experimental study と「相関的研究」correlational study（または，「観察的研究」observational study）とに分かれる．相関的研究の場合は，二つ（あるいは，それ以上）の変数をどちらも測定して，そのあいだに規則的な関係があるかどうかを調べる．しかし，わかるのは，相関関係があるかどうかだけである．一方，実験的研究の場合は，片方の変数（独立変数）を人為的に操作するので，因果関係があるかどうかまで調べることができる．そういうわけで，実験は，「因果関係を推定するためのもっとも強力な方法だ」といわれるのである．その実験を，観察や調査などの相関的研究から区別しているのは，独立変数の操作が含まれていることである．

　とはいうものの，現実は複雑で，話はそう簡単には終わらない．

　独立変数の値を操作したとき，もし，別の変数の値がいっしょに変わってしまっていたとしたらどうだろう？ 従属変数の値に変化が起こったとしても，

その原因は，独立変数なのか，それとも，その別の変数（つまり，干渉変数）のほうなのか，わからなくなってしまう．したがって，実験を行なうさいには，干渉変数の値が変わらないように，きちんと統制をしなければならない．ところが，これが難題なのである．というのは，何が干渉変数になるのか，つまり，どういう変数が従属変数に影響をおよぼしうるのかは，前もって正確にわかっているとはかぎらないからである．それがすべてわかっているぐらいなら，実験をやる必要はない．そもそも，それを知るために実験をやろうとしているのだから．

しかし，個人差が干渉変数として働く場合が多いことは，過去の経験からよくわかっている（コラム 3.1 を参照）．その個人差を統制する最良の手段が無作為配分だといわれているのである．

3.3 無作為配分

3.3.1 無作為配分の効用

さきほどの学生さんの質問にもどろう．「イメージ能力を測るためのよい検査はないでしょうか？」ときかれて，私は逆にこういう質問をした．「去年同じような実験をやった先輩は，無作為配分をしたのでしょうか？」

答は，これも質問で，「無作為配分って何ですか？」

そこで，はじめの節で述べたような無作為配分のかんたんな説明をすると，「先輩は，それはやっていませんでした．無作為配分のことは，聞いたこともありませんでした」という答が返ってきた．

理由はあとで詳しく説明するが，無作為配分をやっておけば，基本的には，個体差の効果を独立変数の効果と混同する心配はなくなる（「基本的」ではない場合についても，あとで詳しく説明する）．

無作為配分は，別に難しいことではない．方向オンチ実験の場合なら，被験者を実験群と統制群に無作為（ランダム）に分ける，とただそれだけのことである．ところが，実際には，往々にして，無作為ではない配分をしてしまう人がいるのである．

例えば，実験群の被験者と統制群の被験者を全部調べてから，「有意差がな

かった」ということになったりしたのでは「時間と労力が無駄になる」というので，つぎのような方法をとる人がいる．——まず，実験群の被験者だけについて実験をすませてしまい，平均値などの統計量を計算する．それから，統制群の被験者2，3人について実験を行ない，その平均値を実験群の平均値と比較してみる．もし，仮説が予測したような差（例えば，「統制群のほうが平均値が大きい」というような差）がはっきりでていたら，実験をつづける．といっても，統制群の残りの被験者を一気に調べてしまうのではなく，少しずつふやしては，同じことを繰り返す．もし，予測していた結果がでそうにもないようだったら，そこで実験をうちきり，実験手続きや仮説を再検討する．

こういった方法をとると，実験がうまくいかなかった場合でも，すべての被験者を調べてしまったあとではないので，損失は少なくてすむ．そういう意味では，一見，賢い方法のようにみえるのだが，じつは，個人差の統制という問題を考えると，これは非常に危険な方法なのである．この実験のやりかたでは，実験群と統制群への被験者の配分は，明らかに，無作為ではない．はじめに実験室にやってきた被験者はすべて実験群の被験者，と決まってしまう．これがいろいろと問題をひき起こすのである．

例えば，はじめにやってくる被験者は，実験に興味をもっていて，「やる気」にあふれた人たちかもしれない．この場合，実験群のほうが平均して成績がよかったとしても，それは，「やる気」の違いを反映しているだけで，独立変数の効果ではない，という可能性を排除できない．

被験者を無作為に両群に配分すれば，どちらかの群に「やる気」の高い被験者が集まってしまう，という問題は避けることができる．これが無作為配分の効用なのである．

3.3.2 無作為配分の手続き

被験者を無作為に配分するためには，具体的にはどのようにすればよいのだろうか？

例として，10人の被験者を半々ずつ，実験群と統制群に分ける場合を考えてみよう．まず，「1」から「10」までの数字をカードに書き，「1」から「5」までは実験群，「6」から「10」までは統制群と決める（もちろん，逆でもよい

し，奇数は実験群，偶数は統制群ということにしてもよい）．そのカードをトランプと同じ要領でよく切る．それから，カードを1枚ずつめくって，数字を順に書きとっていく．かりに，「9, 10, 2, 8, …」という順になったとすると，最初にやってきた被験者は「9」を割り当てられるので統制群，つぎにやってきた被験者は「10」を割り当てられるので，これも統制群，そのつぎは「2」だから実験群，さらにつぎは「8」だからまた統制群……ということになる．こうすれば，10人の被験者を5人ずつ両群に無作為に配分することができる．

この方法では，カードを切ることが「無作為化」randomization の手続きになっている．厳密にいうと，これでは，ほんとうの無作為化にはならない．なぜなら，完全な無作為，つまり，まったく何の偏りもない，という状態を実現することは非常に難しく，数学的知識に裏打ちされた，高度な技術が必要になるからである．しかし，カードを使う場合も，念入りに切りさえすれば，実用上は，さほど問題はない．

カードを切るかわりに，乱数表を使うこともできるし，コンピュータを使うこともできる．コンピュータを使う場合は，乱数発生プログラムを利用して，任意の範囲の数（例えば，「1」から「10」まで）を無作為な順序に並べる，という作業をする．厳密にいうと，コンピュータで発生させた乱数は擬似乱数で，厳密な意味では，やはり，「何の偏りもない」というわけにはいかないのだが，実用上は十分である．

3.3.3 無作為配分の対象

これまでは，人間が被験者になる実験を例にとって，説明をしてきた．動物実験の場合は，むろん，動物を無作為配分することになる．しかし，無作為配分の対象は，生き物だけに限られるわけではない．個体差のある実験要素は，すべて無作為配分の対象となるのである．

例えば，単語のリストをおぼえる記憶実験を考えてみよう．独立変数は，おぼえてからすぐに再生するか（直後条件），5分たってから再生するか（遅延条件），つまり，「遅延時間」だということにしよう．記憶力の個人差が大きいことは，だれもが知っている．そこで，直後条件と遅延条件には，別の被験者を割り当てるのではなく，同じ被験者が両方の条件で実験を行なうものとする．

こういう実験のやりかたを「被験者内計画」within-subject(s) design（または，「反復測定計画」repeated measure(ment) design）という．別の被験者を割り当てる「被験者間計画」between-subject(s) designに比べると，個人差の効果が独立変数の効果と混同される心配がないので，この点では，被験者内計画のほうが明らかに有利である．じつは，この被験者内計画は，個人差を統制するための，無作為配分とは別の，もう一つの方法なのである．ただし，次に述べるように，実験を行なった影響があとに残る場合も多く，そうした場合には，この被験者内計画は使えない．

　方向オンチ実験の例で考えてみよう．はじめに実験条件で実験を行なう被験者は，「ルートを上から見たイメージをつくってください」といわれて，実験に入る．そのあと，統制条件で実験を行なうときには，イメージのことは何もいわれない．だが，課題は同じなのだから，前と同じようにイメージをつくってしまうのが普通だろう．そうなると，統制条件は実験条件と変わらなくなってしまう．かといって，この問題を避けるために，つねに統制条件のほうを先に行なうことにすると，実験条件のほうがずっと有利になってしまう．なぜなら，統制条件ですでに課題の練習をしていることになるわけだから．これでは，たとえ，実験条件のほうが成績がよかったとしても，「それはイメージをしたことの効果ではなく，たくさん練習をしたせいではないか」と批判されたとき，答えようがない．

　話をもとにもどすが，こうした問題がなく，被験者内計画が使える場合にも，かならずしも無作為配分が不要になるとはかぎらない．先ほどの記憶実験の場合，直後条件と遅延条件で同じ単語をおぼえたとすると，あとでおぼえる条件のほうが圧倒的に有利になることは目にみえている．したがって，それぞれの条件では，別の単語リストをおぼえることにしなければならない．だが，だれもが知っているように，単語のおぼえやすさには差がある．「織田信長，徳川家康，……」というリストはおぼえやすいが，「酒井忠清，北畠満雅，……」というリストはおぼえにくい．二つの条件のあいだで，単語のおぼえやすさという干渉変数の値にちがいがあると，遅延時間という独立変数の効果と，その干渉変数の効果とを混同してしまうおそれがでてくる．

　そこで，無作為配分を行なう．つまり，直後条件のリストと遅延条件のリス

トに，単語を無作為に配分するのである．被験者がかわるたびに，無作為配分をやり直すことにすれば，なお効果的である．

このように，個体差のある実験要素は，すべて無作為配分の対象となりうるのである．

3.4 組織的配分と無作為配分

3.4.1 なぜ無作為配分は有効なのか？

無作為配分について，いろいろと説明をしてきたが，まだ肝心の話が終わっていない．個体差のある実験要素（被験者など）を無作為に配分すると，なぜ，その個体差をうまく統制することができるのだろうか？

「むしろ，組織的に配分したほうが効果的なのではないか？」という考えが浮かんできても不思議ではない．例えば，方向オンチ実験の場合，被験者を実験条件と統制条件とに無作為に配分するより，イメージ能力をきちんと測定して，この二つの条件のあいだで，イメージ能力の平均値が等しくなるようにしたほうがよいのではないだろうか？

無作為に配分するということは，配分の結果は偶然に決まる，ということである．とすると，イメージ能力を測る検査の得点が，偶然に，実験条件と統制

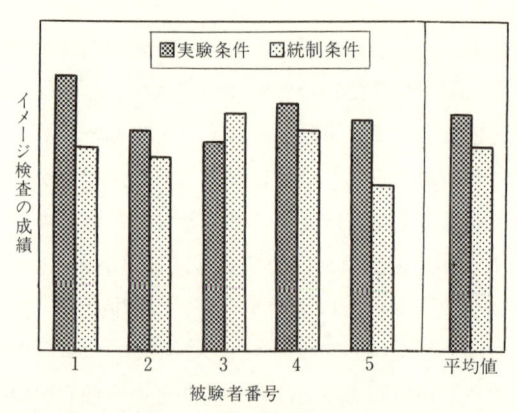

図 3.2 無作為配分の結果
「被験者番号」は，たまたま割り当てられた番号で，同じ番号の被験者のあいだに特別な関係はない．

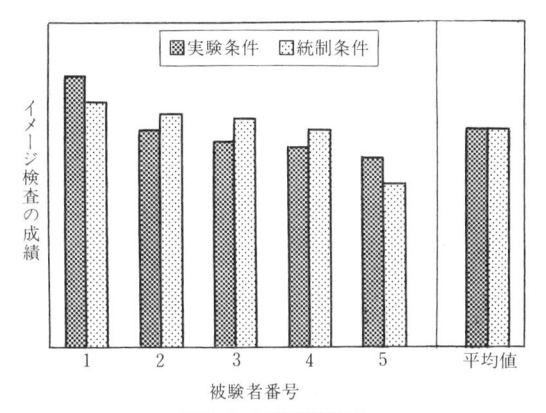

図 3.3 平均値等化法
「被験者番号」は、たまたま割り当てられた番号で、同じ番号の被験者のあいだに特別な関係はない．

条件とで違ってしまう、ということもでてくるのではないだろうか？ 図3.2には、10人の被験者を無作為に分けるときに、得点がどうなるかが示してある．実験条件の平均値と統制条件の平均値は、明らかに同じにはなっていない．

配分の結果を決めるのが偶然なのだとしたら、「イメージ検査の成績の平均値が、たまたま、二つの条件のあいだで同じになる」という可能性は、むしろ、非常に小さいはずである．たいがいの場合は、アンバランスがでてくるだろう．極端な場合、成績の高い被験者が、全部、実験群に集まってしまい、統制群の被験者はみな成績の低い人ばかり、という結果になる可能性さえ、絶対にないとはいいきれない．

一方、イメージ検査の成績にもとづいて組織的な配分を行なえば、そんなアンバランスが生じることは防げる．図3.2と同じ10人の被験者を組織的に配分した結果が図3.3に示してある．成績の平均値は、実験条件と統制条件で等しくなっている．こうしたほうが、イメージ能力という干渉変数はきちんと統制できるのではないだろうか？

3.4.2 平均値等化法と対等化法

もっとも、平均値を等しくするというこの統制方法（「平均値等化法」mean matching）には、問題もある．

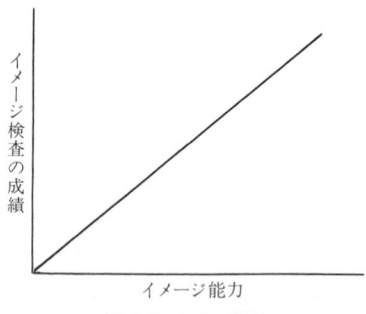

図 3.4 線形な関係

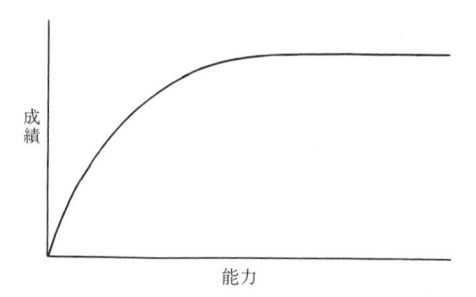

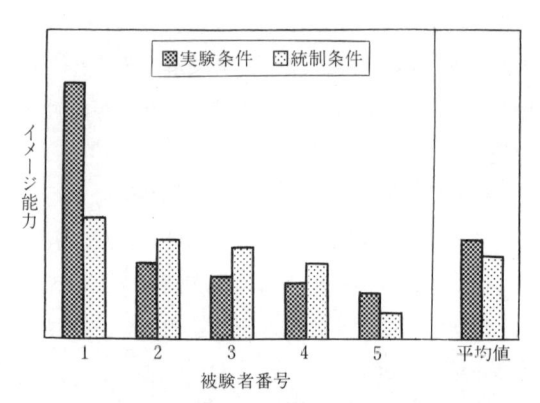

図 3.5 非線形な関係

図 3.6 平均値等化法
（イメージ能力とイメージ検査成績の関係が非線形の場合）
「被験者番号」は，たまたま割り当てられた番号で，同じ番号の被験者のあいだに特別な関係はない．

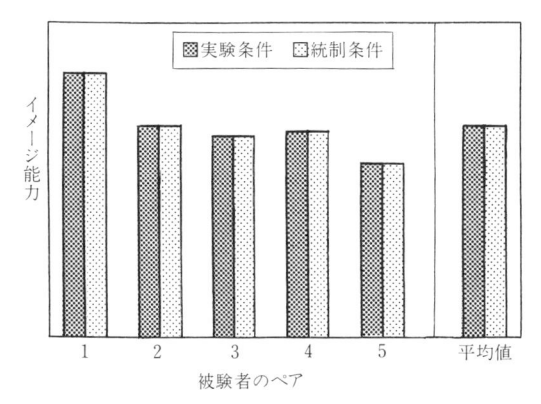

図 3.7 対等化法
（イメージ検査の成績とイメージ能力の関係が非線形の場合）
この図の被験者は，図3.2，3.3，3.6の被験者とは別の被験者である．図3.6の被験者10人だけを使ったのでは，うまくペアをつくることはできない．

　例えば，イメージ検査の成績とほんとうのイメージ能力（実際には測定できない）との関係が「線形」linear ではないときに問題が起こる．「線形」な関係というのは，比例や反比例のように，直線（すなわち，1次関数）で表されるような関係のことをいう（例えば，図3.4）．

　しかし，検査とそれが測っている能力とのあいだの関係は，いつも線形だとはかぎらない．例えば，学校でやった数学のテストを思い出してみよう．ひどくやさしい問題ばかりのときには，数学の学力とテストの成績との関係は図3.5のようになる．学力が低い生徒たちのあいだでは，成績はずいぶん違う．ところが，学力が高い生徒たちのあいだには，成績の違いがない．非常によくできる生徒も，かなりよくできる生徒も，まあよくできる生徒も，みな満点をとってしまう．

　イメージ検査の成績とイメージ能力とのあいだに，図3.5のような「非線形」nonlinear な関係があったとしよう．そうすると，図3.3のように成績の平均値を等しくした場合，イメージ能力のほうは図3.6のようになる（イメージ能力のほんとうの値は，実際には，直接知ることはできないのだが，かりに知ることができたとしたら，こういう結果になる）．つまり，肝心のイメージ能力のほうでは，平均値が等しくなくなってしまうのである．

こうした平均値等化法の問題を避けるためには,「対等化法」pair(ed)-matching を採用すればよい．この方法では，イメージ検査の成績が同じ被験者を対にして，片方を実験条件，もう片方を統制条件に配分する．こうすれば，イメージ検査の成績について，平均値が等しくなると同時に，イメージ検査の成績とイメージ能力とのあいだにどのような非線形の関係があろうとも，イメージ能力のほうの平均値も等しくなる（図3.7）．

さて，そういうことなら，平均値等化法のかわりに対等化法を使えば，無作為配分よりも干渉変数をうまく統制することができる，ということになるのではないだろうか？

3.4.3　組織的配分の問題点

残念ながら，対等化法のような組織的配分には，原理的にも，実際的にも，いろいろな問題があって，これだけでは，なかなか干渉変数をうまく統制することができないのである．

まず，どちらかといえば原理的な問題のほうから考えてみよう．

測定可能性　「イメージ能力を測るためのよい検査はないでしょうか？」という学生さんの質問に，私は「検査はやっても無駄でしょう」と答えた．なぜ無駄なのかというと，イメージ能力の検査は，「妥当性」validity が低いという点で悪名高いからである．イメージ能力検査はいくつもあるが，たがいに，いちじるしく相関が低い．あちらの検査で高得点をとった人が，こちらの検査ではひどく低い得点しかとれない，というケースがたくさんでてくるのである．「イメージ検査は，ほんとうにイメージ能力を測っているのか？」とか，「そもそも，『イメージ能力』はひとつの能力なのだろうか？」というような議論にすら，まだ決着がついていないような有様なのである．そんな検査の成績をもとにして，実験条件と統制条件の等質化を図ってみても，ほんとうにイメージ能力を統制できたことになるのかどうか，はなはだ心もとないではないか．

百歩ゆずって，かりに，イメージ検査には妥当性がある——つまり，「イメージ能力」はひとつの能力で，イメージ検査はそれを測っている——のだとしても，なお，「信頼性」reliability の問題が残る．信頼性が低い，つまり，測定誤差が大きいと，検査の成績が能力を表しているとみなすことはできなくな

る．同じ成績でも，能力は違うかもしれないのだから，対等化法もうまく機能しなくなる．成績の平均値は同じでも，能力の平均値には大きな差がでてしまうかもしれないのである．

　一般に，妥当性や信頼性の高い測定方法が，すべての干渉変数について，かならず手に入るとはかぎらない．干渉変数が正確に測定できなければ，組織的配分によって干渉変数を厳密に統制することは，とうてい望めない．

　統制し残した干渉変数　　今度は，千歩ゆずって，イメージ検査は，妥当性も信頼性も非常に高いと仮定しよう．ところが，それでもなお，組織的配分の問題は解消しないのである．

　「方向感覚」に影響する変数はイメージ能力だけではないかもしれない．例えば，記憶力がよいと，歩いてきた道筋を正確におぼえておけるので，「方向感覚」はよくなるかもしれない．もしそうだとすると，対等化法によってイメージ能力を「実験条件＝統制条件」としても，干渉変数をきちんと統制したことにはならない．記憶力については，たまたま「実験条件＞統制条件」となっていて，そのために，実験条件の被験者のほうが，「方向感覚」課題でよい成績を上げたのかもしれない．

　「それなら，記憶力も測ればよいではないか」という意見もあるだろう．しかし，「方向感覚」に影響するかもしれない変数は，イメージ能力と記憶力だけとはかぎらないのである．知能も影響するかもしれない．あるいは，知らない場所をどれだけ歩きまわったことがあるか，という過去の経験も影響するかもしれない．さらに，移動速度は一定ではない場合が多いので，移動速度と所要時間をもとに，移動した距離を割り出す能力が重要なのかもしれない．

　こういう具合に，変数がふえてくればふえてくるほど，そのなかに，正確に測定できない変数が入ってくる可能性が高くなってくる．つまり，対等化法がうまく働かなくなってくるのである．

　万歩ゆずって，それらすべての変数が正確に測定できたとしても，「思いもよらない変数が干渉変数になっているかもしれない」という可能性はつねに残る．そういう変数は測定していないわけだから，当然，統制もできないことになる．

　すべての干渉変数を漏れなく特定するためには，従属変数に因果的な影響を

およぼしうる変数をすべて知っている必要がある．しかし，それがわからないからこそ，目星をつけた変数を独立変数として，因果関係を確かめる実験をやってみようというのである．そう考えてみると，干渉変数を漏れなく特定することは，そもそも原理的に不可能なのだ，と言わざるをえない．

組織的配分に由来する干渉変数　組織的配分の手続きそれ自体が干渉変数を導き入れてしまうこともある．

例えば，こういう手続きで対等化法を行なったとする．――はじめにやってきた5人の被験者は，すべて実験条件の被験者とする．実験を始めるまえにイメージ検査をやって，成績を記録しておく．6人目以降は，すべて統制条件ということになるが，イメージ検査の成績が実験条件の被験者のだれとも一致しない人には，実験は行なわずに，イメージ検査だけでおひきとりいただく．実験条件の被験者と同じ成績を上げた人だけを統制条件の被験者とし，実際に実験を行なう．実験条件の被験者と同じ成績の被験者が統制条件でもそろったところで，実験は終わりになる．

こういう手続きをとった場合，実験条件の被験者は，すべて，統制条件の被験者よりも先に実験を行なうことになる．だが，被験者の募集を始めてすぐに実験室にやってくる被験者は，「やる気」にあふれた人たちかもしれない．だとすると，「方向感覚」課題で，たとえ実験条件の被験者のほうが成績がよかったとしても，それは「やる気」の差を反映しているにすぎず，独立変数の効果を反映しているわけではないかもしれない．

もちろん，「実験を行なう順序が干渉変数として働くかもしれない」と，前もってわかっているのなら，実験条件と統制条件のあいだで順序の差がでないような手続きを工夫すればよいのである．だが，対等化法の手続きのどこに干渉変数が潜んでいるのか，いつもかならず予測できるわけではない．知らぬまに干渉変数を導き入れてしまうことがない，とはいいきれないのである．

以上述べてきたような，どちらかといえば原理的な問題のほかに，組織的配分には，もっと実際的な問題もある．

経済性　対等化法を使うには，例えば，イメージ検査で同じ成績をとった人のペアをいくつもつくらなければならない．「10人の人にイメージ検査をやったら，うまく5組のペアができた」というようなうまい話には，まずならな

いだろう．5組のペアをつくるには，50人にイメージ検査をやってもらわなければならないかもしれないし，100人にやってもらわなければならないかもしれない．方向オンチ実験のような実験では，ふつう，各条件25人ぐらいか，それ以上の被験者が必要になる．25組のペアをつくるとなると，いったい何百人，あるいは何千人にイメージ検査をやらなければならなくなるのか，見当もつかない．つまり，対等化法は，非常に不経済なのである．

そこで，ふつうは，ぴったり同じ成績の人ではなく，だいたい同じぐらいの成績の人をペアにすることが多い．だが，これでは，当然のことながら，きちんとした統制ができるわけはない．

そこへいくと，無作為配分の場合は，10人の被験者を，ただ無作為に，実験条件と統制条件に振り分ければいいのだから，じつに経済的である．各条件25人必要なら，50人を無作為に振り分ければよい．そもそも，イメージ検査をやる必要がないという点でも，はるかに経済的だといえるだろう．

組み合わせ可能性　さきほどの話にあったように，統制しなければならない干渉変数は，一つだけとはかぎらない．イメージ能力のほかに，記憶力，知能，過去の経験，……とたくさんあるかもしれない．それらの干渉変数をすべて統制するためには，全部の変数を測定しなければならないのだから大変である．かりに，全部，正確に測定できたとしても，さらに難しい問題が待ちかまえている．

対等化法で統制を行なうためには，どの干渉変数についても同じ値をとる，というペアをつくらなければならない．しかし，イメージ能力も同じ，記憶力も同じ，知能も同じ，過去の経験も同じ，……というようなペアを，はたしていくつつくることができるだろうか？　一つでもできれば僥倖で，何万人もの人に検査をしてみても，一つもできないかもしれない．統制しなければならない干渉変数の数がふえればふえるほど，ペアをつくるのは困難になるだろう．

一方，無作為配分のほうはどうかというと，無作為配分をすれば，干渉変数となりうる個体差は，いわば一網打尽に統制することができるので，組み合わせの心配は，まったくする必要がないのである．

そういわれると，当然，疑問がわいてくるにちがいない．──では，なぜ，無作為配分をやるだけで，個体差に由来する干渉変数を一網打尽に統制するこ

とが可能になるのだろうか？

3.5 統計的検定と無作為配分

3.5.1 統計的検定の役割

無作為配分を行なうと，統計的検定の威力を最大限に利用して，干渉変数の統制を行なうことができるから——というのが，その答である．

ごくおおざっぱにいうと，統計的検定というのは，偶然がもつ数学的な性質を利用して，偶然と必然とを見分ける方法だ，ということができる．

例えば，方向オンチ実験で，「方向感覚」を調べる課題を行なった結果，実験条件のほうが統制条件より平均値が少し低かった（すなわち，ズレが小さかった）とする．t検定で分析したところ，確率値pの値は0.04となったので，「統計的に有意である」と結論した．——ということは，どういうことなのかというと，「この平均値の差が偶然に得られる確率は0.04，つまり，4％かそれ以下しかない」ということなのである．いいかえると，「この平均値の差は，偶然ではなくて必然，すなわち，独立変数の効果だという可能性が高い」ということになる．

つまり，統計的検定を使って，「偶然か必然か」という判断をしているのである（あくまでも確率的な判断ではあるが）．それができるのは，偶然がもつ数学的な性質を利用して，統計的検定が偶然の働き（もうすこし正確にいうと，偶然によるデータの変動）を取り除いてくれるからである．

では，その偶然の変動は何によって生み出されるのかというと，データ，つまり従属変数に影響しうる要因でなければならないのだから，「干渉変数だ」ということになる．イメージ能力，記憶力，知能，過去の経験，……といった，個体差に由来する干渉変数から，騒音や気温など，個体差とは別の干渉変数にいたるまで，無数の干渉変数が作用した結果，偶然の変動が生み出されたのだ，と考えることができる．偶然の変動であるかぎり，統計的検定によって取り除くことができる．

「被験者を無作為配分する」ということはどういうことかというと，「干渉変数となりうる個人差の値を無作為に配分するということだ」と考えることがで

きる．いいかえれば，実験条件と統制条件とのあいだで，個体差の値がどうなるかは，偶然に決まる，ということなのである．結果的に，実験条件のほうが，イメージ能力の平均値が高くなったとしても，それは偶然の結果なのである．偶然の結果である以上，干渉変数におけるそうした平均値の差の影響は，統計的検定によって取り除くことができる．取り除いたあとで，偶然的ではない，独立変数による必然的な効果が残るかどうかを調べることができるのである．

　また，無作為に配分される個人差は，イメージ能力だけに限られるわけではない．被験者を無作為に配分することによって，被験者に付随する個人差は，全部，無作為に配分されることになる．したがって，無作為配分と統計的検定を組み合わせれば，すべての個人差を同時に統制することができるのである．

　これが，無作為配分が「王道」とよばれる所以なのである．

　無作為配分を行なったかどうかは，実験結果を解釈するうえで非常に重要なので，無作為配分を行なっていない実験は，「準実験」quasi-experiment とよんで，無作為配分を行なった真正の実験とは区別することが多い．

　無作為配分を行なった実験では，有意差がでた場合，それが「個人差による偶然の効果なのではないか」という心配はしなくてもすむ．もう少し正確にいうと，そういう可能性は，確率値 p で表される程度のわずかなものでしかない，と考えることができる．方向オンチ実験の場合も，無作為配分をやっていれば，「イメージ能力の違いがこの有意差のほんとうの原因なのではないか」という先生の批判には，「個人差は，イメージ能力テストなどよりもずっと信頼のおける無作為配分によって統制してあるので，その心配はほとんどありません」と答えることができたのである．

　ここで，念のために，干渉変数の影響を「取り除く」partial out という表現の意味について，注釈を加えておくことにしよう．これは，もちろん，個体差そのものを「取り除く」という意味ではない．無作為配分を行なったからといって，当然のことながら，被験者のイメージ能力がみな同じになるわけではない．個体差の影響を「取り除く」というのは，それが独立変数の効果とは混同されないようにする，ということなのである．

　もう少しだけ詳しく説明しよう．例えば，実験群の平均値と統制群の平均値を比べる場合，その差が独立変数の効果を表しているのかどうかを判断するた

めに，統計的検定では，その平均値の差を，推定された「偶然の効果」と比較する（数学的には，比をとる）．「偶然の効果」よりもはるかに大きければ，その平均値の差が偶然に得られた可能性は小さいので，「その差は，独立変数の効果を表している」と判断することになる．観測された平均値には，もちろん個体差の影響が含まれている．したがって，平均値の差も，個体差の影響で生まれた可能性がある．しかし，その個体差の影響が偶然に生じたものならば，それに由来する平均値の差は，「偶然の効果」とそう変わらない大きさのものになるだろう．もし，実際に得られた平均値の差が「偶然の効果」よりずっと大きなものだったとすると，その平均値の差には，個体差に由来する偶然的な差以外に，独立変数の効果が含まれていた可能性が高くなる．つまり，検定の結果は「有意」となる．一方，もし，無作為配分を行なっておらず，個体差の影響は偶然に生じたものではないということになれば，個体差の影響に由来する平均値の差だけでも，「偶然の効果」よりずっと大きくなってしまう可能性がでてくる．この場合には，平均値の差と「偶然の効果」とを比較することにより，独立変数の効果を正確に判断することはできなくなってしまうのである．

　もうひとつだけつけ加えておくと，無作為配分によって個人差の影響を「取り除く」ことができたということは，個人差の影響がないことを立証したということではない．例えば，「イメージ能力が方向感覚には影響しない」ということが立証できたわけではないのである．イメージ能力の影響を調べるためには，イメージ能力を独立変数とした別の実験を行なってみなければならない．

3.5.2　無作為配分の重要性

　統計的検定は，偶然の効果を取り除くことができる．しかし，取り除くことができるのは，偶然の効果，すなわち，「無作為誤差」random error（あるいは「偶然誤差」）だけである．

　実験条件と統制条件のあいだに，何か偶然ではない違い，すなわち，「バイアス」bias（あるいは，「恒常誤差」constant error,「系統誤差」systematic error）があった場合には，統計的検定では，それを取り除くことはできない．例えば，先に実験室にやってきた被験者をみな実験条件の被験者にした結果，実験条件では，被験者の「やる気」が統制条件より高くなっていたとする．こ

の「やる気」の差は，偶然生じたものではない．実験手続きの必然的な結果である．したがって，これは無作為誤差ではなく，バイアスである．統計的検定は，このバイアスを取り除くことはできないのである．したがって，検定の結果，「有意差あり」という結論がでたとしても，従属変数における有意差のほんとうの原因は，独立変数ではなく，このバイアスかもしれない，という可能性が排除できないことになる．

統計的検定から正しい結論を導き出すためには，データの変動（ばらつき）は，すべて，偶然の効果，すなわち，無作為誤差でなければならない．いいかえると，すべてのバイアスを取り除けるように，注意深く，実験手続きを決めておく必要がある．これは，統計的検定を行なう前にやっておかなければならないことなのである．

個体差のある実験要素（被験者など）を使って，被験者間計画で実験を行なう場合，バイアスの重要な源泉は個体差である．被験者内計画の場合も，前にでてきた記憶実験のなかのおぼえなければならない単語のように，個体差のある実験要素を使うときには，個体差がバイアスの源泉になりうる．このバイアスを取り除く，いちばん確かな方法が無作為配分なのである．したがって，個体差のある実験要素を使う実験においては，無作為配分は，統計的検定を使うための大前提なのだといっていい．

だが，現実には，無作為配分なしに実験を行ない，その結果を統計的検定にかけて結論を引き出している研究が少なくない．たしかに，どのようなデータでも，統計的検定にかけることはできる．形式的な条件さえ整っていれば（例えば，t 検定の場合，平均値・標準偏差・標本数という数値のセットが二組そろっていさえすれば），検定の機械的な手続きを実行することは，つねに可能である．「1% 水準で有意」「5% 水準で有意差なし」というような，もっともらしい結論も，かならずでてくる．しかし，無作為配分を行なっていないのであれば，その結果は信用には値しない．肉挽き機にバナナをいれても，挽肉はできないのである．

方向オンチ実験の場合も，無作為配分をやっていない以上，はじめに紹介した学生さんの先輩が先生から指摘されたような問題からは，逃れることができない．つまり，有意差のほんとうの原因は，独立変数ではなく，イメージ能力

の違いかもしれないし，あるいは，記憶力の違いかもしれないし，ほかの予想もしなかった個人差変数の違いかもしれない．すなわち，統計的検定では取り除くことのできない，バイアスかもしれないのである．

3.5.3 組織的配分と無作為配分の組み合わせ

有意差がでた場合の話をしてきたが，こんどは，有意差がでなかった場合について，少し考えてみよう．

無作為誤差も，あまり大きくなりすぎると，統計的検定では取り除くことができなくなってしまう．そうなると，ほんとうは，独立変数の効果があるのに，「有意差なし」という間違った結論を下してしまうことになる．いいかえると，統計学の用語でいう「第2種のあやまり」type II error を犯してしまうことになる．

もし，ほんとうは差があるのだとすると，こういう結果がでたのは，「検定力」statistical power が足りないからである．「検定力」というのは，「ほんとうは差があるとき，正しく『有意差がある』と結論できる確率」のことをいう．

検定力を上げるためには，被験者の数を増やす，という方法がある．これは，検定のさいの「自由度」degrees of freedom を大きくすることにつながる．

しかし，もうひとつ，誤差を小さくするという方法もある．被験者の数を増やすと，実験にかかる時間と労力（それに，ときには費用）がかさむので，もし誤差を小さくする方法があるのなら，そちらを使ったほうが経済的である．

従属変数に大きな影響をおよぼすことがはっきりと予測できるような個体差がある場合，たんに無作為配分をしたのでは，その個体差がみな無作為誤差になり，検定力を低下させてしまう．そこで，無作為配分と組織的配分を組み合わせるという方法を考えることになる．

方向オンチ実験の場合を例にとろう．過去の研究から，知能が重要な個人差干渉変数になりそうだ，ということが予測できたとする．その場合，あらかじめ知能を測っておき，知能に関しては対等化法を適用する．つまり，同じ知能指数をもつ被験者のペアをつくる．どのペアについても，どちらを実験条件，どちらを統制条件に配分するかは，こんどは，無作為に決める．

こういう方法で組織的配分（対等化法）と無作為配分を組み合わせると，組

織的配分によって，知能の個人差については，実験条件と統制条件のあいだで無作為誤差を減らすことができる．その結果，検定力が高くなる．しかし，ペアの配分については無作為配分を行なっているので，統計的検定を正しく適用し，正しい結論を得ることができるのである．

前に，実験条件の被験者だけに，全部，先に実験をやってもらい，イメージ検査の成績が同じ人だけに統制条件の被験者になってもらう，という方法は危険な方法だ，と述べた．しかし，そういうやりかたをとらず，まず，統制したい干渉変数についての測定（イメージ検査や知能検査）を行ない，その得点にもとづいてペアをつくってから，ペアのメンバーを無作為配分するのであれば，バイアスをつくりだす危険は避けることができる．

実際には，すでに記したように，厳密に得点が等しいペアをつくることは難しいので，「乱塊法」randomized blocks design とよばれる，つぎのような方法をとることが多い．まず，全部の被験者を得点の順にならべる．つぎに，得点が多い順に，実験条件の数だけ被験者を選ぶ．もし，実験条件が五つあるのなら，5人の被験者を選ぶ．この手続きを，被験者がいなくなるまで続ける．そうすると，5人の被験者からなるグループがいくつもできる．さいごに，それぞれのグループの中で，被験者をそれぞれの実験条件に無作為に配分するのである．この乱塊法で得られたデータは，被験者内計画の場合と同じ統計的検定によって分析できる（Edwards, 1985; 森・吉田，1990 参照）．

3.6 無作為抽出と無作為配分

3.6.1 相違点

統計学の本をみると，「統計的検定を行なうためには，標本は母集団から無作為に抽出しなければならない」と書いてある．無作為抽出を説明するとき，例としてよく使われるのは，選挙の予測である．全有権者を「母集団」population とし，そこから，「標本」sample を無作為に選ぶ．その標本となった人たちに，どの党に投票するかをたずねる．標本を無作為に選ぶ，すなわち，無作為抽出を行なうことによって，標本を調査した結果から，母集団の特性，すなわち，有権者全体のうち，どのぐらいの割合の人がどの党に投票しようとし

ているかについて，正確な推定を行なうことが可能になるのである．

　無作為配分は，この無作為抽出とよく混同される．両者のあいだには，あとに述べるような共通点もあるのだが，はっきりとした相違点もある．無作為配分を正しく理解するためには，まず，その相違点を正確に認識しておかなければならない．

　無作為抽出は，母集団から標本を選ぶ手続きである．一方，無作為配分は，標本（被験者など）を複数の実験条件に振り分ける手続きである．したがって，手続きとしては，全然ちがう．

　手続きがちがう以上，目的もちがう．無作為抽出の目的は，標本を母集団と等質にすることである．一方，無作為配分の目的は，複数の実験条件のあいだで，標本同士を等質にすることである．

　しかし，どちらの等質化も，いわば，目先の目的にすぎず，等質化の最終的な目的は別にある．その最終的な目的も，無作為抽出と無作為配分とでは違っている．その違いを理解するためには，クックとキャンベル（Cook & Campbell, 1979）が提唱した「内部妥当性」internal validity と「外部妥当性」external validity という区別が役にたつ．

　内部妥当性があるということは，「研究結果が現実を正しく反映している」ということを意味する．実験の場合，干渉変数の効果を独立変数の効果と取り違えたりすることなく，独立変数と従属変数とのあいだに因果関係があるのかどうか，正しく判断することができれば，その実験には，「内部妥当性がある」ということになる．

　無作為配分は，この内部妥当性を確保するための方法の一つなのである．被験体の配分を無作為に行えば，個体差干渉変数の効果を独立変数の効果と取り違える可能性は，非常に小さくすることができる．

　一方，外部妥当性があるということは，「研究結果を一般化できる」ということを意味する．実験の結果が，その実験で使われた被験者や材料など以外にもあてはまるのであれば，「外部妥当性がある」ということになる．

　無作為抽出は，この外部妥当性を確保するための方法なのである．母集団から標本を無作為に抽出すれば，標本から母集団への一般化が可能になる．つまり，標本でわかったことが母集団にどの程度あてはまるのか，推計学的手法を

もちいて，確率的に推定することができるのである．

一方，無作為配分は外部妥当性を保証してくれないし，無作為抽出は内部妥当性を保証してくれない．

無作為配分を行なえば，「独立変数と従属変数とのあいだには因果関係がある」と強い確信をもって結論することができる．しかし，この結論には，厳密にいえば，「その実験に参加した被験者にかぎって」という但し書きをつけなければならない．例えば，四国のある女子短期大学の2年生48人から得られた実験結果が，はたして，同じ大学の他の2年生にもあてはまるのか，日本の大学生全体にもあてはまるのか，ひいては，人類全体にもあてはまるのか，ということになると，いかなる確率をもってしても，推定はできないのである．つまり，外部妥当性は保証されない．

逆に，選挙予測のために，標本を無作為に抽出したとしても，極端な話，調査員として雇われた学生アルバイトが，手間を惜しんで，調査用紙の一部に自分で記入してしまったとしたら（こういうことは，実際によく起こるらしいが），調査結果が，標本となった人たちの投票傾向を正確に反映しているとは，もちろん，いえないだろう．すなわち，「無作為抽出はしたが，内部妥当性はない」ということになる．

さらに，もともと，調査結果が正しくないものだとすると，それを母集団に一般化して，正しい結論が得られるはずはない．つまり，内部妥当性があることは，外部妥当性があることの前提条件になっているわけである．その内部妥当性を確保するための基本的な方法の一つが，無作為配分なのである．

3.6.2 共通点

このように，無作為配分と無作為抽出は，重要な点で異なっているのだが，他方，本質的な共通点もある．それは，推計学的な手法が扱うことのできる偶然のプロセスをつくりだす，という点である．

まず，無作為抽出の場合を考えてみよう．母集団から標本を無作為抽出すると，標本と母集団の関係は，偶然のプロセスによって支配されるものとなる．その偶然のプロセスがもつ数学的な性質を利用すると，標本の特性（割合や分散など）から母集団の特性（同じく，割合や分散など）を推定することができ

る．すなわち，統計的検定をはじめとする推計学の手法を適用することが可能になるのである．

つぎに，t 検定を例にとって，無作為配分の場合を考えてみよう．この場合，母集団は，その女子短期大学の2年生全部でもなければ，日本の大学生全体でも，全人類でもない．「実験に参加した被験者と同質の人間」という仮想的な集団が母集団となる．被験者を実験条件と統制条件に無作為配分すれば，実験条件の被験者も，統制条件の被験者も，その仮想的な母集団から無作為抽出した標本だとみなすことができる．したがって，偶然のプロセスがもつ性質を利用して，それらの標本の特性から，その仮想的母集団の特性を推定することが可能になるのである．もう少し具体的にいうと，標本の平均値の差が，偶然のプロセスが生み出したものにすぎないのかどうか，t 検定によって，確率的に判断することができるのである．もし，「偶然のプロセスが生み出したものだという確率は低い」ということになれば，独立変数の働きで仮想的母集団の平均値に（実験条件と統制条件のあいだで）差が生じていて，その差を反映したものなのではないか，と考えることになる．

このように，「偶然のプロセスをつくりだして，推計学の手法が使えるようにする」という点では，無作為抽出も無作為配分も変わりがないのである．

ただし，無作為配分の場合，仮想的母集団のメンバーだということが確実にわかっているのは，実験に参加した当の被験者たちだけである．したがって，厳密な意味で実験結果があてはまるといえるのは，やはり，その被験者たちだけなのである．例えば，方向オンチ実験において，被験者を無作為配分して実験を行なったところ，実験条件のほうが有意にズレが小さかったとする．この場合，この実験結果から引き出せるのは，厳密には，「この被験者たちに限っては，ルートの俯瞰イメージをつくると，たしかに方向感覚が良くなる」という結論だけなのである．

（ちなみに，橘 (1986) は，t 検定ではなく，「直接確率法」 randomization test を使った例を紹介している．直接確率法の場合，母集団は仮定しないが，偶然のプロセスが不可欠であるという点と，被験者をこえた一般化ができないという本質的な点では，変わりがない．）

しかし，実験を行なうとき，ほんとうに調べたいのは，ふつう，実験に参加

した被験者だけではない．もっと広い範囲の母集団である．その広い範囲の母集団に実験結果を一般化するためには，はじめに，被験者全体をそこから無作為抽出しておかなければならない．その母集団が「その女子短期大学の今年度の2年生」ぐらいなら，無作為抽出も可能だろう．だが，「日本人全体」とか「人類全体」とかいう母集団になると，無作為抽出は，原理的に不可能である．なぜなら，もう死んでしまった日本人や人類，まだ生まれていない日本人や人類がいるからである．

したがって，そうした母集団への一般化は，無作為抽出と推計学との組み合わせによっては保証できない．では，現実には，一般化はどのように行なわれているのかというと，はっきりと自覚している研究者はあまりいないようだが，だいたい以下のように行なわれている．

基本的には，自分がもっている知識（科学的知見だけではなく，実体験や常識などをも含んだ知識）をもとに，一般化できそうな範囲で一般化をするのである．では，その「一般化できそうな範囲」とそれ以外とは，どのように見分けるのだろうか？

独立変数の効果に干渉して，その効果を変えてしまいそうな個体差干渉変数があるのではないかと疑われるとき，その干渉変数について，実験に参加した被験者と同じ値をもっていると推定される集団には一般化をする．異なった値をもっていそうな集団には，一般化を見合わせるのである．つまり，「見分ける」といっても，あくまでも，推定をするにすぎない．

この抽象的な言い方ではわかりにくいと思うので，具体例で説明をしよう．例えば，日本人の被験者をもちいて，色覚の実験を行なったとする．日本人の目は黒くて，色素が多い．その色素が特定の波長の光を吸収しやすいことは，過去の研究からわかっている．そうすると，「色素の濃淡が個体差干渉変数になっていて，実験結果が一般化できるのは，同じように黒い目をもった人間だけかもしれない」という疑いがわいてくる．青い目や灰色の目をもった人間には一般化ができないかもしれない．

ここまでは推定にすぎないが，この推定を確かめるためには，黒い目の被験者と青い目の被験者を使って，同じ実験をやりなおしてみればよい．こんどは，干渉変数になっているのではないかと疑われた色素の濃淡が独立変数の一つに

=コラム 3.2=

心理学の研究はみな無意味？

　統計の入門コースで無作為抽出の話を聞いた学生のなかから，こんなことをいいだす人がときどき出てくる——「心理学では，無作為抽出をやったという研究はみたことがない．にもかかわらず，大多数の研究は統計的検定を使っている．無作為抽出をやっていなければ，検定は無意味なはずだ．とすると，心理学の研究は，大多数が無意味だということになるのではないだろうか？」たいへん鋭い指摘で，こんなことを思いつく学生は，よほど優秀な学生にちがいない．しかし，本文で述べたとおり，実際には，統計的検定の前提は無作為抽出だけではないのである．無作為抽出を行なっていなくても，無作為配分を行なっていれば，検定は，十分に意味のあるものになる．検定の結果にもとづいた結論も，やはり意味のあるものになる．というわけで，幸いなことに，かならずしも，大多数の心理学的研究が無意味だということにはならないのである．無意味な研究がないというわけではないにしても……．

なる．その独立変数ともとの実験の独立変数とのあいだに，「交互作用」interaction があるかどうかを調べることになるわけである．これはもう，科学的探究そのものにほかならない．

　つまり，現実に可能な一般化とは，科学的探究の進展とともに，徐々にその範囲が明らかになっていくようなものなのである．「無作為抽出の手続きから自動的に確定する」というものでは，けっしてない．

　そうしてみると，個々の科学的探究で使われる無作為配分は，ある意味では，無作為抽出より，はるかに重要な手続きだといってもよいのかもしれない．にもかかわらず，統計学の教科書では，ふつう，「全有権者」のような具体的な母集団からの無作為抽出だけが解説してあって，そのあとすぐに，統計的検定の話になってしまう．無作為配分の解説がのっている例は，ほとんどないのではないだろうか．そのため，「無作為抽出を行なわない実験では，無作為配分が，統計的検定を正しく行なうための必須の前提になる」という重要な事実がよく理解されずに終わってしまい，無作為配分なしの誤った統計的検定が横行する結果になっているのである．

3.7 無作為配分の限界

　無作為配分の重要性については，これ以上強調する必要はないだろう．しかし，「王道」といわれる無作為配分も，けっしてオールマイティではなく，いくつもの限界をもっている．最後に，その限界を確認しておくことにしよう．
　無作為配分は，いつもできるとはかぎらない．これは確かに大きな限界である．
　例えば，新しい教授法の効果を調べる実験授業を考えてみよう．新しい教授法で教える実験群のクラスと，従来の教授法で教える統制群のクラスは，生徒を無作為配分して編成したいところだが，かならずしも，そこまで学校側の協力が得られるとはかぎらない．このように，現実的な制約のために無作為配分ができない，というケースはしばしばでてくる．
　一方，原理的に無作為配分ができないという場合もある．例えば，「日本語や中国語には欠陥があるせいで，日本人や中国人は高度の思考能力が劣っている」というアメリカの研究者の説を検証するために，日本人とアメリカ人を比較する実験を計画したとする（高野，1995）．この場合，言語の違い以外の干渉変数はできるだけ統制したいわけだが，かといって，被験者を日本人とアメリカ人に無作為に配分するというわけにはいかない．こうした「現場研究」field study では，どうしても既存のグループを比較せざるをえないのである．その場合，実験は，無作為配分を含まない準実験となる．無作為配分による個人差変数の統制ができない分，準実験においては，因果関係の推定が難しくなる．しかし，準実験においても，因果関係の推定をできるだけ確実なものにしようと，さまざまな技法が開発されている（Cook & Campbell, 1979 参照）．無作為配分ができない場合には，そうした技法を上手に活用することが必要になってくるだろう．ただ，それをしたとしても，無作為配分を行なった場合に比べて，因果関係の推定が不確かになることは避けられないのである．
　他方，無作為配分ができたとしても，それだけで因果関係の推定が完璧になるわけではない．
　第一に，無作為配分は，個体差を統制する手続きにすぎない．個体差以外の干渉変数を統制するためには，無作為配分とは別に，それぞれの干渉変数に応

じた，適切な統制の手続きをとらなければならない．

　第二に，その個体差干渉変数も，無作為配分では統制しきれない場合がある．実験の最中に，実験条件のあいだで異質化が生じた場合である．例えば，被験体の「損耗」attritionが起こったとしよう．「損耗」というのは，被験体の脱落のことである．ネズミを使った実験では，酷使しすぎて，ネズミが何匹か途中で死んでしまうことがある．人間の場合も，あまり大変な実験だと，死んでしまう，ということにはならなくても，何人かの被験者が途中で実験を投げ出してしまうことがある．こうした損耗の割合が独立変数と相関していた場合には，はじめに無作為配分を行なっていたとしても，個体差干渉変数の問題がふたたび浮上してくることになる．

　例えば，実験群のほうが課題が難しかったため，統制群より損耗率が高かったとすると，実験が終わったとき，実験群では，強靭な被験体の割合が統制群より多くなっているかもしれない．従属変数の測定結果が得られるのは，その残った被験体についてだけである．したがって，たとえ実験群のほうが優れた成績を示していたとしても，それは独立変数の効果ではなく，この個体差干渉変数，すなわち強靭さの効果だ，という可能性も考えなければならないことになる．

　損耗の場合は，問題が生じたことがわかるだけ，まだましかもしれない．というのは，実験者の気づかないところで個人差が生じてしまう場合もあるからである．例えば，新しい教授法が従来の教授法より優れているかどうかを調べるために，ひとつのクラスでは新しい教授法を，別のクラスでは従来の教授法を使って，1年間，授業を行なったとしよう．学校が実験に協力的で，クラス分けをするときに，無作為配分をしてくれたとする．だが，途中で，よい先生のいる塾が近くにでき，新しい教授法で教えているクラスのほうでは，友だち同士が誘いあって，その塾に通う生徒が多くなったとしたらどうだろう．学力の個人差にはバイアスがかかってしまうことになる．はじめに無作為配分をしたにもかかわらず，二つのクラスのあいだにある学力の差は，もはや無作為に生じたものとはいえない．こうなると，学年末のテストで，たとえ新しい教授法で教えられたクラスのほうが成績がよかったとしても，それを教授法の効果なのだと結論してよいかどうかは，はなはだあやしくなってくる．ほんとうは

塾の効果だったのかもしれない．しかし，塾のことを実験者が知らずにいたとすると，確信をもって誤った結論を下してしまうことになりかねない．

このように，実験の最中に起こった個体差干渉変数の異質化については，無作為配分はまったく無力なのである．

第三に，無作為配分の統制力は，統計的検定に由来しているので，統計的検定の限界は，そのまま，無作為配分の限界になる．統計的検定は，偶然がもつ数学的性質を利用して推定を行なうために，いくつもの仮定をもうけていることが多い．「分析するデータにはその仮定があてはまらない」という場合には，統計的検定の結果は，あまり信用できないことになる．例えば，「二つの母集団の分散が等しい」という仮定を考えてみよう．母集団の分散は，直接には知りようがないので，この仮定が正しいのかどうか，正確に判断することはできない．分散が等しいかどうかを調べる検定もあるが，これも検定である以上，何か別の仮定を使っている．したがって，いわば，問題を先送りしているだけで，最終的な解決にはならないのである．もし，「分散が等しい」という仮定が，ほんとうは正しくなかったとすると，この検定の結果は誤ったものになってしまう．検定が誤っているとすれば，当然，無作為配分によって個体差干渉変数をうまく統制することもできないことになる（統計的検定にまつわる問題については，本書の第4章および橘（1986）などを参照）．

無作為配分のこうした限界を考えると，きちんと無作為配分をしたからといって，その実験だけから，因果関係について最終的な判断を下すことは危険だということがわかる．

すでに述べたように，妥当性や信頼性のあやしいイメージ能力検査は，個人差干渉変数を統制する方法としては，あまりあてにはできない．一般に，個人差干渉変数を個別に統制しようとする方法は，たとえ妥当性や信頼性が高い場合でも，いろいろな問題を抱えている，という話もした．無作為配分ができる場合には，無作為配分がもっとも強力な統制の方法なのである．

とはいえ，その無作為配分も万能ではない．実際には無作為化の手続きが不正確で，統計的検定の数学的モデルが扱えるほんとうの無作為なプロセスは，実現できていなかったかもしれない．あるいは，実験者の気づかないところで，実験中に被験者の異質化が起こっていたかもしれない．統計的検定が依存して

いる数学的モデルの仮定が実際には満たされていなかったか，またそれとは別の理由から，数学的モデルによる推論が正しく働かなかったかもしれない．いずれにしても，無作為配分を行なったからといって，個人差干渉変数の統制が完璧になるという保証はないのである．当然，因果関係の推定のほうも，完璧だという保証はない．

　こうした無作為配分の限界に対処するための最善の方法は，追試である．世界中のいくつもの実験室で，慎重に行なわれた実験において，同じような結果が繰り返し観察されたのなら，その結果は信用に値する．ある実験室でたまたま働いていた干渉変数が，ほかのいくつもの実験室でもたまたま同じように働く，という確率はきわめて低いからである．物理学では，一時期，「常温核融合」という現象が世界中にセンセーションをまき起こしたが，追試の失敗が続いた結果，近年では，その存在自体が疑問視されるようになってきた (Taubes, 1993)．

　実際の研究では，ただ追試をしてみるというだけではなく，「干渉変数の効果が独立変数の効果と混同されているのではないか」というはっきりとした疑いをもって実験をする場合も多い．目星をつけた干渉変数を独立変数として，それがある値のときには前の実験と同じ結果が得られるが，別の値のときにはそういう結果は得られない，ということを示そうとするのである．

　さきほど触れた，「日本語や中国語に欠陥があるせいで，日本人や中国人は高度の思考能力が劣っている」と主張するアメリカ人が行なった実験では，中国人や日本人とアメリカ人を比較し，「中国人や日本人のほうが劣っている」という結果を得ていた．その原因は言語の違いだと推定していたのである．ところが，私が日本人の大学生で追試を行なってみたところ，文系の学生はアメリカの学生と同じ結果のパターンを示すことがわかった．もとの実験を行なったアメリカ人の研究者に問い合わせてみた結果，もとの実験では，アメリカ人の被験者は文系の学生ばかりだったが，中国人や日本人の被験者の中には，文系と理系の両方の学生がいたらしい，ということもわかった．そこで私は，もとの実験の中に見つかった手続きのミスも考え合わせて，「関数についての知識のちがい（干渉変数）が言語のちがいと混同されていたのではないか」という仮説をたてた．この仮説からは，「アメリカの理系の学生を被験者にして実

験を行なってみれば，中国人や日本人，とくに理系の学生とそっくりな結果のパターンが得られるはずだ」という予測がでてくる．実際にそういう実験を行なったところ，まさしく，この予測どおりの結果になったのである（高野，1995 参照）．これは，無作為配分ができない準実験の例だが，無作為配分ができる場合にも話はかわらない．

　実験というものは，「絶対に確かな手続きがあって，それを使えば，絶対に確かな結論が得られる」というものではないのである．どれほど精緻な実験を行なっても，誤りの可能性はつねに残る．因果関係についての推定を少しでも確かなものにしていくためには，いろいろな視点からいろいろな実験を続けていくことが不可欠なのである．新たな視点は，研究者のあいだの相互批判から生まれる．その相互批判が，結果として，より確かな推定に近づくための協同作業となるのである．

　ただし，いうまでもないことだが，個々の実験は，完璧ではないにせよ，できるかぎり確実な方法にもとづいて行なわなければならない．そうした方法の一つが無作為配分だというわけである．

引用文献

Cook, T. D., & Campbell, D. T. 1979 *Quasi-experimentation : Design and analysis issues for field settings.* Houghton Mifflin.

Edwards, A. L. 1985 *Experimental design in psychological research*, 5th ed. Harper & Row.

森　敏昭・吉田寿夫（編）　1990　心理学のためのデータ解析テクニカルブック．北大路書房．

Solso, R. L., & Johnson, H. H. 1989 *An introduction to experimental design in psychology : A case approach*, 4th ed. Harper & Row. 浅井邦二(監訳)　1999　改訂心理学実験計画入門．学芸社．

橘　敏明　1986　医学・教育学・心理学にみられる統計的検定の誤用と弊害．医療図書出版社．

高野陽太郎　1995　言語と思考．大津由紀雄（編）認知心理学 3　言語．東京大学出版会．pp. 245-259．

Taubes, G. 1993 *Bad science : The short life and weird times of cold fusion.* Random House. 渡辺　正(訳)　1993　常温核融合スキャンダル．朝日新聞社．

【練習問題】

3.1 干渉変数の値を測定してみたところ，下記のように，実験群と統制群とでは，平均値が等しくないことがわかった．組織的配分によって平均値をほぼ等しくしたいという場合，どのように配分すればよいか．平均値の差が最も小さくなる配分と，その次に小さくなる配分を作りなさい．

実験条件	統制条件	
29.00	13.62	
8.42	11.16	
6.99	10.15	
6.35	8.42	
5.21	2.87	
11.19	9.24	（平均値）

4章

仮説の統計的評価とベイズ統計学

　本章では，仮説の確証や反証のために，統計的仮説検定がどのような役割を果たすかについて考える．統計的仮説検定のための通常の方法は帰無仮説の有意性検定であるが，最初に，この方法の欠点とこれらの欠点を克服する試みについて考察する．この対策には限界がある．後半は，基本的な発想を変え，伝統的な方法に代わるベイズ的なアプローチによって，仮説を検討評価する方法の有用性を説明する．

4.1　帰無仮説の検定の問題点

　最初からいささか遠い問題であるが，「地球は丸い（$p<0.05$）」という題名の論文 (Cohen, 1994) がある．この題名は，地球は丸いという命題を有意水準 0.05 で実証したと主張しているように聞こえる．しかし，地球は丸いかどうかは，統計的仮説検定のおかげで正しいかどうかが決まるようなものではないはずである．これはやみくもに統計的仮説検定を適用するおろかさを指摘しているのだが，この論文では，次のような例も紹介されている（一部変えてある）．非常にまれな病気が日本にも存在するかどうかを確かめようとして，無作為サンプルといってよい 30 人の患者を検査したところ一人がその病気であった．そこで，その病気が日本にも存在するという論文を発表しようとしたところ，母集団におけるその確率 $\pi=0$ という帰無仮説を検定するということが必要であるといわれたという．

　このような例は，帰無仮説検定が不適切であることがあきらかな例である．

しかし，帰無仮説有意性検定 null hypothesis significance test（以後，単に「帰無仮説検定」とよぶ）には，これらの例ほど問題があきらかではないが，検討すべき問題点が他にもいくつかある．実際，帰無仮説検定に対して多くの批判がなされてきた．例えば，日本語にも翻訳されている『統計的検定は有効か』(Morrison & Henkel, 1970) はよく知られている．このような批判にもかかわらず，帰無仮説検定は，依然として研究の結論を引き出すための必需品とされており，多くの専門雑誌では，有意水準 0.05 というハードルを越えなければ投稿した論文が採択されにくい．このような現状を是としてよいのかを考えるために，まず，帰無仮説検定の問題点をあげる．

4.1.1　被験者の数

　被験者の数を増やすと，すなわち，測定の精度を上げると自分の信じている仮説（研究仮説とよぶことにする）がとおりやすくなる．帰無仮説検定の例として，t 検定や分散分析を適用することを考えよう．通常，研究仮説は，帰無仮説を棄却し，対立仮説を真とすることに対応する．ところが，t 検定や分散分析は，被験者の数 (n) を大きくするにつれて，帰無仮説はほとんど確実に棄却される．実は，これはおかしいと感じるべきである．物理学では，測定器具が改良され，測定精度が向上すると，既存の理論（研究仮説）は通用しなくなるほうが普通である．

　社会科学において調査データの場合はかなりの人数を調査対象とする．1万人程度のデータも珍しいことではない．このとき，帰無仮説はほとんど確実に棄却される（賢明な研究者はこのようなときには帰無仮説検定の結果を無視するであろう）．逆に，新しい発想に基づく研究仮説が，被験者の数が少ないために帰無仮説が棄却されないという理由によって葬り去られることがある．この場合は，被験者の数を増やしたらどうかというアドバイスをしたくなるところである（伝統的なやり方では，厳密に言ってこのようなアドバイスはできない．実験計画がこのように事後的でアドホックに変更されたのでは，同じような条件の繰り返しのもとでの最適化という伝統的方法の原則に反するからである．後で述べるベイズ的方法は，むしろ，このようなデータの追加こそ真理探究のために必要であると考える）．

統計的方法の選択を上手に行なわない場合，帰無仮説が正しくないときに正しく帰無仮説を棄却する確率（検定力という）が低くなると指摘する論文がある（Wilcox, 1998）．この論文の題目が刺激的である．「最新の統計方法を知らないためにどんなにたくさんの発見が失われているのだろう（How many discoveries have been lost by ignoring modern statistical methods?）」．この論文は，統計的方法が不適切なために検定力が不足し，面白い研究結果が日の目を見ないことを問題にしており，具体的な対策として，通常の t 検定や分散分析ではなく，調整平均 trimmed mean や M 推定量という現代的な方法を使うことを推奨している．適切な方法を使うことには賛成であるが，やみくもに検定力を上げることが望ましいわけではない．問題は統計的結論が被験者の数に大きく依存する点である．

4.1.2 統計的検定の結果

統計的仮説検定の結果は，帰無仮説を採択するか棄却するかの二通りのいずれかである．商品検査や，農場における作物を使った実験は，多数回の繰り返しを前提としている．1回の検定の結果が採択か否かの二者択一的な決定であり，自分の思うような結果ではなくても，別段それほど悔しくはないであろう．しかし，1年かかって集めたデータに統計的仮説検定を適用した結果が，「帰無仮説が採択されました，あなたの研究仮説は間違いです」という結果だった場合はどうであろう．苦労したデータからあれかこれか式の情報しか得られないのは悲しい．また，帰無仮説を採択したという場合，帰無仮説が正しいとすら言ってはいけない．この場合は，帰無仮説を正しいとするにはまだデータが十分ではないと言っているだけなのである（帰無仮説の採択のことを帰無仮説を保留するということがある）．要するに，帰無仮説が正しいことをあまり人は信じていないということだろう．

やや主張したいことから離れるが，帰無仮説を採択することによって「二つのパラメータが等しい」ということを積極的に主張しているように見える場合がある．t 検定の前に分散が等しいかどうかの F 検定を行なうが，この場合は帰無仮説が採択されると二つの分散が等しいと想定して次のステップへ移る．これは仮説検定のロジックの首尾一貫性という観点からいっておかしいと思わ

れるが，通常の統計学の教科書ではこう書いてある．統計学はデータから仮説を評価する帰納のための一貫した方法論であるという考え方がなく，雑多な手法の寄せ集めになっているのが現状であるからこういうことが起こるのではないかと思われる．

帰無仮説が絶対に間違っていると決まったわけではないと主張する人もいるかもしれない．しかし，帰無仮説をパラメータ $\theta = \theta_0$ とする場合，θ が小数以下任意の桁数まで θ_0 と一致することがありうるのは，帰無仮説が理論的に説明できる仮説の場合である．棄却する nullify ことを前提として仮におく帰無仮説ではこのようなことは起こりえない．

いずれにしても，以降の説明で必要なのは帰無仮説が真である場合はきわめてまれであるということだけであって，その可能性がゼロであると主張するものではない．

4.1.3 有意水準

帰無仮説 H_0 が有意であるかどうかを決めるために，得られたデータが H_0 を基準としてどれほど極端かを示す値として p 値（有意確率ともよばれる）がある．p 値とは，H_0 が真のもとでそのデータよりも起こりそうもないデータがどれほどの割合で出現するかを示す．この割合は，統計量（データから計算される値のこと，例えば，t 統計量，F 統計量，χ^2 統計量）の分布によって決められる．かつては，統計的検定といえば，t 分布などの数表を見ることを連想したものであるが，いまでは，p 値はコンピュータが計算してくれる．有意水準 0.05 とこの p 値を比べて p 値が有意水準よりも小さければ，帰無仮説を棄却するという手続きをとる．しかし，有意水準を 0.05 と誰が決めたのであろう（有意水準を，0.01 とする場合も多いが，ここでは 0.05 を典型的な例とする）．実は，現在の主流の考え方（ネイマン-ピアソン流）でも有意水準は問題に応じて適当に決めてよいとされている．例えば，統計的仮説検定の標準的な教科書 (Lehmann, 1969) の翻訳の 69 ページには以下のような記述がある．

「有意水準としては，0.005, 0.01, 0.05 のようないくつかの標準的な値のうちの一つを選ぶのが習慣になっている．このような標準化はある程度便利では

ある．それによって，種々の検定を行なうときに必要ないくつかの数表の大きさを減らすことができるからである．このことを別にすれば，有意水準としてこれらの値を選ぶ何ら特別の理由はないようである」．

0.05 や 0.01 にこだわったのは有名な統計学者フィッシャーであるように思える．ネイマン-ピアソン流が，仮説検定を決定と捉え，仮説検定の手続きを曖昧さのないすっきりした形に整理した．それが現在の仮説検定の人気の秘密であろう．それに対し，フィッシャーの考え方は研究者が大事にしている仮説を評価しようという姿勢が汲み取れるが，フィデューシャル確率の考え方などに曖昧さが残る．フィッシャーの考え方においては仮説の評価は背理法もどきによってなされる．ある仮説 H が正しければ，あるデータ D が得られる．しかし，D は得られなかった．このとき，われわれは仮説 H は間違っていると結論してもよい．フィッシャーはこれを確率的な現象に適用した．ある仮説 H が正しければあるデータ D がほぼ確実に得られる（ほぼ確実にとは .95 の確率で，あるいは .99 の確率でという意味である）．しかし，D は得られなかった．このとき，仮説 H は真ではないと結論するのである．このような擬似背理法においては当面する決定問題ごとに有意水準を決めるのはなじまない．結論を導くロジックの要素として，有意水準を考えたものであろう．ともかく，その出所や根拠が何であれ，0.05 や 0.01 という数字が一人歩きするのはおかしいと思う人も多いだろう．

4.1.4 仮説検定の結果の統合

仮説検定を何回も行なった場合，その結果はどのように統合されるのか？帰無仮説検定では，個々の仮説検定の結果を効果的に統合する手段をもたない．いま，ある理論から 100 通りの仮説を考え出し，それぞれデータを取って確かめたとしよう．このとき，100 回のうち，6 回有意な結果を得たとしよう．この結果は，問題とする理論に対して確証の方向を示しているのか，あるいは，反証しているのだろうか．

例えば，日本には血液型と性格が関連するという理論が存在するようである．通俗的だから即間違いというわけではないが，いずれにしてもこのことを主張するためには証拠が必要である．血液型と性格に関連があると主張する立場か

コラム 4.1

確率的な言明に関する仮説

　データによって仮説の反証はできるが検証はできないと言われることがある．しかし，データによって仮説を反証するということも，単純に考えるほど，簡単なことではない．8割のからすは黒いというような確率的な仮説であれば，さらに問題は複雑になる．降雨確率予報が0.9であっても，雨が降らなかった場合に，天気予報が外れたといってよいのかどうかという問題がある．人文科学の場合は人間を相手にするだけに，例外のないルールはないといってよいほどで，このような仮説を確証したり，反証することは難しく，論理的に矛盾する仮説が平気で共存していたりする原因となっている．このような仮説を確証あるいは反証するに際し，母集団における割合（確率）をπとおき，$H_0 : \pi = 0$として，この仮説を有意性検定にかける人は少ないであろう．このような仮説に対しては，本文にあげた区間推定的な考え方が有効であるように思われる（ただし，ベイズ的に解釈することが必要であるが）．

ら，血液型とある種の職業（例えば，衆議院議員，長距離ランナー等々）とは無関係ではないということが二つの質的変数の独立性の検定によって確証されたという主張には注意を要する．しかし，職業は数多くある．「数打てば当たる」で，もともと血液型と性格に関連がなくても，100回やれば五つ程度の有意な関連を見出してもそれはむしろ当然であるから，いくつの職業について検定を行い，そのうち，いくつの結果が有意であったかを確かめなければならない．

　もともと，理論の裏づけのないデータに対しても，統計的検定はある程度の数の有意な結果を得ることをコンピュータ・シミュレーションで確かめた研究がある (Freedman, 1983; Raftery, 1995)．コンピュータによって発生した乱数をデータとする．100人の被験者について，50の予測変数（独立変数）と一つの従属変数が得られたと想定するが，実は，すべてが独立な乱数である．このデータに重回帰分析を行なう．その結果は，決定係数（重相関係数の2乗）が，0.6，そのp値は0.09であった．また，50の予測変数の偏回帰係数のうち，有意水準5%で有意な変数は七つあった．本来まったく関係がない変数でもこれだけの有意な数が出現する．有意性検定を絶対視する場合，これらの変数と従属変数との因果関係を考えなければいけないことになる．

乱数データに対し，2段階で分析をするともっと困った事態が起こる．同じデータにおいて，有意水準を.25として，有意な変数を選択すると21の予測変数が残った．これらの予測変数だけで重回帰分析を行なうと，決定係数0.5，p値は0.00001，また，有意水準5%で有意な変数は21個のうち14個であった．もともと互いにまったく関係がない変数であるからこの結果は驚きである．

この例は人工的な特別な事態であると思われるかもしれないが実際にも起こりうる．調査によって研究する場合に，まず予備調査を行なって，基準をよく識別する項目を t 検定や分散分析を使って選択することがある．選ばれた項目によって尺度をつくり，予備調査とは異なる被験者を集めて本調査を行なう．これならば問題はない．しかし，予備調査によって尺度をつくり，かつ，その尺度をそのまま用いて予備調査のためのデータを仮説の検討のためにも使うならば，本来因果関係や構造のないデータから統計的に有意な結果を得る可能性が高くなる．予備調査と本調査を兼ねることは危険である．

4.2 問題の対策

批判するのは往々にして容易だが，それだけでは意味がない．問題は統計的仮説検定をどうするかについて，効果的な対策を講じることができるか，あるいは，それに代わる方法論を提供できるかである．まず，通常の統計学の枠組みにおいて，従来よく言われている対策を考えてみよう．

帰無仮説の意味付け　帰無仮説を研究仮説に対応させる．これはよい考え方である．帰無仮説検定は，帰無仮説を否定することによって研究仮説を支持するというある意味でひねくれた方法である．帰無仮説を，無に帰してもよいような虚無的な仮説とせず，研究仮説に対応した，データによって支持されればうれしい仮説として設定する．通常の帰無仮説検定を消極的仮説検定，研究仮説を統計的仮説とする方法を積極的仮説検定ということがある (Hagen, 1997)．この場合は，測定誤差を小さくしたり，被験者の数を大きくすればするほど，仮説（モデル）は採択されにくくなり，研究仮説をさらに精選しなければならなくなる．

ただし，この現象もいいことばかりではない．調査データから心理学的概念

による因果関係を確認する手法として共分散構造分析（構造方程式モデル）が流行しているが，この分析では因果モデルは帰無仮説ではなく，研究仮説である．したがって，被験者をたくさんとるほど研究仮説がとおりにくくなるが，これも問題である．

p 値の活用　仮説検定を行なう場合，有意水準による仮説の採否のみにとらわれず，p 値の意味を考える．すなわち，データが仮説からどの程度離れているか，データが仮説に反駁する程度の指標として p 値を報告する．p 値が小さいほど仮説とデータの相性は悪い．先に述べた積極的仮説検定では p 値の活用に一定の意義がある．ただし，p 値は仮説とデータの距離のみの正直な関数ではなく，被験者の数によって大きく影響されることに留意すべきである．

区間推定　帰無仮説検定ではなく，パラメータの区間推定を用いる．95% 信頼区間は，有意水準 5% で採択される仮説の集まりである．データを取る前に仮説を定めておき，データによって採択か棄却かを決める方法にはなじまないが，データを取った後で事後的に仮説を評価する手段としては一定の意義がある．逆にいえば，（帰無）仮説を先に定めてそれを採択するか棄却するかを決める場合には通常の仮説検定と区間推定とは同じ結論しか生じない．

平等に扱う検定仮説　帰無仮説と研究仮説（対立仮説）をある意味で同じレベルのものとする．通常の仮説検定では，（帰無）仮説が単純仮説（パラメータがある特定の値を取るという仮説），あるいは，それを若干緩めた仮説（複数のパラメータの関数がある一定の値を持つという仮説）であり，それに代わりうる対立仮説は，（帰無）仮説で特定されない任意の値（無限にありうる）をとることができる．これでは最初から勝負にならないともいえる．自然科学では理論的に正当化される仮説は，測定精度を高めても相変わらず支持されることが期待できる．しかし，すべての事象が関連し，個人差が顕著であり，かつ，測定誤差が大きい人文社会科学では，帰無仮説がもし本来正しいとしても帰無仮説が棄却されることはまず間違いがない．このような事態を避けるためには，あらかじめ理論的に整理し，検討したい仮説を比較可能なレベルの二つの仮説に整理しておくべきであろう（一般的には二つとは限らず，三つ以上でもよい）．同じレベルとか，比較可能なレベルとは厳密に定義していないが，例えば，あるパラメータ $\theta=0$ であるという仮説に対して，対立仮説 $\theta=10$ を

検定すればよい．あるいは，仮説 $\theta \geqq 0$ に対して対立仮説 $\theta < 0$ を考えればよい．少なくとも無限個の可能性と1個の可能性を比較すべきではない．

調査データから因果関係を確認したい共分散構造分析の場合も，あらかじめ複数のモデルをつくり比較すべきであろう．積極的仮説検定であれ，消極的仮説検定であれ，仮説が単純仮説対無限仮説では測定精度を高めれば検定の結果はおのずとあきらかである．

多重比較　多重比較とは，分散分析において，三つ以上の平均に統計的な差があるとわかった場合に，そのいずれの対において有意な差があるかどうかを検討する方法として知られていることが多い．しかし，多重比較は，同一の問題状況において，何回も検定を行なう場合に起こる問題を処理する方法であり，本来，分散分析とは独立な検定方法である．すなわち，多重比較は分散分析の補助的な方法ではなく，先に述べたように，同一の理論を検証するために100の検定を行なう場合の方法である．それでは，多重比較の考え方によって，たくさんの検定を行なう場合の問題を解決できるであろうか．必ずしもそうとはいえない．例えば，100回の統計的検定の企てに対し，多重比較の問題として有意水準を調整し，100回の検定全体で少なくとも1回以上第1種の誤りを起こす確率を統制したとしよう．こうすると偶然に起こる"有意な"結果を過剰に解釈することを避けることができる．しかし，今度は次のようなことが起こる．例えば，この理論が正しく，100の仮説すべてがp値0.02の水準で，データによって裏づけられるとしよう（ここでは帰無仮説が棄却されることを研究仮説の支持とみなすことを前提としている）．この事実は常識的に見て当該の理論の強力な支持となると思われる．しかし，多重比較の考え方によって，100回の検定全体の第1種の誤りを統制しようとすると，例えば，個々の検定では有意水準を0.0005とすることになる．この場合，理論から導かれた100の仮説はことごとく支持されない．伝統的な仮説検定は一つ一つの検定が切り離された決定であり，仮説間の関連性については考慮されていないことが問題なのである．

対策の限界　以上の対策によってある程度まともな対応が可能になったように思われる（ただし，多重比較は先に示したような理由であまり解決になっていない）．しかし，それでもなお，現在普通に使われる伝統的方法自体に内

在する欠点は残る．すなわち，仮説を採択するか棄却するかの二者択一的な決定のためのルールを，将来のデータを見通して構成する伝統的方法は，再現性のあるデータによる仮説評価の積み重ねと統合に適していない．

以降では，基本的な考え方を変えて，得られたデータに依拠して仮説を評価する方法を説明する．この方法は，データによって，それぞれの仮説を確証するか，反証するかを確率的に評価する．この評価は確証か反証かの二者択一的なものではない．ここで，仮説の性質についてコメントしておく．これらの仮説は，モデルのパラメータに関する言明の場合もあるし，将来の観測値に関する言明の場合もある．統計的仮説検定は母集団に関する言及に限るという研究者もいるが，ここ以降ではそのような制限は設けない．抽象的な枠組みで前提条件から演繹的に導かれることなどや既知のこと以外の，およそわからないことのすべてが仮説である．

4.3 ベイズ的アプローチ

4.3.1 確率の基本的性質

仮説の検証（確証あるいは反証）に対して伝統的な方法と本質的に異なるアプローチがある．このアプローチはベイズ的アプローチといわれるが，そもそも確率をどのように考えるかという点においてこの方法は異なっている．

伝統的な統計学でいう確率は，何回の試行中，何回ある事象が起こったかという頻度に由来する．有意性検定で使われる確率（第1種の誤りの確率，有意水準，p値など）はすべて頻度に基づく客観確率である．このような具体的試行に基づかない確率もある．古典的確率と主観確率である．古典的定義はラプラス (Laplace, 1820) によれば，

「確率とは，すべての可能な場合の数に対する好都合な場合の数の比である（ラプラスの確率法則の第1原理）」

このような定義は古典的定義とよばれる．ラプラスは確率を科学に適用するに際して，まさにベイズ的なアプローチをとっている（例えば，Laplace, 1820）．しかし，日本では，上記の定義だけが有名になり，この定義の機械的でナイーブな面が強調されすぎているようである．いずれにしても，ラプラス

の上記の定義は,各個人の主観的な判断ではなく,論理的なニュアンスがあり,実際この流れはラプラス以降,ケインズ (J. M. Keynes), カルナップ (R. Carnap) などを代表とする論理派の流れをつくった.この流れでは,確率を帰納論理の道具として,客観的な数値を確率に付与することが重要であった.

しかし,すぐわかるように,上記ラプラスによる確率の定義は論理的に見えて恣意的である.例えば,つぼの中に果物か野菜が入っているとしよう.それ以上の知識は何もないとき(理由不十分の原理とよばれる),古典的定義に従ってそれは果物である確率は 1/2 となる.しかし,果物として,すいか,桃,ぶどうの可能性があり,野菜として,にんじんとかぼちゃの可能性があると言われたら,つぼの中のものが果物である確率は 3/5 に変わるのであろうか.

このような素朴な反例もあり,現在のベイズ的アプローチでは論理的な確率ではなく,意思決定行動に基づく確率を用いることが多い.確率を帰納論理としてではなく,個人の行動から由来するものとした場合に,その確率は,主観確率とよばれる.その確率が何故,コルモゴロフの公理系を満たす数学的確率であるかを以下に示す.以下の説明は若干面倒であり,意思決定行動に基づく確率も首尾一貫性を仮定する場合,数学的確率となることを認めるならば,以下の説明を読まないで省略してもよい(以下の説明は Howson & Urbach (1993) に基づく).また,以下の説明は,賭を題材としているが,不確定な状況における意思決定はすべてがある意味で賭であり,以下の説明は人間行動一般に適用できるものである.

合理的な意思決定のための確率が数学的確率であることを証明するために,あなたが公平であるとみなす賭を想定する.賞金を S (Stake) とする.ある仮説 H が正しい場合にのみ S(たとえば 1 万円)もらえる.もし間違えれば何ももらえない.この賭に参加するために Sp 円払うことを公平であるとしよう(公平とは,この額より大きい値を要求されればこの賭に参加しない,また,もし,この値より小さければこの賭に参加するという意味である).この p を賭指数とよぶことにするが,これが主観確率であり,数学的な確率である.以下に理由を示すが,もし,p が数学的確率でなければ,この賭はもはや公平ではなくなるからである.公平でない場合,常に勝つ賭(くじと考えてもよい)や常に負ける賭(あるいはくじ)を設定することができる(このような賭

を「ダッチブック」という).

[性質1]　$p \geq 0$ である.

　(証明)　$p = -d < 0$ とする ($d > 0$). このとき, H が真であれば, そのとき利得は $S(1+d)$, 偽であれば Sd, 常にこのくじは買ったほうがよいことになり, 公平であるという前提がくずれる.

[性質2]　H は常に真であるトートロジーであるとする (たとえば, 任意の仮説を G, $\bar{G}$ をその否定とするとき, $G \vee \bar{G}$ はトートロジーである. $G \vee \bar{G}$ は仮説が真であるか偽であるかどちらかであることを意味する. この場合の H は, $G \vee \bar{G}$ にあたる). このとき, $p = 1$.

　(証明)　$p < 1$ とする. H は常に真, ゆえに常に $S(1-p) > 0$ の利得を得ることになる. よって公平であるとはいえない.

[性質3]　仮説 H_A と H_B は相互に背反であるとする. H_A に関する賭の参加料を Sp (p が賭指数), H_B に関する賭の参加料を Sq とする. また, $H_A \vee H_B$ に関する賭の参加料を Sr とする. このとき, $r = p + q$.

　(証明)　H_A と H_B に関する賭に, 同時に参加するとき利得は表 4.1 となる.

これは, あきらかに, 表 4.2 と同値である.

また, $H_A \vee H_B$ に関する賭の利得は $H_A \vee H_B$ が真のとき, $S(1-r)$ を受け取る. $H_A \vee H_B$ が偽のとき, Sr を払う. これは公平な賭なので, 逆に, $H_A \vee H_B$ が真のとき, $S(1-r)$ を払う ($-S(1-r)$), また, 偽のときには, Sr を受けとるようにしても公平である. H_A と H_B に関する賭を同時に行なう賭 (表 4.2) とこの賭を一緒に行なうとすると $H_A \vee H_B$ が真のとき, $S(1-(p+q)) - S(1-r) = S(r-(p+q))$

表 4.1　H_A と H_B に関する賭

H_A	H_B	
真	偽	$S(1-(p+q))$
偽	真	$S(1-(p+q))$
偽	偽	$-S(p+q)$

表 4.2　$H_A \vee H_B$ に関する賭

$H_A \vee H_B$	
真	$S(1-(p+q))$
偽	$-S(p+q)$

表 4.3　同時に行なう賭

$H_A \vee H_B$	
真	$S(r-(p+q))$
偽	$S(r-(p+q))$

を得る．また，$H_A \vee H_B$ が偽のとき $-S(p+q)+Sr=S(r-(p+q))$ を得る（表4.3）．ゆえに，$r=p+q$ でなければ $H_A \vee H_B$ が真か偽かにかかわらず常に勝つか（$r>p+q$），常に負ける（$r<p+q$）ことになるので，$r=p+q$ でなければならない．

以上によって，次のことが確かめられた．
a) $P(H) \geq 0$
b) $P(H \vee \bar{H}) = 1$
c) H_A と H_B が背反のとき $P(H_A \vee H_B) = P(H_A) + P(H_B)$ が成立する．

これで数学的確率の基本的な性質は確認された*．

4.3.2 条件付確率

ベイズ的な考え方を使うには，上記の性質だけでは十分ではない．データによる確率の学習を扱うには条件付確率が必要である．条件付確率は普通の統計学の教科書では定義であるが，公平な賭に関する公理（公平でなければ必勝あるいは必敗の賭をつくることができる）から導くことができる．

[性質4] H_A かつ H_B（$H_A \wedge H_B$ と書く）と，H_B に関する賭指数を q と r とする．また，H_B が真であることを条件として $H_A \wedge H_B$ に関する賭に参加するときの賭指数を p とするとき，

$p = q/r$．

（証明）賞金 r で「H_A かつ H_B が真」に賭ける．また，賞金 q で「H_B が偽」に賭けるとする（賞金 q で賭指数が r とは，H_B が真のとき $q(1-r)$，偽のとき $-qr$ を意味する．H_B が偽に賭けるとは，この符号を逆転することを意味する）．やや複雑であるが，これまでのルールを適用

表4.4 同時に行なう賭

$H_A \wedge H_B$	H_B	
真	真	$r(1-q/r)$
偽	真	$-q$
偽	偽	0

表4.5 条件付賭

$H_A \wedge H_B$	H_B	
真	真	$r(1-p)$
偽	真	$-rp$
偽	偽	0

---

* 相互に背反な仮説 $H_1, H_2, H_3, \ldots$ に関しても加法性が成立することを証明するには新しい公理が必要であるが，本章での議論にはこれで十分である．

する．$H_A \wedge H_B$ が真のときには

$$r(1-q)-q(1-r)=r-q=r(1-q/r) \tag{4.1}$$

となる．同様に，$H_A \wedge H_B$ が偽かつ H_B が真のときは，

$$-rq-q(1-r)=-q \tag{4.2}$$

となる．$H_A \wedge H_B$，H_B がともに偽のときには，

$$-rq+rq=0 \tag{4.3}$$

となる（表 4.4）．

しかるに，H_B が真のときに限って，$H_A \wedge H_B$ に関するこの賭に参加するとき，賞金 r の賭の公平な賭指数を p とすると，そのときの利得表は表 4.5 となる．上記二つの利得表は同じでなければならず，$p=q/r$ となる．すなわち，この状況は H_B が真であることを条件として H_A の真偽を問う場合であり，$(H_A|H_B=$真$)$ と書くと，

$$P(H_A|H_B=\text{真})=\frac{P(H_A \wedge H_B)}{P(H_B)} \tag{4.4}$$

となる．

H_B が真であることをデータ D（Data の頭文字と考える），H_A は仮説 H（Hypothesis）として，書き直す．すなわち，

$$P(H|D)=\frac{P(H \wedge D)}{P(D)} \tag{4.5}$$

このとき，逆に

$$P(D|H)=\frac{P(H \wedge D)}{P(H)} \tag{4.6}$$

も成立するので，上式を変形して，次の「ベイズの定理」を得る．

$$P(H|D)=\frac{P(D|H)P(H)}{P(D)} \tag{4.7}$$

H が仮説で D がデータのとき，$P(D|H)$ が決まれば $P(H|D)$ を求めることができる．

ただし，上記の導きは，ある時点において同時に，H かつ D，および D について評価したものであり，同一時点の整合性のみを問題としている．時間的前後関係や，データ（D）が得られる前と後では判断が異なることもありうる

という反論もあるが，この条件付確率は「DかつH」とDの真偽を判断する時点とDを得た時点での知識の差が単にDが得られたことのみであるならば，Dを得たことによるHの真偽に対する確信の度合いの変化を表す式として認めてよいであろう．

$P(H|D)$はデータを得た後の評価を示すもので，その意味で事後確率 posterior probability とよばれる．ここで，$P(D)$は，次のように表現できる．

$$P(D)=P(D|H)P(H)+P(D|\bar{H})P(\bar{H}) \tag{4.8}$$

これに対して，データによって更新される以前の$P(H)$や$P(\bar{H})$を事前確率 prior probability という．ベイズの定理は，仮説Hが真のときデータDが生起する確率をあらかじめ知っていれば，仮説Hを真とする確率が，事前確率から事後確率へ更新されることを意味する．これは，人間の認知の仕組みから見てもきわめて自然なプロセスである．

データが連続的（連続的なデータをxとおく）でかつ知りたい対象も連続的（連続的な未知のパラメータをθとおく）である場合，その特定の値の確率を論ずることはできないので，起こりやすさの程度を示す密度関数によって事後確率密度関数を導き，この関数によって任意の領域の確率を計算することになるが，考え方としては，ベイズの定理は (4.7) で十分である．念のため，連続変数の場合のベイズの定理を示す．

$$p(\theta|x)=\frac{p(x|\theta)p(\theta)}{\int p(x|\theta)p(\theta)d\theta} \tag{4.9}$$

これで，いかなる仮説でも，個々のデータが発生する確率を定義しておけば，そのデータによって仮説が正しい確率を評価できることがわかる．いくつかの例題をやってみよう．

例 4.1 ファックス番号の間違い

10回に1回は間違い電話をかけてしまうあわてものでも，ファックスを送信した場合は間違えたかどうかをまず気にしない．このことは合理的ではないように見えるが，どうであろう．Hを正しくダイアルしたこと，$\bar{H}$を間違えたことを示すとする．この場合，ともかくファックスが送信できたという事実

があり，それをデータ D として，D を得た後に H が真である確率を評価する．すなわち，ベイズの定理によって，

$$P(H|D) = \frac{P(D|H)P(H)}{P(D|H)P(H) + P(D|\bar{H})P(\bar{H})} \tag{4.10}$$

となる．このとき，値が知られていないものは，事前確率 $P(H)$，$P(D|\bar{H})$ である．この値は，自分の過去の経験からだいたいの値がわかる．この場合は，$P(H) = 9/10$，$P(\bar{H}) = 1/10$ とする．いま，ファックスを送る地域の3%がファックス専用の電話番号だとすると，$P(D|\bar{H}) = 0.03$ と考えられる．一方，$P(D|H) = 1$ である．このとき，正しくファックスが相手に届く確率は，上式より，900/903 となる．

例4.2 p 値と仮説が正しい確率

帰無仮説検定で，p 値が 0.05 であった．このとき，対立仮説が正しい確率は 0.95 であると考えてよいだろうか．

$p = 0.05$ という p 値を生じるデータを D とする（D は棄却域のようなものと考える）．$P(D|H_0) = 0.05$．このとき，対立仮説が正しい確率は，$P(D|H_1) = \pi$，$P(H_0) = P(H_1) = 1/2$ とすると，

$$\begin{aligned} P(H_1|D) &= \frac{P(D|H_1)P(H_1)}{P(D|H_1)P(H_1) + P(D|H_0)P(H_0)} \\ &= \frac{\pi}{\pi + 0.05} \end{aligned} \tag{4.11}$$

となる．$\pi = 0.95$ という特殊な場合しか，$P(H_1|D) = 0.95$ にならない．

具体的に考えよう．帰無仮説を，正規分布の平均が0，すなわち，$H_0 : \theta = 0$，対立仮説 $H_1 : \theta = 0.1$ とする．分散 $\sigma^2 = 1$，被験者の数 $n = 100$，平均を $\bar{x}$ とするとき，D は $(\bar{x} \geq 1.65/\sqrt{100})$ である（$P(D|H_0) = 0.05$）．また，$P(D|H_1) = 0.26$ となる．すなわち，$P(H_1|D) = 0.84$ となり，0.95 ではない．

しかし，実際に得られるデータ D は範囲ではない．例えば，証拠とすべきデータは $\bar{x} = 0.165$ という数値そのものであり，H_0 により矛盾する観測値全体ではない．0.165 という数値を，0.165 以上の値をとる範囲にあるとおきかえることは，H_0 に不利であり，H_1 に有利である．その理由を探るために，測

定誤差がかなりある二つのはかりを考える．はかり A は，0.165 以上の目盛りを持たず，0.165 以上の値はいつも 0.165 と表示する．はかり B は，通常のはかりである．このとき，0.165 という観測値を p 値に置き換えるのは，通常のはかり B で得られた 0.165 という値をはかり A で得られたものと解釈することに相当する．はかり A で得られた 0.165 のほうが，H_0 を棄却する力が強いことは容易にわかる（本来の目盛りは $x=3$ とか $x=4$ 以上であったかもしれないではないか）．$\bar{x}=0.165$ というデータによって $P(H_1|D)$ を評価してみよう（$D=\bar{x}$）．$P(D|H_0)$，$P(D|H_1)$ は評価できないので，相対的な比較のために，その密度を求める．$p(D|H_0)=10.23$，$p(D|H_1)=32.30$ を (4.11) 式に代入すると，$P(H_1|D)=32.30/42.53=0.76$ となる．逆に，得られたデータ $\bar{x}$ が非常に大きいときに，ある範囲（棄却域）にあるデータの一つと考えることは，$P(H_1|D)$ を過小評価することになる．

例 4.3 遺伝の確率

血友病は遺伝性の病気である．血友病の弟を持つ女性が二人の健康な男児に恵まれている．このとき，この女性が血友病の遺伝子を持っている確率はいくらか (Gelman et al., 1995)．

必要とされる背景知識は次のようなものである．女性は (X, X) 染色体，男性は (X, Y) 染色体をもつ．血友病の原因になる遺伝子は X 染色体に載る劣性遺伝子である．すなわち，その遺伝子の載っている染色体を X^+ とすると，女性は，(X^+, X) では発病せず，男性は (X^+, Y) で発病する．

この女性の夫は健康であると思われるが，この確率計算には関係がない．弟が発病しているので，この女性の母親の遺伝子の一つが X^+ であることがわかる．彼女がキャリアーである（Carrier, C とおく．そうではないことを $\bar{C}$ とする）確率は，$P(C)=1/2=P(\bar{C})$ となる．ここで，二人の健康な男児をデータ D とすると，C の事後確率は次のようになる．

$$P(D|C)=0.5^2 \tag{4.12}$$

$$P(D|\bar{C})=1 \tag{4.13}$$

$$P(C|D)=\frac{P(D|C)P(C)}{P(D|C)P(C)+P(D|\bar{C})P(\bar{C})}=\frac{1}{5} \tag{4.14}$$

なお，この女性が3人目の健康な男児を得た場合この確率はどう変わるか．最初の2児を得た後の事後確率を事前分布として，この確率を評価することができる．「昨日の事後分布は今日の事前分布」といわれるように，次々と得られるデータの情報によって，知識を更新することはベイズ的アプローチの得意とするところである．

4.4 仮説の評価とリンドレーのパラドックス

ベイズ的アプローチによれば，仮説の評価は主観確率によってなされる．主観確率を導いた過程からもわかるように，主観確率は，状況に依存した意思決定と関係がある．先に述べたように，また，後でも触れるが，この仮説は，統計モデルの母数に基づいた通常の統計仮説とは限らない．明日雨が降るという仮説でもよいし，来週，株価が100円以上上がるというのでもよい．あるいは，次の首相に関する仮説でもよい．このような仮説の評価は，その人のとるべき行動の決定と結びついている．

ベイズ的アプローチは，データからの情報と事前の知識を両方合わせた評価である．データを積み重ねれば積み重ねるほど，データの持つ情報の影響力が強くなり，個々人の持つ事前の知識の差異を縮小する客観的な数値となる．

さて，事後確率による仮説の評価はどのような性質を持っているであろうか．興味深いことに帰無仮説検定とはまったく逆の傾向を示すことが知られている．事後確率によって帰無仮説を評価してみよう．帰無仮説は実数パラメータ θ のうち，特定の値 θ_0 をとるものであるとする．

データが連続分布（例えば正規分布）に従って分布している場合，帰無仮説を真とする確率は次のように表すことができる．

$$P(H_0|x) = \frac{\pi p(x|\theta_0)}{\pi p(x|\theta_0) + (1-\pi)\int p(x|\theta)p(\theta)d\theta} \qquad (4.15)$$

ここで，$p(x|\theta)$ はモデルの密度関数，π は H_0 を真とする事前確率である．本章の目的は統計のロジックを問うことであり，ベイズ的な考え方を追うためならば数式は無視してもよい（本章の以降の数式も念のため確認したい読者の

ためであるので数式がなくても理解できるように説明するつもりである).

簡単のために,母集団の分布が分散=1であることがわかっている正規分布に従っているとしよう.この母集団からの無作為抽出標本によって母集団の平均 (θ) に関して,帰無仮説 $H_0: \theta=0$ と対立仮説 $H_1: \theta \neq 0$ に対する仮説検定を行なうとしよう.また,この100個の観測値の平均が $0.196=1.96/\sqrt{100}$ であったとしよう.まず,一般的伝統的な方法による場合を考えてみよう.有意水準を0.05とすると,この結果はぎりぎりで有意となる.それでは,1万人のデータにおいて,平均値が $1.96/\sqrt{10000}=0.0196$ である.このようにかなり0に近い平均値を得てもやはり結論は同じく帰無仮説は棄却され,対立仮説が採択される.数学的には,n を任意に大きくし,限りなく平均値が0に近づいても同じことが起こる.

一方ベイズ的立場によれば,被験者の数を n として,平均 ($\bar{x}=1.96/\sqrt{n}$) のとき,帰無仮説を真とする確率は次のように計算される.$\pi=P(H_0)=P(H_1)=0.5$ とする.

$$P(H_0|\bar{x}) = \frac{\pi p(\bar{x}|\theta=0)}{\pi p(\bar{x}|\theta=0)+(1-\pi)\int p(\bar{x}|\theta)p(\theta)d\theta}$$

$$= \frac{\exp(-\bar{x}^2/2)}{\exp(-\bar{x}^2)+\sqrt{2\pi}/\sqrt{n}} \qquad (4.16)$$

計算結果の一部は表4.6のようになる (Lindley, 1957).この表によって帰無仮説を真とする確率が優勢になることがわかる.測定の精度を高めれば帰無仮説は棄却されるという事態は避けられる.この二つのアプローチの矛盾はリンドレーのパラドックスとよばれることがある(このパラドックスは元来は Jeffreys (1961) による.そのため,リンドレー自身はジェフリーズのパラドックスということを提唱しているが,依然としてリンドレーのパラドックスとよばれることが多い).リンドレーのパラドックスはこれで一件落着というわけではない.n を無限大とすれば,ベイズ的アプローチでは逆に確率1で帰無仮説を採択することになり,

表4.6 H_0 を真とする事後確率

n	$P(H_0|\bar{x})$
10	0.156
100	0.369
1,000	0.649
10,000	0.854
100,000	0.949

= コラム 4.2 =

方向を誤った心配

　ガンはすべての人の心配ごとである．ところで下の表をみてほしい．これから，つかえ感，狭窄感（現象D）から食道ガン（原因H）の確率$P(H|D)$が高いと直ちに推論できるだろうか．もちろん否である．この表は食道ガンのときつかえ感や狭窄感が出現する確率$P(D|H)$だから，上の推論（心配）は方向がまさに逆ではないか．これだけでは何ともいえないのである．こういうことは日常よくあるのに人はあまり気づかない．ラプラスが考え出した現象から原因のこの確率$P(H|D)$を「逆確率」というが，実際問題，統計学はデータを見てから現象の原因を探求していくから，この逆確率こそ統計学や人間精神にピタリの確率である．ラプラス以降忘れられたが，歴史的にここで確率の本筋をふみ間違えたのかもしれない．現在の統計学の論理がどこぞことなくわかりにくく，固いのもあながち学ぶ人間のせいだけではない．

　「逆確率」はベイジアン（ベイズ的）の考えでは「事後確率」というのだが，となるとベイジアンこそ人間の論理と行動の世界を表しているといえよう．あまり本格的とはいえないが，最近はゲーム理論でも「ベイズ・ナッシュ均衡」という戦略が提唱されている．なるほど，相手の手を見てから相手の意図，性格，手の内を思い測る（戦略読み）のであって，最初から相手がわかっていてこういう手をとるだろうというのでは，占い師の憶測と大差ないことになる．

　ベイジアンの復興は2世紀ぶりのラプラス・ルネッサンスというべき歴史的なもので，統計学が久しぶりに実践の正道に戻りつつあることの証拠である．

食道ガンの症状（1974）

症例	症状数	(%)
なし	15	(1.9)
胸痛・胸骨後痛	73	(9.2)
つかえ感，狭窄感	319	(40.1)
異物感，異常感	37	(4.7)
嚥下困難	281	(35.4)
嘔気・嘔吐	11	(1.4)
食欲不振	5	(0.6)
るいそう	2	(0.3)
その他	40	(5.0)
不明	11	(1.4)
計	794	(100.0)

飯塚：全国食道がん登録調査報告（国立がんセンター）

これも具合が悪い．先にも述べたが，ある意味で同じレベルの仮説を比較していないからこのような事態が起こるものと考える．ベイズ的アプローチにおいて，帰無仮説を真とする確率を π とおく根拠を先に述べたが，このことによって，帰無仮説が有利になっていると考えられる．

4.5 ベイズ統計学の実践

ベイズの公理を積極的に使う統計的アプローチをベイズ統計学という．もっと一般的に言えば，データのよって来る所以をモデル化した分布について，数学的確率を用いてその不確かさを評価するアプローチである．

ここまでは，ベイズ的アプローチによる仮説評価について一般的な説明の仕方をしている．ここからは，通常の統計的仮説検定という状況において仮説評価を考える．統計学では，正規分布を代表として，観測値に関する統計分布モデルに基づき問題の現象に対して推論する．ただし，正規分布が代表的であるとしても正規分布だけで解決するわけではない．統計学の課題は，結局のところ，信頼できるデータ発生モデルを見出すことである．統計モデルは，個々の事例を100%説明することをあきらめ，多くの事例に対して確率的に適合していることで十分とするモデルである．

ベイズ統計学を実際のデータ分析のために用いる場合，通常，次のようなステップをとる．まず，ある問題意識を持ってデータを集める計画を立てることから統計的作業が始まる．

実験や調査を計画する　知りたいと思うことに対して，もっとも効率的に情報を与えるように実験や調査を計画する．また，関連する情報を集めておく．関連する情報は，共変数として観測される．分析しやすいモデルをつくるためにも，これらのことが必要である．

モデルをつくる　データを x とする．そのデータの持つ情報だけではなく，ありえたかもしれないデータ全体について，あるいは，将来得られるデータについても推論するためにモデルをつくる．そのモデルは，可能性のあるすべてのデータ $\tilde{x}$ に関する確率密度関数である．モデルの候補を一つに絞ることができない場合，複数のモデルを想定する．m 個のモデルを $p(x|\theta_1), p(x|\theta_2), \cdots,$

$p(x|\theta_m)$ とする. また，各々を $M_1, M_2, \cdots, M_m$ とおく.

モデルを評価する　　データに照らし合わせてみて，はたしてモデルが妥当であったかどうかを調べる．一つのモデルだけをつくった場合には，モデルとデータの適合度が満足すべきものであるかどうかを評価する（モデルチェック）．複数のモデルをつくった場合には，個々のモデルの適合度を評価すると同時に，各モデルのうちどれがもっとも妥当であるかどうかを評価する（モデル選択）．

モデルが満足できるだけの妥当性をもつ場合，あるいは，もっとも妥当なモデルを選んだ場合，その特定のモデルの未知の部分であるところのパラメータに関して推論する．

パラメータについて推論する　　パラメータに関して推論する場合，そのパラメータがどのような値であるかを推論する場合と，パラメータに関する仮説を想定し，その仮説が真か偽かにのみ関心がある場合の二つを考える．前者は一般に統計的推定問題とよばれ，後者は統計的検定問題とよばれる．

将来の値を予測する　　将来の観測値を予測することを考える．もし，真のパラメータがわかっていれば，その値を使って予測分布をつくることができる．しかし，その値はわかっていないので，推定せざるを得ない．この推定の不確定性を考慮して，予測分布はつくられる．しかし，そのパラメータを含むモデルに関しても，真のモデルは知られていない．予測分布の導出に際しては，モデルに関する不確定性も考慮する必要がある．

以下に，上記のステップのおのおのについて解説する．

4.5.1　研究計画

実験をあらかじめ計画する場合，因果関係を明らかにするための方法として，人為的に実験状況を構成する．すなわち，当面問題とする変数の値を制御し，その他の要因は統制し，一定条件に保っておくか，無作為化して，統計的モデルが妥当するように配慮される．この場合，因果関係は特定した条件下において，人為的に操作した変数と実験の結果との関係を論じればよいことになる．実験であることの条件は，無作為化である．無作為化することによって，統計モデルは簡単になる．例えば，誤差成分が同一の分布に独立に分布することを

仮定できる．このような場合にも共変数を測定したほうがよい．例えば無作為に実験条件 A と B に割り当てたとしても，その結果実験条件 A に男性が多く実験条件 B に女性が多くなったということがありうる．そのときにも共変数を記録しておけばそのことを考慮してモデルをつくることができる．すなわち，共変数に関する知識を利用し，共変数によっても説明されない残差に対して，独立同一分布を仮定する．一方，調査も問題とする仮説と関連するように綿密に計画すべきである．ベイズ統計学では，実験や調査の計画も一つの意思決定とみなし，期待効用最大化の原理によってデザインの最適化の指針を得ることができる．具体的には実験や調査の費用に比して，実験や調査によって予想される成果を最大にするという指針である．

4.5.2 モデルづくり

モデルはデータから情報を引き出すためにつくるものである．モデルとデータの適合度をチェックして，適合度が悪い場合に責められるべきは一般にモデルのほうである．正規分布を仮定して，データが正規分布に合わない場合，適当なデータの変換をして正規分布に近づける努力も大切だが，それでも正規分布に適合しない場合は新しいモデルをつくるべきである．

先に研究計画として実験の計画を説明し，その場合にモデル化は比較的簡単であると書いた．ところが，人間を相手にする場合，実験的方法の適用が難しい場合が多い．結果として，統制できない多くの変数を同時に調査するという方法に頼ることになる．このとき，検証したい仮説は単純な形をとらず，多くの変数を含むネットワークの形になる．また，このネットワーク・モデルには潜在変数を含むことが多い．潜在変数は，構成概念に対応する．自然科学では，構成概念は当初は想像上のものであっても，最終的には観測されることが理想であるが（例：中間子，素粒子，アドレナリンなど），相手が人間の場合には将来も観測可能とみなされなくてもモデルの中に含まれることがある．その潜在変数と観測可能な変数との関係が特定され，かつ，われわれがその意味を意識的に了解できれば，心理学的な説明となりうるからである．

このような複雑なモデルをつくる際に，モデルづくりを階層的に行なうと便利である．潜在変数が関与するような場合，例えば，次のような階層モデルを

考えることができる．

　レベル1：構成概念を示す潜在変数と観測変数との間の関係を示す．しばしば測定モデルとよばれる．
　レベル2：潜在変数間の関係をモデル化する．
　レベル3：潜在変数の母集団のモデルを設定する．

　因子分析を発展させた共分散構造分析（構造方程式モデル）はこのような階層モデルの一種である．ベイズ的分析のためには，さらにこのモデルに含まれる母数の事前分布が必要である．

　原理的には，パラメータや潜在変数に関するわれわれの知識は，事後分布に集約される．事後分布を数式的に得ることは難しくない．事後密度関数は上記の各レベルの密度関数の積に比例する．しかし，事後分布から有用な情報を引き出すためには，多次元事後分布の情報の圧縮が必要である．例えば，特定のパラメータやパラメータの関数に興味があるときには，その周辺分布を得ることが有用であるが，そのためには積分計算が必要である．この積分は数式的には解けないことのほうが普通である．しかし，コンピュータの発達と数値的な方法の発達によって，数値的な解を得ることができる．統計学の目的を考えれば，数値的な解が得られれば十分であろう．

4.5.3　モデルの評価——モデルチェックとモデル選択

　モデルチェックの方法として次のようなわかりやすい方法が利用できる．まず，将来の観測値 x^* の予測分布を得る．観測値 x の統計量 $T(x)$（観測値によって計算される値，例えば，平均，分散など）を計算する．予測分布によって将来の観測値 x^* の分布を知ることができる（4.5.5参照）．この分布によって $P(T(x^*) > T(x))$ を計算する．この値が，あまりに小さいと要注意ということになる．モデルから計算する統計量が観測される統計量と一致していないことを示すので，モデルが妥当ではない可能性を示唆するからである．ただし，この考え方は帰無仮説検定と似た考え方であり，帰無仮説検定に対する批判はそのまま当てはまる．一応の目安程度に考えたほうがよさそうである．

　モデル選択の方法として，ベイズ比 Bayes Factor や BIC（ベイズ情報量基準）を利用できる．このほうがベイズ的アプローチにおいては一貫性がある．

データ x のふるまいを表現するモデルとして m 個のモデルがあるとしよう．これらのモデルを $M_1, M_2, \cdots, M_m$ とおくとき，このうちどのモデルが x のモデルとしてもっとも適切であるかを問うのがモデル選択の問題である．ベイズ的には，x を所与として，各モデル M_j を真とする確率 $P(M_j|x)$ を計算することにあたる．この確率は，各モデルのパラメータ θ_j を積分消去して得られるが，計算法は他の成書（たとえば，繁桝，1995）を参照されたい．

いま，モデル M_j と M_k のみに関心があるとしよう．このとき，各々のモデルを真とする確率の比は，

$$\frac{P(M_j|x)}{P(M_k|x)} = \frac{p(x|M_j)P(M_j)}{p(x|M_k)P(M_k)} \tag{4.17}$$

となる．もし，$P(M_j) = P(M_k)$ ならば，この確率の比は，二つの予測分布の比となる．これをベイズ比とよぶ．すなわち，

$$B_{jk} = \frac{p(x|M_j)}{p(x|M_k)} \tag{4.18}$$

となる．ジェフリーズは，このベイズ比の値について，$B_{jk} < 3.2$ ならばそのような傾向があるとはいえてもあまり意味がないとしている (Jeffreys, 1961)．さらに，$10 > B_{jk} > 3.2$ ならば，M_k に比して M_j を支持する度合いがかなり強く，$B_{jk} > 10$ ならば M_k に比して M_j に対して強い支持を与えるとしている．もちろん，このような値は個々の応用例に即して解釈すべきであるが，ベイズ比に対する一つのモノサシとなる．

上式によってモデル選択をするとき，尤度比検定等の場合と違って，モデルが一般的なモデル full model とその下位モデル reduced model という関係にある必要はない*．また，上式の値は確率の比であり，モデルの支持度を具体的，直接的に表すという利点がある．なお，BIC はベイズ比の近似である．

比をとらず，各モデルを真とする確率そのものを計算することもできる．この確率は，理論の検証のために貴重な情報を与えるし，どのモデルが正しいか

---

* 尤度比は，モデル M_j のパラメータを θ_j，モデル M_k のパラメータを θ_k とするとき，θ_j のパラメータ空間が θ_k のパラメータ空間に含まれる場合，$\lambda_{jk} = \frac{p(x|\hat{\theta}_j)}{p(x|\hat{\theta}_k)}$ となる．ただし，x は観測値，$\hat{\theta}_j, \hat{\theta}_k$ は最尤推定値である．尤度比が，モデルをそのパラメータのもっともありそうな値のところで比較しているのに対し，ベイズ比は，各 θ の値をその事後分布で平均してモデルを比較しているという違いがある．

不確かな状態で，将来のデータを予測するための計算に使うことができる (4.5.5 参照).

4.5.4 パラメータの推定と検定

推定問題は，パラメータ θ の事後分布を求めることであるといってよい．事後分布を求め，それを図表で表現することで目的は達せられる．しかし，θ が1次元の場合はよいが，4次元以上の場合はその同時分布を図示するのは不可能である（周辺分布を図示することはできる）．事後分布を代表する値を推定値とすることもある．代表値として，平均，メディアン，モードのいずれかをとる．

一方，パラメータについて，ある特定の値をとるかどうか，あるいは，ある範囲の中にあるという仮説があらかじめ用意されており，その仮説の信憑性について関心がある場合がある．θ がパラメータ空間（パラメータのありうる値の全体）の一部 ω に存在するという仮説であれば，θ が ω に属する確率を評価すればよい．また，部分 ω_1 か ω_2 のいずれかであるという状況のときには，その二つの確率の比をとるのがわかりやすい．また，その事前の判断が等しい場合や事前の判断は重要ではない場合はベイズ比を計算する (4.5.3 参照).

しかし，これらの方法は仮説の真偽に関する判断を示すものであって，帰無仮説検定のように仮説の採択か棄却かを決定する方略ではない．ベイズ統計学では，不確定性は確率という数学的測度に変えるだけで，いつまでも不確定のままに残る．その不確定性を消滅させ，不確定性がないかのようにふるまうのは意思決定を迫られている場合である．以下に，仮説の評価をベイズ的に考える，すなわち，実践的な仮説評価の例を示そう．

例4.4 新薬と標準薬の比較

ここでは，二つの処理 (1と2) の差があるかどうかを決定する場合のベイズ的方法を紹介する．具体的に，1を新薬，2を標準薬として，その効果を比較することにしよう．

効果を表すデータ x は次のような分布に従っているとしよう．すなわち，

$$x_{1i} \sim N(\mu_1, \sigma^2)(i=1, \cdots, n_1) \tag{4.19}$$

$$x_{2i} \sim N(\mu_2, \sigma^2)(i=1, \cdots, n_2) \tag{4.20}$$

このとき,分散を等しいとみなしているので,二つの効果の差は,$\delta = \mu_1 - \mu_2$ によって表される.ベイズ的には,二つの効果の差は,事後分布 $p(\delta|\boldsymbol{x}_1, \boldsymbol{x}_2)$ によって示される ($\boldsymbol{x}_1 = (x_{11}, x_{12}, \cdots, x_{1n_1})^t$, $\boldsymbol{x}_2 = (x_{21}, x_{22}, \cdots, x_{2n_2})^t$) (この事後分布に関してはベイズ統計学の入門書,例えば,渡部 (1999),繁桝 (1985),Berger (1985) 等を参照).ただし,事後分布から情報を読みとることは難しい.事後分布の情報を,次の三つのうちどれが正しいかを決定する問題に集約するとしよう.すなわち,専門家の定める定数 d を用いて,

$H_0: -d \leq \delta \leq d$ (新薬と標準薬とでは実質的な差はない)
$H_1: \delta > d$ (新薬のほうが効果がある)
$H_2: \delta < -d$ (標準薬のほうが効果がある)

のいずれが正しいかを決めればよい.ベイズ的決定はきわめて単純である.各々の仮説で真とする確率,すなわち,$P(H_i|\boldsymbol{x}_1, \boldsymbol{x}_2)(i=0, 1, 2)$ を計算し,その値によって(確率だからその値の意味は明白),H_0 か H_1 か H_2 を決めればよい.この決定を実行するには,各々の決定にともなう損失を評価する必要がある.代替案 a_i を,H_i を真とするという決定 ($i=0, 1, 2$) とするとき,可能な結果は9通りある(表4.7参照).

そのうち,副作用等を含めて,結果 $C_{ij}(i \neq j)$ の損失 $L(C_{ij})$ を評価し,その期待値 $R(a_i)$ を計算する.すなわち

$$R(a_i) = \sum_{j=0}^{3} L(C_{ij}) P(H_j|\boldsymbol{x}_1, \boldsymbol{x}_2) \tag{4.21}$$

この期待値(期待損失とよばれる)がもっとも小さい値をとる仮説 H_i を真とすればよい.損失の例を表4.8に示す.各 $H_i(i=0, 1, 2)$ の確率を仮に 0.1, 0.5, 0.4 とする.このとき,a_0 の期待損失は,

$$0.1 \times 0 + 0.5 \times 2 + 0.4 \times 1 = 1.4$$

となる.同様に a_1 の期待損失は,4.4,a_2 の期待損失は,3.3 となり,新薬と標準薬の間に差はないとする代替案 a_0 を

表4.7 決定表

	H_0 が真	H_1 が真	H_2 が真
a_0	正	C_{01}	C_{02}
a_1	C_{10}	正	C_{12}
a_2	C_{20}	C_{21}	正

表4.8 損失

	H_0 が真	H_1 が真	H_2 が真
a_0	0	2	1
a_1	4	0	10
a_2	3	6	0

採択する．

　新薬と標準薬で新薬の効果があると判定することは，機械的な決定ではなく，実質な差を示す d の決定，各 C_{ij} の損失の決定等特定の状況を深く考察したうえでの決定でなければならない．

4.5.5　将来の値の予測——モデル平均

　モデルを固定して M_j を真とした場合，将来のデータ $\boldsymbol{x}^*$ の予測分布は次のように表現できる．

$$p(\boldsymbol{x}^*|\boldsymbol{x}, M_j) = \iint p(\boldsymbol{x}^*|\boldsymbol{\theta}_j) p(\boldsymbol{\theta}_j|\boldsymbol{x}) d\boldsymbol{\theta}_j \tag{4.22}$$

すなわち，パラメータ $\boldsymbol{\theta}_j$ の真の値はわからないので，それらの事後分布によって重み付けして予測することを意味する．また，モデル M_j に関する不確定性を，各モデルを真とする確率 $P(M_j|\boldsymbol{x})$ による重み付け平均によって処理する．すなわち，予測分布は

$$p(\boldsymbol{x}^*|\boldsymbol{x}) = \sum p(\boldsymbol{x}^*|\boldsymbol{x}, M_j) P(M_j|\boldsymbol{x}) \tag{4.23}$$

となる．この方法はモデル平均とよばれる．理論的説明や実際的決定のためには真のモデルを（暫定的にでも）確定することが必要であるが，予測のためには不確定性の評価を残しておいたほうがよい．

4.6　ベイズ的アプローチは有効か

　本章ではまず帰無仮説検定の問題点を述べ，その問題点に対処する方法について説明した．そのうえで，これらの対処法ではなお不十分であるとし，本章の後半では，基本的に考え方を変え，ベイズ的な方法について説明した．ベイズ的なアプローチは，本章の冒頭に示した帰無仮説検定に対する批判に有効な答えを提供できるであろうか．また，実践的な統計学として，実際に役に立つであろうか．

　ベイズ的アプローチの場合，仮説の評価は，仮説自体，多様な形をとりうるし，その評価の仕方も自由である．仮説は相互に背反である必要はなく，二つである必要もなく，一方が他方の部分集合である必要はない．仮説が，パラメ

ータに関する言明であってもよいし，将来の観測値に関する言明でもよい．例えば薬の効き目はこの程度以上であるとか，会社の利益は1億円以上であるという仮説はわかりやすい．将来の観測値に関する仮説に比べればパラメータはいわば架空の値である．仮説を考えるにしても，その仮説が当たっているか確かめるにしても実際の観測値の方が都合がよいのではないかと思われる．また，自分が知りたいと思う仮説について，自由にいろいろな角度から評価できる．さらに，評価するのみでなく具体的な決定に結びつけることができる（ただし，その際は効用や損失を評価することが必要である）．

仮説の評価にしても，実際の意思決定をするにしても，将来の観測値の分布（予測分布）の導出が必要である．観測値の分布を未知のパラメータに依存せず表現することもベイズ的アプローチの得意とするところである．予測分布の導きにおいては θ の値がわからないのだから，θ の事後分布によって重み付けして平均をとればよい．モデルに関してもどれが真であるかわからない場合は，その事後確率で平均すればよい．この重み付け平均は積分か加算である．積分は予想である．ベイズ的アプローチにおいていたるところで積分（加算を含む）が必要とされるのはベイズが本質的に予想する（期待値をとる）ことから成立しているからである．

個々の仮説の検定をどのように統合するかという点でもベイズ統計学は答えを用意している．個々の仮説の評価が確率として表現されるので，理論全体を個々の仮説との関係が明示されていればベイズの定理を用いて統合し理論全体の評価とすればよい．要するに，仮説を確率論を用いてデータの情報と事前の知識を合わせて評価することは完全に論理整合的であり，かつ，研究者が当面する個々の状況に応じる柔軟性を持っている．

しかし，研究仮説の検討のためにベイズ的アプローチを用いることに対する抵抗感は根強いものがある．アレルギーといってもよい．この原因はベイズ的アプローチのもつ主観性の故であろう．

日常的実用的な決定にベイズ的アプローチを用いることに対して違和感を持たない人でも，研究報告にベイズ的アプローチを用いることには疑問を感じる人が多い．事前確率，ひいては事後確率が個人的な信念に基づくものであれば誰もそれを客観的な研究報告とはみなさないであろう（ただし，伝統的な統計

学で主観性が排除されるかというとそうではないことにも注意を向けていたほうがよいであろう．モデルの設定，パラメータの推定法等々主観的要素は随所に見られる）．

この主観性をどう処理すればよいか．一つの方法は事前確率をなるべく無色透明の中立的なものにすることである．もう一つ別の方法は，いろいろな事前分布を試してみることである（感受性分析 sensitivity analysis とよばれることがある）．あるいは，事前分布を研究者個人の信念表明というよりも，研究者集団全体の信念表明とみなす立場もありうる．

事前分布をもモデルの一種と考え，客観化する場合，科学的研究報告の結論の導きに対してもベイズ的アプローチは有効である．

しかし，主観確率を導いたプロセスからもわかるように，やはり，ベイズ的アプローチの真髄はその実践性にあるかもしれない．ベイズ統計学の実践のところで概略を説明したが，ここで再度その長所を強調しておく．

a) 実験や調査の最適化を行なう指針が得られる．

b) モデルづくりは柔軟に行なうことができる．潜在変数の導入も階層モデルを使えばわかりやすい．

c) モデルの評価は直感的にわかりやすい．モデル評価は基本的にはモデルを真とする確率の計算である．

d) パラメータについての推論は実践的に行なうことができる．

e) 将来の観測値の分布をパラメータの不確定性とモデルの不確定性を加味して容易に求めることができる．

複雑な現象に対し，複雑なモデルを柔軟に使いこなし，データから情報を得て，実践的な知見を得るためのベイズ的なアプローチの重要性は明らかである．この有効性は，近年のコンピュータと数値解析の発達によって可能となったものである．従来正規分布などの標準的な分布に頼らざるを得なかったのは，複雑なモデルでは必要な計算ができないことが多かったからである．計算ができることがわかれば，問題ごとに状況ごとにもっとも適切なモデルをつくることは当然であるといえる．

引用文献

Berger, J. O. 1985 *Statistical decision theory and Bayesian analysis*. Springer-Verlag.
Cohen, J. 1994 The earth is round ($p<.05$). *American Psychologist*, **49**, 997-1003.
Freedman, D. A. 1983 A note on screening regression equation. *The American Statistician*, **37**(**2**), 152-155.
Freedman, D., Pisani, R., Purves, R. & Adhikari, A. 1991 *Statistics*, 2nd ed. Norton.
Gelman, A., Carlin, J. B., Stern, H. S. & Rubin, D. B. 1995 *Bayesian data analysis*. Chapman and Hall.
Hagen, R. L. 1997 In braise of the null hypothesis statistical test. *American Psychologist*, **52**, 15-24.
Howson, C. & Urbach, P. 1993 *Scientific reasoning*. Open Court.
Jeffreys, H. 1939, 1948, 1961 *Theory of probability*. Oxford University Press.
Laplace, P. S. 1820 *Essai philosophique sur les probabilities*. 内井惣七（訳） 1997 確率に関する哲学的試論. 岩波書店.
Lehmann, E. L. 1969 *Testing statistical hypotheses*. John Wiley. 渋谷正昭・竹内啓（訳） 1969 統計的検定論. 岩波書店.
Lindley, D. V. 1957 A statistical paradox. *Biometrika*, **44**, 187-192.
Morrison, D. E. & Henkel, R. E. 1970 *The statistical test controversy : A reader*. 内海庫一郎・杉森晃一・木村和範（訳） 1980 統計的検定は有効か. 梓出版社.
Raftery, A. E. 1995 Bayesian model selection in social research. In P. V. Marsden (Ed.), *Sociological methodology*. Blackwells. pp. 111-196.
繁桝算男 1985 ベイズ統計入門. 東京大学出版会.
繁桝算男 1995 意思決定の認知統計学. 朝倉書店.
渡部洋 1999 ベイズ統計学入門. 福村出版.
Wilcox, R. R. 1998 How many discoveries have been lost by ignoring modern statistical methods? *American Psychologist*, **5**, 300-314.

【練習問題】

4.1 ある会社が新しい薬を開発した．もし，新薬が効果があるのにもかかわらず，慎重になり過ぎ，効果なしとして，新薬を発売しなかった場合の損失を5,000万円，もし，効果がないにもかかわらず，新薬を発売した場合の損失を3億円とする．効果ありとする事後確率が0.8，効果なしとする事後確率が0.2であるとする．このとき，この製薬会社は新薬を発売すべきであろうか．

4.2 都市部の中学生と地方の中学生の生活習慣の差異を調べるために，100 の変数を使って調査した．この 100 変数について，t 検定を使って有意な差であるかどうかを検定したとする．このとき，母集団において差がないのに，少なくとも一つの有意差を生じる確率はどの程度か？ また，このとき有意差があると判断される変数の数の分布を求めよ．

4.3 ある生徒の英語の得点が 20 であった．この生徒の真の得点が平均 50, 標準偏差 10 の正規分布からの無作為標本であることがわかっていたとする．このとき，各生徒の真の得点の推定値として，元の得点を採用するか，あるいは，この無作為抽出であることを利用して，何らかの修正を施したほうがよいか．英語の得点の標準偏差が 5 であるとして，真の得点の事後分布を評価せよ．

4.4 遺伝学の発展にとって，メンデルの貢献は疑う余地がないが，彼自身が提出したデータには若干奇妙な点がある．メンデルの法則にあまりに都合がよい（アメリカの最初の統計学への入門書として定評のある Freedman et al. (1991) の教科書 p. 486)．データが捏造である可能性を評価せよ．なお，メンデルのデータの一つではエンドウの種の種類は次のようであった．なめらかで黄色（315 個），しわしわで黄色（101 個），なめらかで緑（108 個），しわしわで緑（32 個）．

5章

統計の実践的意味を考える
計量分析のエスノメソッド

　「意味」を理解する上で重要なのは意味の意味である．この章では社会科学系の計量分析を主な題材に，a) 統計学的一貫性と b) 個々の学問分野での有用性という二つの意味があることを示す．そして，初歩的な計量分析でぶつかる具体的な事例を通じて，この二つの意味がどうずれるのか，そのずれにどう対処すればいいのか，考えていく．もちろん，これらはあくまでケース・スタディ case study であり，最終的に解くのは読者であるあなた自身である．

5.1　統計解析の「意味」

5.1.1　氾濫する「ハウ・ツー」

　統計解析のパッケージ化がいわれて久しい．SAS, SPSS といった便利な統計パッケージが普及して，さまざまな手法を個人で手軽に使えるようになった．たんに計算が楽になっただけでない．使い方の解説も，専門的な教科書や入門書より，例えば SPSS (PC 第 6 版) の statistics のマニュアルの方がはるかに読みやすい（経費節減のためか，第 7 版以降は英語版だけになったが）．おかげで，キーボードを何度か押すかクリックするだけで，簡単に統計解析ができるようになった．

　その一方で，その弊害もしばしば指摘される．例えば，なぜ統計パッケージのマニュアルはわかりやすいのか．その大きな理由は，出力の読み方だけを教えているからである．「p 値が 0.05 未満ならば有意水準 5% で関連性ありといってよい」「期待度数が 5 未満の場合にはセルを合併した方がよい」といった

指針にしたがえば，なぜそういえるのかわからなくても，一応の結果を出せる．統計解析のパッケージ化は，そんな光景を日常的なものとした．いわば統計学を知らなくても統計解析ができるようになった．

それとともに，首をひねりたくなるものもふえた．私の専門は社会学だが，その関連でいえば，社会調査の氾濫とでもいうべき事態が起きている．統計解析にかかるコストが低下した分，安易に計量分析（数量データを使った実証的な研究）ができるようになった．極端な話であるが，調査会社に質問文案を渡して集計結果だけをもらうことさえできる．統計パッケージのマニュアルどころか，他人の書いた報告書で統計手法の使い方を勉強するので，一度間違った使い方がはじまるとウイルスのようにひろがる．

こうした統計解析の「ハウ・ツー」化を嘆く声はしばしば耳にする．手順は知っているが中身を知らない，「こういう種類のデータにはこういう手法を使え」というインプット-アウトプット型知識はあるがなぜその手法を使うのかが理解できていない，統計解析自体が「マニュアル化」している．

私自身統計学を専門的に勉強したわけではないので，こうした声を聞くと内心忸怩たるものがある．それでも，社会調査の報告書などで，全数調査なのに，独立性の χ^2（カイ2乗）検定を使っていたりするのを読むと，やはり唸ってしまう．いくつか前提をおけば必ずしもまちがいとはいえないが，何の断りもなしだとさすがに異様である．まるで「クロス表なら χ^2 検定」と，インプットされているかのようである．

5.1.2 「手順」と「メタ手順」

たしかにこの種の「ハウ・ツー」ユーザーが大量に生みだされるのは問題である．統計パッケージの弊害をなげく気持ちもわかる．だが，「だから統計パッケージはよくない」というのも，「いかに (how)」の域を出てはいない．本当に問題なのは，「なぜ (why)」それが起こるか，である．

すぐ思いうかぶ答えは，統計手法の内容を理解していないから，だろう．上の例でいえば，全数調査なのだから，本当は，得られたクロス表の値（観測度数）を見ただけで，二つの変数が独立かどうかは判断できる．セル度数 n_{ij} が周辺度数の積の形 $n_{i.}n_{.j}/n_{..}$ にひとしくないセルが一つでもあれば，二つの変

数は独立ではない．というか，統計学では「独立」をこう定義しているのである（5.2.5参照）．

　χ^2検定を使うのは，サンプル調査による誤差のために，母集団をもし調査できたら得られたであろうクロス表の値 m_{ij} と，サンプル集団で実際に得られたクロス表の値 n_{ij} の間で，ずれが生じうるからである*．例えば，母集団では $m_{ij}=m_{i.}.m_{.j}/m_{..}$ なのだが，サンプリング誤差によってサンプル集団では $n_{ij}=n_{i.}.n_{.j}/n_{..}$ とならない可能性がある．χ^2検定はそのずれの出現のしかたが多項分布にしたがうことにもとづく．それがわかっていれば，どんな場合に使えるのかはおのずとわかるはずだ．

　要するに，なぜχ^2検定という手続きでクロス表の2変数が独立でないといえるのか，その意味を内在的に理解できるようになればよい，という答えである．この答えは完全に正しい．完全に正しいが，というより，完全に正しいがゆえに実践的には無意味である．わかりやすくいえば，これは，「なぜこの生徒は勉強しないのか」という問いに対して「勉強しようとしないからだ」と答えているにひとしい．「なぜ」という疑問に本当は何も答えていない．

　勉強しない子供に「勉強しろ」と'ガミガミ'いえば勉強するだろうか．あるいは，パソコンの使い方を覚えない人に'ガミガミ'いえば覚えるようになるだろうか．そこには勉強しない理由や覚えない理由があるはずである．それを理解せずに「勉強不足だ」「努力不足だ」といってもしかたがない．「ハウ・ツー」ユーザーが大量に生まれるのには，それなりの理由がある．最初に考えるべき問題はそこにある．

　最初に断っておくが，統計解析の使い方は勉強やパソコンの使い方と同じではない．統計解析の場合，どんな種類のデータにどんな手法をあてはめてその出力をどう読むかという手順はきまっている．例えば，「データ行列の2変数がカテゴリカルであれば，χ^2検定にかけて，p値が0.05未満なら有意水準5％で二つの変数の間に関連性があるといえる」といった具合である．その手順をより具体的な場面でどう使うのか，例えばどういうデータに適用するか（例えば全数調査のものでもよいのか），あるいはその解析結果＝出力からどう

---

　*　本当は度数 m_{ij} と n_{ij} ではなく，その比率 $m_{ij}/m_{..}$ と $n_{ij}/n_{..}$ のずれをあつかう．

いう研究上の命題が裏付けられるとするか（例えば関連性ありといえなければ二つの変数は関連がないといえるのか）で誤る可能性が発生する．

つまり，統計解析という手順をどう使うかが問題になってくるのである．使い方が手順なのだから，手順の使い方は使い方の使い方，すなわちメタ手順だといえよう．「ハウ・ツー」ユーザーとはこのメタ手順を考えない人である．

手順／メタ手順といっても実体的に分かれているわけではない．分布の数値表と手回し計算機だけが道具であった時代には，ある程度の統計学的知識がなければ統計解析はできなかったし，作業コストも大きかった．だから，統計解析を使う実証的な研究（計量分析）自体が少なかったし，使う場合には，どういう手法を使うかまで最初から考えてデータを集めていた．こうした状況下では，手順とメタ手順はほとんど分化しない．

それを決定的に変えたのはやはり統計パッケージの普及だろう．統計学的知識がほとんどなくても，結果だけは出せるようになり，作業コストが大幅に下がった．そのなかで，統計パッケージやそのマニュアルといった形で定式化できる部分が「手順」となり，定式化できない（しにくい）部分が残されていった．それがここでいう「メタ手順」である．

統計パッケージは，あらゆるデータを均しくデータ行列のファイルにした上で出力の読み方をマニュアル化することで，手順にあたるものをその前後の流れから物理的に無関連化した．それによって，メタ手順というレベルをつくりだした．いわばメタ手順——この表現はメタ手順が手順のように確定的に存在するという誤解をまねきやすいが——での正しさという問題を新たに出現させたのである．

5.1.3 意味の二つの意味

ではなぜメタ手順を考えないのだろうか．まっさきに思いうかぶのは，統計学の論理がわかりにくい，という理由である．手順には本来，統計学的な意味がある．なぜそうすべきなのかの根拠がある．そういう形でメタ手順はできているのである．けれども，その論理を内在的に理解する際に，いくつかの障害にぶつかる．それをのりこえられなければ，たんなる手順として覚えるしかない．だから「ハウ・ツー」ユーザーになる．極論すれば，「統計学がわかって

いない」といってもまちがいではないが,「わかっていない」理由を考えなければ「わかれ」といっても無駄である.それは「わかれ」という側の自己満足にすぎない.

はたしてそれで問題は解決するだろうか.例えば,社会学でも「『ハウ・ツー』ユーザーをなくそう」という運動はある.その意義は十分認めるし,個人的に恩恵をうけてもいるのだが,それは同時に「統計オタク」的研究スタイルをも生みだした.あえて戯画的にいえば——戯画なので実在の人物ではない(念のため)——統計手法はくわしく勉強しているし,新しい手法を導入するのにも熱心だし,他人の使い方に対する批判も的確なのだが,当人のやっている計量分析はまったく面白くない.その中身はそれこそ統計パッケージの出力結果を正確に言語化しただけ,というタイプである.この人たちは,統計学的な論理の内在的理解という点では問題ない.そういう意味での意味はよくわかっているのだが,少なくとも私には「それだけでは社会学(心理学,経済学,……)として意味がない」と思える.

いいかえると,「統計の意味がわかる」といった場合の「意味」には,二つの意味があるのである.

　a)　統計学の論理内在的な「意味」(いわば統計学的論理の一貫性)
　b)　応用される各学問領域という場(フィールド)上での「意味」(いわば有用性)

第一の意味a)が理解できていても,それは第二の意味b)を保証するものではない.この二つはちがう.意味がメタ手順,すなわち手順に対するコンテキストを特定化するものだとすれば,二種類のコンテキストのあたえ方があるのだといっていい.その意味で,「統計学」と「計量分析」はちがう.統計学を知らなくても計量分析ができるという以上に,この二つはそもそもちがったものである.

意味がわからない「ハウ・ツー」ユーザーはよくない.だが,それをやめる途は「統計オタク」という別の無意味にもつながる.そこにはa)とb)の二つの意味がおりなす複雑な関係がある.「ハウ・ツー」ユーザーでなくなれば計量分析がうまくやれるわけではない.あまり公言されることはないが,「ハウ・ツー」ユーザーにとっては,それは統計学を知らなくていい理由にもなっている.「あの人は統計オタクだから」の一言で片付けられてしまう.

だからこそ,「勉強しないのが悪い」といったたぐいの,a) だけに着目した単純な因果帰属,単純な解決策は無効化される．統計学の実践的な意味がわかるためには,a) と b) という二つの意味だけでなく,その二つの意味＝コンテキストのあたえ方の関係まで考えていかなければならない．

5.2 統計学と計量分析

5.2.1 記述統計の場合

統計学といっても一様ではない．一般的にいえば,記述統計では,a) 統計学的論理の一貫性と,b) 有用性は内容的にかなり重なる．b) はより広いコンテキストをあつかうので同じにはならないが (5.3.6 参照),重なる部分でのずれはあまりない．その分,「わからなさ」も単純で対処しやすい．

それは,相関係数のような指標量にせよ,因子分析や対応分析 (林の数量化 III 類) などのオーディネーション系の多変量解析にせよ,記述統計が元のデータの情報圧縮だからである．それぞれの情報圧縮の特性,元のデータのどこを強調しどこを無視するのか,いいかえればどういう形に歪めるのかを理解することは,そのまま,データへのあてはまり＝実証性という人文社会科学の公準にもかなう．

こうした場合,統計学の内在的理解は手法の有用性に直結する．例えば,相関係数 (ピアソンの積率相関係数) でいえば,相関係数の分子にあたる共分散の式をよくみると,これが二つの変数 X と Y の平均値 (x, y) を原点とする xy 平面における各データ点 (x_i, y_i) の布置を指標化していることがわかる (例えば,松原,1996：97-101)．この xy 平面の第 1 または第 3 象限に点が集まっていれば,相関係数が正に大きくなり,第 2 または第 4 象限に点が集まっていれば,負に大きくなり,四つの象限に均等に散らばっていれば,0 に近くなる．それがわかっていれば,相関係数がどのような性質をもっているかも直観的につかめるし,何より,散布図が示す元データと係数の量との間が相互に翻訳可能になる．それによって,相関係数という指標をうまくあつかえるようになる．

多変量解析,とくにオーディネーション系の手法でも同じことがいえる．こ

れらの手法ではしばしば解析結果が一人歩きしてしまう．元のデータ行列にないことを出力の読みから導きだしてしまうのである．例えば，因子分析や対応分析などでは，軸平面上の変数散布図で変数相互の関連性を解釈する．変数散布図は変数間の相関を強引に情報圧縮したもので，図上で変数Xと変数Yが近いからといって，本当に関連性があるかどうかはクロス表や相関係数を見ないとわからないのだが，それを怠るのである．

　分散分析などの回帰系の手法もふくめ，多変量解析の結果を読み誤らないためには，解析結果とデータ行列との対応をつかんでおく必要がある．データ行列でどんな数値の並び方をしていればこういう解析結果がでてくるのか，こんな結果がでるのはデータ行列上でどういう数値の並び方をしている場合か——解析結果とデータ行列をつねに相互に翻訳する習慣をつけておけば，結果の一人歩きはかなり防げる．

5.2.2　両側検定と片側検定

　これに対して，数理統計になると統計学独自の論理の組み立てが強く出てくる分，a)とb)の二つの意味の関係も複雑になる．そのため，一度わからなくなると，そこから先はまったくわからなくなり，手順として覚えるしかなくなる．それが「ハウ・ツー」ユーザーを生産する大きな原因になっている．

　数理統計の入口は推定と検定である．このうち推定，ことに点推定はわかりやすい．何をやっているかがはっきりしているからだ．例えば，最尤推定法を何となくわからせることもできる．こうしたやり方が本当にいいかは議論もあろうが，数式がでてくる前に直観的なイメージがわかれば，数式でより正確に理解するのも容易になる．

　ところが検定はむずかしい．ことに問題になるのは，両側検定／片側検定の説明がはいってくるところである．対立仮説－帰無仮説の論法自体も，初心者には難関だが，順々に考えていけばそれなりに理解はできる．むしろその先，両側検定／片側検定がはいることで，混乱を起こす．

　両側／片側検定については従来からさまざまに議論されているが，実際，これはさまざまな意味でわかりにくい（両側／片側検定の簡単な説明や，どんなまちがいをしやすいかについては土場(1994)がわかりやすい）．実際，ここ

> ━━ コラム 5.1 ━━━━━━━━━━━━━━━━━━━━━━━━━━
>
> ## 「平均人」という人工人間
>
> 　社会統計学の祖として知られるケトレー（Adolphe Quetelet, 1796-1874）は，「平均」をこよなく愛した人であった．「愛」というより，「思い込み」といった方がいいかもしれない．特に有名なのが「平均人」，すなわち，ある集団の平均値（身長とか健康状態とか犯罪件数とか）をその属性とする仮想的な人間である．ケトレーは「平均人」において，その集団の特性，例えば集団がしたがっている運動法則が典型的に現れるとした．「平均人」は集団のたんなる算術平均ではなく，「物体における重心と同様の地位を社会において占める」（佐藤，1999）．それゆえ社会の力学を理想的な形で示す，とケトレーは考えた．
>
> 　「平均人」の発想はいくつもの論理的飛躍をふくむ．平均からの偏差を誤差や逸脱と考える根拠はないし，そもそも平均値にちょうどあたる数値をもつ人間をおく必然性もない．だが，正規分布，とくに平均 0 分散 1 に標準化された正規分布をみていると，「平均人」を考えたくなる気持ちはよくわかる．左右対称で平均値が中央値でも最頻値でもある正規分布は，「分布の中心」というものにメタフィジカルな神秘性を発生させやすいのである．
>
> 　その点でケトレーの「平均人」は，現実の事象に安易に正規分布をあてはめる危うさをよく示しているが，とくに正規分布を想定しなくても「平均人」的発想にはおちいりやすい．例えば，社会調査の単純集計や年齢集団ごとのクロス集計結果を読む際には，ついつい「平均人」的発想をしてしまう．逆にいえば，ある集団の性質を統計的な数値で代表させたとき，それが何を意味しうるのかは，決して十分には考えられていないのである（ハッキング，1999 参照）．

で統計学を内在的に理解するのをやめてしまった人も多いだろう．

例 5.1　両側／片側検定の論理

対立仮説—帰無仮説の論法は，一般的には，

a) 証明したい仮説を「対立仮説」とする，
b) それと論理的に対立する仮説を「帰無仮説」として設定する，
c) 帰無仮説の採択域（あるいは棄却域）を一定水準で定める，
d) 検定統計量が採択域外（棄却域内）にあれば帰無仮説を棄却して，

e）対立仮説を「正しい」とする，

という形で説明される．

二つの説明の型　その上で，両側／片側検定の説明になるが，論法自体の説明と両側／片側の説明との関係づけは，実は解説する本によってちがう．大きく分けて二つの型がある．

 I 型：論法自体の説明では両側検定を実質的に想定した上で，あらためて両側／片側検定を説明する．

 II 型：論法自体の説明では抽象的にのべた上で，対立仮説の二つの種類として両側／片側検定を並列的に説明する．

 I 型は論法の説明において具体的なやり方が例示できるが，その際，理由ぬきで棄却域が分布の両端におかれるため，説明される側が勝手に理由をつけてしまう．folk theory（擬似理論）を編み出すのである．一番よくあるのは，ある種の「幾何学的直観」を働かせてしまうことだろう．分布の両端に棄却域を置くのは，左右対称で何か整合性を感じさせる．さらに正規分布が例示に使われるのも，左右対称性に意味を発見させやすくする．幼稚に思えるかもしれないが，ケトレーの「平均」信仰などを考えれば，けっして荒唐無稽な発想ではない．日常的にはよくある理由づけである．

 そうやって納得した上で，片側検定の話がでてくれば当然混乱する．「幾何学的整合性」という folk theory が通用しなくなるからだ．だが，通用しないから棄てられるとはかぎらない．棄てる代わりにそれ以上の内在的な理解をやめてしまうという選択肢はつねにある．そうなってしまえば，第二種の過誤，検出力といった概念系は「わからない」ものになってしまう．

 II 型ではそうした問題は起こらない．論理的にはより明解なので，統計学系の解説書ではこちらの方が多いようである．両側／片側検定をのべる前に，検出力の概念を説明するものもある．こうすれば確かに，たんに棄却域の広さだけでなく，置く場所（なぜ分布の両端／一端に置くか）まで説明できる．

 だが，II 型には別の問題がある．両側／片側を本当に並列するのは決して簡単ではない．統計学の教科書では「$\theta \neq 0$ という対立仮説の場合には両側検定，$\theta > 0$（あるいは $\theta < 0$）という対立仮説の場合には片側検定」という形でのべられることが多いが，そもそもどうして 2 種類の対立仮説がありえるのか

がよくわからないのである．

　この点の説明は本によってかなりばらばらである．集計をとったわけではないが，これ以上の説明をしないものも多い．確かにこれはまちがいではないが，説明がなければ読者は自分なりの理解をする．folk theory を組み立ててしまう．説明をしないこと自体がミスリーディングになる．

　実際，上のようなのべ方では，論理的に一貫した理解がかえって阻害される．対立仮説―帰無仮説の論法は背理法の一種である．命題 X が成立しないことをもって，その否定すなわち命題 not X が成立するとする．帰無仮説 $\theta=0$ の否定は $\theta\neq0$ であって，$\theta>0$（や $\theta<0$）ではない．にもかかわらず，何の説明もなしに「片側検定では帰無仮説 $\theta=0$ を棄却することで $\theta>0$（あるいは $\theta<0$）という対立仮説がとられる」といえば，それはまさに論理的飛躍である．その結果，対立仮説―帰無仮説の論法がどんな論理で成り立っているのかもわからなくなる．たとえ両側検定まで理解できていても，片側検定が入ってくることでかえって混乱してしまう．

　説明をしないというやり方は，もう一つ別の誤解もまねく．「$\theta\neq0$ という対立仮説の場合には両側検定，$\theta>0$（あるいは $\theta<0$）という対立仮説の場合には片側検定」といわれると，「$\theta\neq0$ という対立仮説を検証したい場合には両側検定，$\theta>0$（あるいは $\theta<0$）という対立仮説を検証したい場合には片側検定」と考えてしまいやすい．解説書によっては実際にこうした書き方をしているものもある．その場合，どちらを検証したいかという分析者の希望によって検定方法がかわってしまうことになる．$\theta>0$ という仮説を検証したい場合には $\theta<0$ という可能性を勝手に排除できることになってしまうのである．同じような誤解は，片側検定の例題などで使われる「$\theta>0$（あるいは $\theta<0$）と予想される場合」という表現でも生じる．希望にせよ予想にせよ，分析者の主観によって検定方法がかわるように見える．

　片側検定が根拠のある場合　　この点で論理を一貫させようとすれば，いくつかの本でやっているように，片側検定は何らかの根拠で $\theta<0$（あるいは $\theta>0$）でないと確定できる（無視できる）場合に使われる，とするしかない．つまり，両側検定と片側検定を並列せず，片側検定は特殊なケースで使われる特殊な手法とするわけである．こういう形にすれば明確だが，χ^2 検定のよう

に統計量自体の性質から片側検定になるものをのぞけば，偽薬を対象群にして薬効の検定を行なうなど，限られたケースでしか片側検定は使えなくなる．少なくとも社会科学の計量分析では，両側か片側かを選択する場面はほとんどない．

5.2.3 消せない飛躍

統計学的にはこれで十分に答えになっている．しかし計量分析としては，実は問題が先送りされたにすぎない．

例 5.2 両側／片側検定の応用

例えばサンプル調査で集団 X と集団 Y の平均値を比べるケースを考えてみよう．観測値は X の方が Y より大きいものとする．こうした場合 1) 両側検定で有意な差があるといえると検証した上で，2) 例えば「だから集団 X の平均値の方が集団 Y の平均値より大きいといえる」と結論づけることが多い．いうまでもなく，これは統計学的にはまちがいである．両側検定である以上，検定結果からいえるのは「有意な差がある」ということまでで，そこから「集団 X の方が大きい」と結論するのは飛躍である．

ではどうすればいいのかとなると，それほど簡単ではない．たとえ「だから」といった表現をさけても，それから先の社会科学的な議論で，「平均値がちがう」という命題ではなく，「集団 X の方が大きい」という命題にもとづいて議論をすれば，実質的に同じことである．「差がある」という命題だけで議論を組み立てないかぎり，やっていることにかわりはない．

いいかえると，社会科学では，「$\theta<0$ と $\theta=0$ と $\theta>0$ の 3 通りの可能性があるなかの $\theta>0$ である」という必要があるケースが多いのである．この場合，両側検定を使えば，検定で $\theta\neq 0$ とした上で，観測値をみて $\theta>0$ とすることになる*．片側検定を使えば，観測値をみて $\theta\gtreqless 0$ だとした上で，検定で $\theta>0$ とすることになる．どちらにしても $\theta<0$ を除外するときに飛躍が起こる．

両側検定を通れば片側検定は通るので，「集団 X の方が大きい」といって

---

* これは両側検定を使う上で起きる困惑の原因の一つでもある．具体的な応用の場面を考えると，どちらかの平均値の値がかなり大きい場合が多い．それは $\theta>0$ と $\theta<0$ が等確率でないと考えるべき根拠となる．

もいいと思うかもしれないが，論理的にはおかしい．本当に問題なのは，通るか通らないかではなく，検定の論理からでてくる命題（例えば1））と研究上の命題（例えば2））との間にずれがあることだからだ*．

その意味で，具体的な応用場面まで考えると，片側検定がもつ背理法内での飛躍と，両側検定の後でおきる研究上の命題への飛躍は，コインの裏表になっている．どちらも，論理的には排除できないはずの $\theta<0$（あるいは $\theta>0$）の可能性を，明示的な理由なしに排除するものだからである．片側検定がはらむ飛躍を消去すれば，具体的な社会科学の議論につなげる際にその飛躍が再び出現する．

この消去できない飛躍をどう考えればいいだろうか．統計学的な論理一貫性を追求すると，研究の応用にはあまり役に立たなくなる．研究の応用に使いやすいようにすると，統計学的論理の内部に飛躍が生じる．ジレンマである．

いいかえれば，両側／片側検定という手順では，a)統計学的論理の一貫性とb)有用性がうまく一致しない．統計学的論理と実際の計量分析の進め方の間でずれが起きているのである．それが，folk theoryの介在とはちがう，もう一つの「わからなさ」を生みだす．実際，両側／片側検定は，教科書や解説書を読んでいるうちはわかっているつもりでも，具体的な研究にたずさわると混乱してしまう．それはたんに統計パッケージのデフォルトが両側検定だからだけでない．

この飛躍は統計学的論理の一貫性と有用性という二つのメタ手順を同時に考えることでしか対処できない．$\theta<0$（あるいは $\theta>0$）でないと確定している場合や，「差がある」とだけいえればいい場合には単純である．前者の場合は片側検定，後者の場合は両側検定を使えばよい．そうでない場合が問題になる．これについてはいくつかの解があろう．

一つの解は，どちらにしても飛躍が発生するのだから，両側検定と片側検定は無差別である，とする．要するに，どちらを使ってもよい．例えば「片側で有意水準5%（両側なら10%）」と明記して，有意水準の実質的な値について

---

* 検定を真の値が「通るからよい」というのは，両側検定だけをやって，帰無仮説が棄却できた場合にのみ「片側検定もやった」とすることであり，論理的一貫性も欠ける．

誤解が起きないようにすればよい*.

　もう一つの解は，両側検定を使った上で，統計学的には根拠のない推論を一部していると認める方がよい，とする．結論だけいえば統計学的論理の一貫性を追求するのと同じだが，理由がちがう．飛躍を統計学に押しつけて消去するより，研究の内部にリスクとして明示的に置くべきだ，という判断による．

　私としては第2の解の方がよいと思う．統計学の方に挙証責任を負わせる態度は「ハウ・ツー」ユーザーにもつながる．それは一見使い勝手がよいように見えるが，研究全体を把持することを放棄するのにつながる．そういう，より高次な有用性も考慮すべきだろう．

5.2.4　計量の「不純さ」

　こうしたa) 統計学的論理の一貫性とb) 有用性の間のずれは他にもみられる．そもそも対立仮説─帰無仮説の論法自体，計量分析の応用場面とあまりうまく対応していない．

例5.3　クロス表の仮説検定

　クロス表を使う分析でよくでる質問の一つは，「二つの変数が関連がないことを検証するにはどうすればいいのか」というものである．独立性のχ^2検定では，帰無仮説は$\chi^2=0$，すなわち母集団では二つの変数に関連がないという命題になっている．この命題をある有意水準で棄却できれば対立仮説が成立したといえる．それゆえ，χ^2検定では，「関連あり」という命題は検証できるが，「関連なし」という命題は検証できないことになる．

　だが，計量分析では，「関連あり」という命題を検証したい場合もあれば，「関連なし」という命題を検証したい場合もある．私の経験でいえば，その頻度はほぼ五分五分である．にもかかわらず，片方の場合しか統計的検定ができないのは不便である．もちろん，このずれへの対処法はいくつかすでに知られている．第4章のようなベイズ統計学的なアプローチもあるし，棄却域を狭く

---

* 「集団Xの方が大きい」という結論が社会的に否定的な影響が強いと思われる場合には両側検定にかける，あるいはグレーゾーンだとはっきりのべるというのも考えられる．けれども，これは有意水準をきびしくするのとまったく同じ操作であり，冗長である．

=コラム 5.2=

回収率の「良し悪し」

　調査データの推定や検定で考慮されるのはサンプリング誤差である．だが，実際の調査では，ランダム・サンプリングをしても予定通りのデータがえられるわけではない．

　特に大きいのは調査不能や調査拒否である．お金のかけ方にもよるが，現在の日本ではがんばっても予定の70～80％ぐらいしか回収できない場合が多い．年齢によるばらつきも大きい．20代の男女は夜討ち朝駆けでたずねてもつかまりにくい．逆に，高齢者や専業主婦の人は比較的とりやすい．

　もちろん，回収率をもっとあげる方法はある．例えばお役所や町内会，あるいは業界団体などが「後ろ盾」にあれば，断られにくい．特に企業調査などでは，所轄の官庁の「お墨付き」は絶大な威力を発揮する．まるで黄門さまの印籠か魔法の超アイテムである．

　回収率というのは頭の痛い問題で，統計の入門書のなかには，90％以上ほしいと書いてある本もある．回収不能分を考慮すると「真の」回答結果がかなり変わる可能性があるためだが，逆の考え方もできる．一般的な回収率が70％，つまり10人中3人は面倒くさくて答えないのがあたりまえなのに，90％すなわち10人中9人も答えたとしたら，そこには何らかの特殊事情が働いたとも考えられる．

　「お墨付き」などはその典型で，回答者への強い心理的な圧力になる．あるいは，結局は同じことだが，異常に答えやすい質問票，つまり通り一遍の答えしか返ってこないものをつくってしまった可能性もある．

　年齢のばらつきを防ぐためには，年齢層ごとに目標数を設定するやり方もあるが，あまりきびしいと調査員はごまかしに走る．実際，私は面接調査でまず年齢をきかれ，「34歳」と答えたら，一瞬の沈黙のあと，「えーと，じゃあだいたい20歳代ですね」(!?)とされた経験がある．詳細はふせるが，20～30歳代を主なターゲットとする商品の広告効果の調査であった．

　調査する内容にもよるが，紙の上での回収率の高さが「良いデータ」につながるとはかぎらない．目に見えやすく，統計学的な意味もはっきりしているので一人歩きしやすいが，現実はもう少し複雑なのである．そういうことまで考えると，サンプル調査でも必ず検定しなければならないわけではない．

設定しその範囲内であれば「関連なし」というやり方も可能である．

　むしろ問題なのは，実際の統計手法を使う際には，しばしば，ずれを曖昧にやり過ごしていることである．「関連ありといえない」という通常の検定結果を社会科学的議論のなかで「関連なし」という意味にとりちがえるのも時々あるが，手順化した統計手法の内部でもこの問題はみられる．カテゴリカルな変数間の関連性を調べる手法にログリニア分析（対数線形モデルによる分析）があるが，独立性の χ^2 検定とログリニア分析での 2 変数モデルの検定は数学的には同等である．帰無仮説が独立モデル，対立仮説が飽和モデルにあたる．ところが，ログリニア分析では，「飽和モデルが独立モデルより説明力が高い」という命題が一定の有意水準をクリアできなければ，「独立モデルが正しい」と判断する．これは χ^2 検定でいえば，一定の棄却域内であれば「帰無仮説が正しい」と判断するのにひとしい．

　χ^2 検定が正しくてログリニア分析が誤っているわけではない．ログリニア分析では，説明力に有意な差がない場合にはより簡単なモデルを採用するという，別の仮説採択基準もおいているのである．それによって，クロス表の検定では「関連あり」を検証したいケースも「関連なし」を検証したいケースも同じくらい発生するという，計量分析の有用性にあわせてあるが，その分，一般的な仮説検定の論理からは逸脱する．

　これについても意見の相違があるだろう．私はそもそも統計解析は計量分析の一部だと考えているので，ログリニア分析のやり方でかまわないと思う．ただし，ログリニア分析を使った研究で，しばしば，統計学的な根拠から「関連なし」といえたかのように書かれる点は問題である．独自の仮説採択基準を使っているなら，そう明記すべきである．

　こうした事態に対しては，統計学の検定の論理そのものを拡張すべきだという考え方もあろう．AIC（赤池情報量基準）などはそういう発想なのかもしれないが，私は賛成できない．第一の理由は，実際の計量分析は統計学が想定するような状況で行なわれるわけではないからである．社会学のアンケート調査でいえば，よく管理された面接調査でも回収率は 70% 程度，そのなかには明らかに多くの非サンプリング誤差が発生している．経済学で使う政府系の統計

も同じような問題をかかえているはずである．そうした「不純さ」は計量分析にはつきものであり，その意味では統計学をあてはめること自体，仮定の上での話にすぎない．そういう「不純さ」を最初からはらんでいるのに，統計学の内部にすべて回収しようとしてもしかたがないのではないか．

5.2.5 二つの論理

私が賛成できない第二の理由，こちらの方が主な理由なのだが，それは，たとえそうした現実を無視しても，論理の上で大きな不整合が残るからである．それをよく示す事例が巨大サンプルの検定である．

例5.4 巨大サンプルの検定

よく知られているように，検定ではサンプル数（サンプル・サイズ）が大きくなればなるほど，よりわずかな差で有意になる．例えば χ^2 検定なら，ほとんどの場合「関連あり」という対立仮説が通ってしまう（AICのモデル選択基準でも同じことが起こる）．そのため，適切な規模のサンプルで検定を行なえ，といわれる．

このアドバイスは実践的に妥当に思えるが，なぜそう思えるかはよく考える必要がある．ランダム・サンプリングであるかぎり，サンプル数が大きいことに何も問題はない．母集団により近いのだから，むしろわずかにせよよい方向に働くはずである．もちろん現実の調査では経済的効率性も重要だが，それは論理の上では最初から考慮外にある．にもかかわらず，なぜ巨大サンプルの検定には問題があると感じられるのだろうか．二つの理由が考えられる．

第一は非サンプリング誤差の発生確率がサンプル数とともに増大する可能性である．サンプルそのものに変化が起こるとは考えにくいが，例えば，サンプル数が多くなると質の悪い調査員も使わざるをえない，といった事情はありうる．これも現実的には無視できないが，サンプル数が小さくても同じ問題は起きうる．巨大サンプルの場合だけことさらにとりあげるのはおかしい．

第二は論理的な問題点である．簡単にいえば，統計学的な「関連あり／関連なし（＝独立である）」「差がある／ない」という概念と，例えば社会科学的な「関連あり／関連なし（＝独立である）」「差がある／ない」という概念は，実

第5章 統計の実践的意味を考える

は一致していないのではないか．例えば，今1,000万人（男女500万人ずつ）を対象に，人口抑制への賛否について質問し，表5.1のような結果になったとする．

表5.1 人口抑制への賛否の結果

	抑制に賛成	抑制に反対
男 性	2502000	2498000
女 性	2498000	2502000

もしこれが全数調査であれば，統計学的な「独立」の概念にしたがえば，このクロス表では性別と抑制への賛否は独立ではない（5.1.2参照）．もしこれがランダム・サンプリングしたサンプル調査だとすれば，$\chi^2=6.4$で，有意水準2.5%でも「独立でない」という仮説が通る．だが，常識的な社会科学者であれば，この結果はむしろ「男女に差がない＝独立である」と解釈するだろう．

巨大サンプルの検定の問題は本当はこの点にあるのではなかろうか．「独立である」といいうる事態がそもそもちがう．サンプル数が小さい場合にはそのちがいが見えないが，大きくなれば見えてくる．全数調査はサンプリング誤差が0であるという意味で，サンプル数無限大のケースであり，それゆえ最も明瞭になる．

あえて統計学的に近似すれば，社会科学的な「関連あり」は記述統計的な関連性の強さに近い．したがって，実際の応用では，まず関連性の指標量（例えばファイ係数ϕやクラマーのV）で強さを測定した上で，χ^2検定でチェックをかけるというやり方も考えられる（表5.1なら$\phi=0.0008$）．ただし，χ^2検定は指標量の強さ自体を検証しているわけではない．2種類の「関連あり」が並列するという事態にはかわりなく，論理的な不整合は消去されない．

やり方としてはもう一つ，ϕやVの標本分散を使ってその信頼区間を求めることも考えられる．少なくともχ^2検定だけで「関連あり／なし」と結論するよりはよいと思うが，問題が本当に解決されるわけではない．ϕにせよ，Vにせよ，指標量の意味は何らかの量的比較によって成立しているからなのである．

サンプル数が巨大になれば，二つの表が示す指標量のほんのわずかなちがいでも，統計的に有意であるという結論がでてくる．そもそも，χ^2検定というのは，表5.1でいえば，$\phi=0.0008$と$\phi=0$を比較して「有意な差がある」といっているのだから，ϕの信頼区間を使った判断なのである．したがって，表

5.1の例に疑問をもつのであれば，信頼区間を求めても問題は解決しない．ϕ の量の意味が問われているからである．「サンプル数が大きければ ϕ などの指標量が信頼できるのだから，ϕ をつかって議論すればいい」というのは，たんに問題を先送りするだけで，巨大サンプルの検定をめぐる疑問への答えにはならない．

いずれにせよ「サンプル数が巨大ならばほとんどが検定を通る」のが問題だとすれば，その原因はサンプル数そのものではなく，検定がもとづいている判断基準の方に求めるべきではないか．「適切な規模のサンプル数にせよ」というアドバイスは，その点では，ミスリーディングである．

この問題にどう対処すべきかについても，意見が分かれるかもしれない．疑問それ自体を否定するというのも一つの立場である．例えば，統計的な独立だけをあつかっているのだから先のクロス表が「関連あり」といって何らさしつかえない——これは統計学の論理内在的には最も明確だが，有用性を放棄することでもある．

ここではa) 統計学論理の一貫性とb) 有用性がはっきり矛盾を起こす．それをどう解決するにせよ，次のことはいえる——「サンプル数が巨大ならばほとんどが検定を通る」事態が問題だと感じるならば，それは統計学以外の論理をもちこんでそう判断しているのである．ならば，そこにどんな論理をもちこんでいるかを積極的に提示すべきである．

より使いやすくより安定的な手法が導入されるのはのぞましいが，統計学の論理と現実の計量分析とのずれを見ないような方向にもっていくのはまちがいだと，私は思う．統計学的にいえることと，具体的な研究でいいたいことの間には，一定の距離がある．むしろその距離を見すえて，それをいかにうまくあつかっていくか，考えるべきである．そのためには統計学の論理を内在的によく理解することが必要だが，それがすべてではない．

いいふるされたことだが，現実の計量分析において統計学的検証は判断材料の一つにすぎない．理論的な美しさや価値観，外部データとの整合性などを総合的に判断して，何を正しいと主張するか決めるしかない（5.3.7参照）．その点でいえば，AICよりも，ログリニア分析のように統計学外の判断基準を

明示的に導入する方が，ミスリーディングではない*．

5.3 計量社会学のエスノメソッド
5.3.1 社会調査という経験

前節でみてきたように，統計学の論理と実際の計量分析の間には，ずれがある．a) 統計学的な論理一貫性と b) 計量分析での有用性は一致するとはかぎらない．だとすれば，実践的に意味のある統計学にするには，たんに統計学内部での論理を明確にするだけでは不十分である．計量分析の進め方から，つまりb) の視点から統計解析のメタ手順をコントロールしていくことが必要になってくる．

前節では統計学の基本的な部分に関してそれを考えてきたわけだが，より具体的な統計手法の使い方のレベルになると，社会科学といった大きな準拠枠ではなく，社会学，心理学，工学など，それぞれの学の「実践」practice から考えていかなければならない．有用性＝どう役に立つのかは，社会学，心理学，工学……という個々の分野の特性，それぞれの学的探究のコンテキストに依存するからである．個々の研究分野のいわば「エスノメソッド」（各分野ごとの固有なやり方・思考法）を知る必要がある**．私の専門は社会学なので，以下では，社会学を主な事例にそのエスノメソッドと統計解析との関わり方を分析していくが，必要に応じて一般化もさしはさむことにする．

社会学の計量分析にもさまざまな種類があるが，特徴的なのはやはり社会調査，特にアンケート調査である．アンケート調査は，多数の調査対象者に「あなたは現在の収入に満足していますか」といった質問群をぶつける．アンケート調査は広く行なわれ，手軽にこなせそうに思われているが，独特な経験の領域をなしている．「上手／下手」が，例えば統計学への内在的な理解の程度と無関連に存在する．

---

* AIC はモデルにおけるパラメータの数を考慮しているのではなく，あくまでも期待平均対数尤度という単一の基準で判断している．

** 別のいい方をすれば，社会学の，心理学の，工学の，……，それぞれの計量分析のエスノメソドロジーが必要なのである．「エスノメソドロジー」という用語は社会学で生まれたものだが，認知科学系でも CSCW および関連領域で知られている．実際，ここで考察しようとしている統計学と計量分析との関係は，エキスパートシステムと CSCW の関係にかなり近い（福留，1994）．

質問文のワーディングを例にとろう．家族関係の強さを調べたい場合，「もしあなたが結婚していて，かつ結婚相手のご両親が60歳以上で，そのうち一人が慢性疾患で長期の入院が必要になったとき，あなたは病院にとまりこんで介護しますか」とか，「12歳以下の親族とは日常どのような接触がありますか」といった質問を考えついたとする．

　これらはよい質問文だろうか．社会調査の教科書には，だいたい「質問文をつくる際にはあいまいな言葉を使ってはいけない」と書いてある．その点でいえば，これらの質問は状況を明確に定義しており，よい質問文に思えるが，実際にはあまりよいものではない．どこがまずいのか．最初の例は「もしif」の設定が複雑すぎる．人間はコンピュータとはちがい，ifを多重にかけられると混乱する．次の例は言葉が硬すぎる．「小さなお子さんやお孫さんなど」といった方がよい．

　「12歳以下の親族」といえば確かに定義は明確である．「など」というと，範囲の厳密な特定ができなくなる．けれども，「12歳以下の親族」では答えにくい．私たちは日常的には，「12歳以下の親族」といった言葉で人間関係を考えていないからである．「小さい子どもや孫など」の方が，はるかに日常語の感覚に近い．

　日常語はもともと学術用語のように明確な定義がされていない．「……など」といった形のカテゴリー化の方があたりまえである．したがって，日常語にあわせれば意味はある程度不明確にならざるをえない．けれども，日常語から遠い言葉を提示すれば，日常的なカテゴリーとの間にずれがでて，回答者によけいな回答負担をかけるばかりか，そのずれの分，不正確な答えになってしまう．

　質問文はたんに明確に定義すればいいわけではない．というか，「明確さ」というのは調査対象相関的にしか成立しないのである．調査する側はほとんどが高学歴の専門職であり，そうした人間にとっての明確さをおしつけてはならない．特に社会科学では学術用語を安易に質問文にもちこみやすいが，社会調査が追っているのは，調査される側が（広い意味で）どのように考えているか，すなわち調査される側の主観にうつっている「世界」である．それを知るためには，日常語に近いレベルで聞き出さなければならない．

5.3.2 変数の意味の自由度

ワーディングの技術論に見えるかもしれないが，ここに顔を出しているのはもっと根底的な問題である．一言でいえば，社会調査，特にアンケート調査というのは，調査される側の理解をふくみこんで成立している．そのことが社会調査の計量分析に独自の性格をあたえるのである．

次のようなケースを考えてみれば，これがどれだけの深刻な事態をひき起こすか，わかるだろう（本当はワーディングの技術と軽重はないのだが）．

例 5.5 「矛盾する」回答

大企業に勤めるホワイトカラーに対して，「あなたは会社に関係なく自分の実力が評価されるような働き方をしたいですか」という質問をぶつける．現在なら，60～80％ぐらい，「そう思う」「どちらかというとそう思う」という回答がかえってくるだろう．これは，実力主義志向という意識を示すと考えられる．ところが，それに加えて，「あなたの待遇は実力より過小評価されていると思いますか」と「10年後あなたは今の会社に勤めていると思いますか」を聞くと（聞く順番は少し離しておく），三つともに「そう思う」「どちらかというとそう思う」という回答をする人間はかなりいるだろう．

実力主義志向という回答を文字どおりとれば，三つとも肯定するのはおかしい．特異な条件を想定すれば別だが，実力主義で自分が不当に低く評価されていると考えていれば，会社をかわるのがあたりまえだ．この三つの回答を整合的に理解するには，実力主義志向を別の意味でとらえる必要がある．例えば，「自分は会社にとって不要な人間ではないか」「会社から棄てられるのではないか」という不安にさいなまれる大企業ホワイトカラーが，その不安をうちけすためにとっている心理的防壁みたいなものである，といった形である．

つまり，実力主義志向という回答が何を意味するのかは，他の回答をみなければわからない．もちろん，調査対象と時期をかえれば，この三つについてまったく別の回答パターンがでてきておかしくない．ある変数が何を意味するのかは，他の変数との関連で解釈していくしかないのである．

質問文をぶつけるという営みは，その質問文を回答者がどう理解するかに依

===コラム 5.3===

訪問先の「良し悪し」

　面接調査では質問票をもっていろいろな場所を回るが，それぞれに独特な個性がある．

　東京でいえば下町っぽい地域，商店街の人などは，忙しい時間帯をさければ気軽に調査に応じてくれやすい．商売柄，自然とサービス精神が働くこともあるのだろう．その一方で，抽象的な価値観などを質問すると，「むずかしいことはわからないから」と困惑される場合も多い．「あんた，適当に○しておいてよ」といわれたりすると，むこうの好意もわかるだけに，目を白黒させることになる．

　反対に，山の手的な雰囲気の，中流っぽい新興住宅地などでは，抽象的な価値観の質問にもはっきり意見がでてくるが，そもそも調査を断られるケースが多い．悪徳セールスまがいに，冷たく門前払いされるのもめずらしくない．そういう時は，自分が人間あつかいされていないように思えて，結構落ちこんだりする．営業回りのサラリーマンがまっ昼間，喫茶店の暗い隅でコーヒーを飲んでいる気持ちがよくわかる．

　また，お年寄りの夫婦二人暮しの家だったりすると，「よい話相手がきた」と熱烈歓迎されたりする．質問にもていねいに答えてくれるのだが，おわってもなかなか離してくれない．お茶やお菓子，さらには，昼ゴハンまででてくることもある．調査する側は20軒くらい回るので，心ひそかにあせるのだが，やはりつれなくはできない．私の知りあいで学生時代の調査実習中，朝一番でそういう家にあたり，断りきれずにお昼と3時のおやつまでいただき，夕飯まででてきそうになって，ようやく適当な口実をでっちあげて解放してもらえた人もいる．ご当人の人徳にもよるのだろうが，帰り際にいただいたおみやげはパンダのぬいぐるみだったそうである．

　調査というのは質問票をつくるところから，実際の調査，さらにはデータの分析まで，実はすべてがコミュニケーションなのである．

存する．けれども，どう理解したかは例5.5でみたように，当該質問への回答やその前後の回答から判断するしかない．もちろん，その前後の回答についても同じことがいえるから，全体として質問文＝変数の意味は不確定にならざる

をえない．統計学的にいえば，社会調査のデータも理工系の実験データもデータにかわりない．行列として処理される数字列である．だが，社会調査の場合，その行列の各列が何を意味するかは，あらかじめ決められない．全体をながめながら，暫定的に解釈していくしかないのである．

5.3.3　データ行列を「読む」

　この種の意味の事後成立は，本来どんな計量分析にも内在しているはずだが，学問領域によって程度のちがいがある．意味の不確定性を消す最も効果的なやり方は，変数の意味を物理的な測定操作に還元することである（科学基礎論的にはそれでも不確定性は残るが，統計を応用する場面にかぎれば無視できるケースの方が多いと思う）．特に工学や生物学では，説明変数，被説明変数ともに，物理的な操作に還元しやすい．

　それに対して，人文社会科学では多くの場合そうした還元ができない．人々の主観的な意識は一般的にそうである．あるいは，協調作業が成功／失敗した，というのもむずかしい．ミシンの操作やペーパー・テストの成績といったものならともかく，日常的な事務作業では，その成功／失敗の程度を客観的に定義するのは困難である（もし簡単にできるなら業務査定や人事評定に企業側が苦労するわけがない）．これは本質的には社会事象のコンテキスト依存性による．ハードな制度的変数でさえ，どんなコンテキストを想定するかによって意味をかえてしまう．

　人文社会科学の内部にもちがいがあって，心理学は「実験」という形で，被説明変数だけでも物理的な測定操作に近づけようとする．あるいは，「実験」という形でコンテキストを人工的に一義的にすることで，意味の不確定性を消去しようとするといった方がよい．それに対して，社会学では説明変数・被説明変数ともに，測定への還元が無意味になる場合が多い．社会調査というデータ収集手段だけでなく，制度をあつかうという学問の性格自体からも，そうなりやすい（5.3.6参照）．

　そうした場合，変数の意味をあらかじめ確定しようとすれば，先行する研究ではこの変数はこの意味で使われているから，とするしかない．確かにそうすれば，（表面的な手続き上は）演繹的に，いわば「科学的」に分析できるが，

その結果できるのは「みんながやっているコトを，みんながやっているようなやり方でやる」(佐伯，1998：13) 研究にすぎない．せいぜい，より条件を精密にしたとか，より多くのサンプルでやってみたといった，微細な差異化をはかるぐらいである．その方が学者共同体のうけもいいから，社会学でもこの種の研究は多いが，これらは退屈なだけでなく，「下手な」研究である．

社会調査は他者に質問してその意見を聞く．いいかえれば，対象者を，観察者と同等な認識能力・判断能力をもった人間としてあつかう．そのため，回答者の独自の解釈可能性を否定してしまえない．質問の意味（変数の意味）が観察者＝データの分析者側の想定とはちがっているのではないかという疑問を，観察者側でも封殺できない．社会調査にかぎらず，歴史学の史料など，観察者以外の人間の内観（意識）を一度経由する（とされる）データは，本来すべてそうである．

より厳密にいえば，物理的な測定操作に還元できるかどうかは，あたえられたデータに対してどんなコンテキストを想定するか，どんなデータ生成プロセスを想定するかに依存する．これも物理的に可能／不可能ではなく，意味がある／ないというメタ手順のレベルの問題なのである．例えば，心理学の場合は本当は微妙だと思うが，学問自体が対象者の内観に言及することをできるだけさけようとする．それゆえ，物理的測定への近似という形で，不確定性の表面化を回避できる．社会学の場合，対象者の内観を積極的に対象とするがゆえに，不確定性がいわば技術的にも表面にでてくる．それを無視すれば，「下手な」調査の「下手な」分析に見えるのである．

5.3.4 「統計オタク」と「調査オタク」

その点でいえば，計量分析はデータ行列を処理するというだけでなく，データ行列を「読む」ものでもある．変数の意味が単独では確定できず，回答や前後の変数への回答を見なければ意味がわからない——これは実はテキストを読むという作業では一般的に生じる．単語の意味は単独では確定できない．前後の単語との「つながり」で解釈するしかない．その前後の単語の意味も前後の単語とのつながりで解釈するしかない．つまり，意味同定の「自己言及的 recursive な」循環が起こるわけで，その非決定性のなかで暫定的に意味を解

釈するしかない．

　数学の力と「読む」力が矛盾すると私は思わないが，少なくとも日本では文系・理系を問わず，計量分析を専門にする人は「読む」ことが苦手なことが多い．けれども，具体的な計量分析では程度の差こそあれ，意味の不確定性がついてまわるし，社会調査のデータなどは「読む」作業を明示的に要求する．このジレンマを回避するには，具体的な計量分析から手をひくしかない．新しい統計手法を実験的に使う，数学の勉強にいそしむ，コンピュータのプログラムを自分で書く，などなど．5.1.2でのべたように，それは確かに「ハウ・ツー」ユーザーでなくなる途であるが，同時に，「統計オタク」への途でもある．特に社会学のように，データを「読む」作業が不可欠な学問領域では，「統計オタク」化へと押しやる力が強く働く．その分，a)統計学的論理の一貫性の追求と，b)有用性の追求も乖離しやすい．

　さらに，「読む」作業からの逃避は，「統計オタク」だけでなく「調査オタク」をも生みだす．変数の意味を確定しようとすれば，コンテキスト依存性を消す必要がある．社会調査でいえば，ある質問文の回答の意味をその質問文だけで固定してしまう．例5.5でいえば，「あなたは会社に関係なく自分の実力が評価されるような働き方をしたいですか」に「そう思う」という回答は，つねに文字通りの実力主義志向を表すとするわけである．固定するといっても，独自にやればかえって恣意性が目立つから，先行研究の権威をかりる（5.3.3参照）．例えば，欧米で有名な，あるいは流行している実証研究を質問文と回答の解釈ごと直輸入する．

　その場合，オリジナリティは調査対象の新しさにしかなくなる．本家＝輸入元がアメリカ合衆国なら，「日本で調べたらこうなった」という．あるいは「1989年ではこうだったが1999年ではこうなった」という．おそらく心理学の実験でも同じことが起こりうるだろうが，調査対象をかえる自由度がある分，社会調査では起きやすい．

　この種の研究ではデータをどう解釈するかはすでに決まっている．質問票の作成でも新たにやることはない．だから，研究にかかる時間は少なくてすむ．質問文やデータの解釈の際に自分で考える必要がないからである．その分，新たな調査対象さがしや新たな輸入元さがしにやっきとなる．

「調査オタク」は，5.1.3で述べた「ハウ・ツー」ユーザーや「統計オタク」とは一応独立である．統計学的知識の有無とは関連なく生みだされうるからだ．けれども，個々のデータ行列がもつ（統計学以外の）コンテキストを実質的に考えないという点では，「調査オタク」と「統計オタク」は共通する．それだけではない．統計解析を「マニュアル」的に理解する，つまり手順を無条件に適用する点で，「ハウ・ツー」ユーザーとは統計手法を統計学的コンテキストから切り離すことだといえる（5.1.2参照）．その意味では，この三つは実は通底する．

5.3.5 計量手法の使われ方

社会学の思考の特性は，より具体的な統計解析手法の使い方にもあらわれてくる．

変数の意味の不確定性を消して物理的な測定に近似しようとする場合，重視されるのは「何が起こるか」＝被説明変数である．説明変数の方は，測定の厳密さの要求が相対的には低いし，実験的な統制がむずかしいケースも多い．あるいは，実験的に統制できないものを説明変数にするといった方がいいかもしれない．

典型的には因子分析の元々のコンセプトを考えればいい．ペーパー・テストの成績という物理的に測定可能な変数が被説明変数，知能という潜在的・一般的な「何か」，測定不可能な「何か」が説明変数になっている．被説明変数と説明変数の間にこうした差異があれば，因果関係の方向はあらかじめ決まってしまう．そのため，統計学的モデルでも，「見えない」変数から「見える」変数を説明するものが好まれる．心理学のような学問分野では，こうした傾向が強い．

それに対して，社会科学では，あつかう変数群に質的な差異がないことが多い．階級意識の成立のように，理論仮説上で強い因果関係が設定される場合をのぞけば，何が説明変数で何が被説明変数であるのか，はっきり決まらない．そのため，変数間の関連性全体をあつかう手法がより好まれる．例えば，因子分析よりも対応分析（数量化 III 類）の方がよく使われる．

データ行列を行型のベクトルと列型のベクトルに分解するという点で，両者

に大きな差異はないが，もともと数量化III類は，質問項目（変数）とサンプル（対象者）に遠近をつけて配列する，つまり変数間の関連性を数値化するという発想からつくられた．そのため，社会科学になじみやすい．応用例でも，軸を実在的な変数として解釈するより，変数（および対象者）の布置を一覧するものが多い．

同じようなことが共分散構造分析にもいえる．共分散構造分析が社会学で使いづらいのは，数学的に複雑であまりよい結果がえられないからというより，特にそれを使う理由がないからである．心理学のように，「実験」というあえて不自然な状況をつくってまで正確な測定を図るのならともかく，社会学では観測変数自体が最初から不確かである．そこからさらに潜在変数というより不確かなものをさぐるのは，それこそ累卵の危険をはらむ．潜在変数を使うモデルは，データの形態上，社会学では使いづらいのである．

心理学の実験データも社会学の調査データも，データ行列としてはかわらない．だが，そのデータがどういうものであるかはまったくちがう．統計学はそのある一面だけをとりあげているが，計量分析ではそれ以外の面にも注意をはらう必要がある．数値化できるものだけで閉じようとすれば，「統計オタク」的研究になってしまう．

5.3.6 制度をあつかう

これはたんに社会調査というデータの収集手段だけからくるものではない．社会学という学問が固有にもつ説明様式が影響している．社会学というのは制度一般をあつかう学である．E. デュルケーム（E. Durkheim, 1858–1917）という社会学者が「モノのように」といっているが，制度というのは，人工的につくられているにもかかわらず，個々人にとっては変更が不可能な（正確にいえば極端に困難な）ものをさす．この制度の制度性をつくりだす要因の一つは，複数の変数間の循環的強化過程 positive feedback である．循環的強化過程にあるから，一つの変数の状態をたまたま少し変更できても，他の変数群によって元に戻されてしまう．

例えば，アメリカ合衆国の黒人差別の背景には，

　　　白人労働者は「黒人はスト破りをする」と考える　→職場から黒人労働

者を排除する　→黒人労働者の就職口が減少する　→仕事が見つからなかった黒人労働者がスト破りに雇われる　→白人労働者は「黒人はスト破りをする」と考える　→……

という過程が働いていたといわれている（徳岡，1987）．これはかなり単純化した理論モデルだが，こうした，従来気づかれなかった制度性を発見するのが，社会学の最も重要な課題である．

だから社会学では，学的探究の目標が変数間の相関関係にあることが多い＊．それも一方向的な因果関係ではなく，双方向的な循環的関係である．計量分析における初歩的かつ基本的な注意事項の一つは，「統計手法の上では因果関係として表現されるが，実際には相関関係である可能性がある」ことだが，社会学の計量分析においては，変数間の関係は一方向的なものより，双方向的なものの方がより望ましい（ことが多い）のである．共分散構造分析のような手法が使いづらいのには，そういう理由もある．潜在変数という形で因果関係を強く設定するメリットがあまりないのである．

「相関か因果か」という解釈のレベルだけでない．指標量の評価という，より数値的なプロセスも学問分野の特性によって左右される．例えば，社会科学系の計量分析では，相関係数はどのくらい大きければ「意味ある」かが，しばしば問題になる．

例 5.6　「意味ある」相関係数の閾値

統計学的にいえば，相関係数（ϕをふくめ）は検定にかけてある水準で有意ならば，それで「意味がある」．ところが，社会科学系のデータでは，サンプル数が巨大でなくても，多くの変数の組み合わせが検定を通る．5.3.3 でのべたように，社会事象はコンテキスト依存性が強い．変数と変数の間に関連性がある方がふつうなのである（盛山・近藤・岩永，1992：99）．

そのため，得られた相関係数が「意味ある」ためには，一定水準で有意というだけでなく，その絶対的な大きさが必要になる．こういう語用法自体，5.1

＊　厳密には，ここには制度一般をあつかうという社会学固有の性格が効いている．経済や法，政治など特定の制度領域をあつかう場合には，当該領域以外の社会的事象を「見えない」説明変数にできる．

でのべた「意味」にa) b)の2種類あることを裏付けるものだが，その大きさの閾値が学問分野によってちがう．経済学では相関係数0.9以上（決定係数0.8以上）が要求されることが多いが，社会学では相関係数0.4～0.5ぐらいが目安になる．私の経験では，0.7以上だと「相関がきわめて高い」感じがする．

これにも学問分野の特性が影響している．経済学があつかうのは，経済という明確に一つの制度をなしている領域内部の変数である．もともと誰が見ても関連がある変数群をあつかう．それゆえ「意味がある」，つまりとりあげるに値する相関関係に，0.9以上のような，きわめて大きな値が求められる．それに対して，社会学は隠れた制度性の発見をめざす．「隠れた」というのは一見目に付かないということである．0.8や0.9といった値になる関係は，ふつうの人にも関連性が見える．「隠れていない」．したがって，隠れた制度性となると，0.4～0.6ぐらいがねらい目となる．

実践的な知恵はそれとして，原理的には，相関係数の大きさで線引きすること自体に私は反対である．大きいにこしたことはないが，あまり大きいのは関連性としてほとんど自明であり，発見的意義にとぼしい．さらに機械的に線をひけば，経済学系の計量分析にときどき見られるような，ダミー変数で決定係数をあげる操作が必ずでてくる．

それゆえ，検定を通るものなら検討に値する，つまりそこから社会学的に面白い意味解釈 implication が得られるか考えてみるに値する，と私は考えている（もちろん得られないならどんなに高い値でも「意味がない」）．相関係数の大きさに絶対的な基準を求めるのは，かえってそうした意味解釈をきちんと検討しない，つまりそれぞれの学的思考様式から統計手法をコントロールしないことにつながりかねない．

では検定を通らないものは「意味がない」のかといえば，そうではない．多くの変数の組み合わせが通るとすれば，通らない稀なケースには意味がありうる．一見関連ありそうな二つが関連ないとすれば，それも十分に社会学的な探究の対象になりうる．そこに制度の不在が発見できるかもしれないからだ．

結局，データの統計学的な性質（例えば検定を通る／通らないや係数の数値）というより，そこから何を発見したいか／発見できるかが鍵なのである．そこには各学問分野の思考様式が深くかかわってくる．もちろん分析者個人の

センスもかかわる．

　そういう点で，社会調査というデータ収集手段と，社会学での統計手法の使い方と，社会学固有の思考様式の間には，緩やかなカップリングがある．もちろん，これらは，「社会学はこういう説明をしないといけないから，データはこう集めて，統計手法はこう使え」といった演繹的な関係にあるわけではない．個々の社会学者の問題関心は多様であり，一つに特化しているわけでもない．場面場面に応じて，データ収集手段をかえ，統計手法を選ぶ．ただ，全体としては，社会学の計量分析にはこういう方向性，というか癖があるとはいえよう．それが社会学の計量分析のエスノメソッドなのである＊．

5.3.7　統計解析の生かし方

　つまり，社会学の計量分析では，因果関係を固定化しにくい上，変数の意味が事後的にかわりうる．これらは社会科学一般にあてはまるが，社会学で特に強い．極端にいえばこういう場面が発生しうる——ある社会学の理論モデル上では，四つの変数が相互に正の相関をもつような制度が想定される．ところが実際に調査したところ，そのうちの一つで他との相関があまり高くなかった．

　この場合，二つの途がありうる．

　a）　当初想定していた理論モデルが反証されたとする．

　b）　その一つの質問が当初の想定とはちがう読まれ方をされたとする．

　このどちらもが社会調査のデータ分析では可能なのである．逆にいえば，強引に解釈しようとすればいくらでもできる．そういう一種「いいかげんさ」につきまとわれている．だが，それは強引に解釈してしまえということではない．

＊　それこそ制度的にみれば，エスノメソッドの差異は現在の学問の布置状況と関連する．おそろしく単純化していえば，同じ人間のふるまいをあつかうとしても，「見えない」潜在変数で「見える」観測結果を説明するのにひかれる人は，社会学ではなくて，心理学をえらぶ．目に見える複雑な世界はその背後のより単純なメカニズムによって決まっている——これもまた，人間が世界を観照する上での，ネイティブな形式の一つである．それに対して，循環的強化過程のようなさまざまな事象相互がとりむすぶ複雑で不可思議な綾にひかれる人は，社会学をえらぶ．その場合，個々の事象がどうあるのかはある程度不確かでも，その全体で「面白い」あるいは「美しい」模様が描かれて，そういう物語を紡ぐ方を好む．これもまた，人間が世界を観照する上での，ネイティブな形式の一つである．そういう学問の思考様式のちがいと緩やかに関連しながら，計量分析はなされる．

むしろ解析結果の扱い方に大きな自由度があるからこそ，柔軟に対処する必要がある．

変数の意味の不確定性がまともに出現する場合，統計的な確からしさと理論的な美しさを同時に判断していかなければならない．さらにもう一つ重要なのは，従来の知識，つまり当該調査とは別の形で得られた外部データ（計量的データ以外もふくめ）との整合性である．「当初の想定とはちがう読まれ方」という解釈は，ただちに調査そのものが不適切ではないかという疑問を開く．乱暴ないい方をすれば，調査そのものの信頼性が低い．

実験でも従来とかけはなれたデータが出現した場合は，実験の失敗（測定機器の故障や不純物の混入）をまず疑え，といわれる．実験室よりはるかに状況をコントロールできない社会調査は，つねに調査の失敗の可能性にさらされている上，本来知りたい対象（例えば制度）を直接カバーできる範囲もせまい（状況をコントロールできれば，対象全体を部分に分けてそれぞれ検証できることもある）．それゆえ，予備的解析で統計学的に信頼性をチェックするだけでなく，解釈自体も従来の外部データとあまり乖離するのはまずい．

従来の外部データも絶対的な真理ではない．当該調査のデータと従来のデータは互いに外部データになりあう．したがって，たんに従来のデータと矛盾しないだけでなく，その調査データの解釈によって既存の外部データもより整合的に理解できることが望ましい．外部データとの整合性という基準は，変数の意味確定と同じような，リカーシブな意味同定プロセスをつくりだす．このデータの解釈とあのデータの解釈が相互に依存しあうという事態は，調査データの内部でも外部でも起きてくる．

通常の「マニュアル」的な了解では，計量分析の手続きは，まず，統計学的に確からしいモデルをいくつか選択し，そこから理論モデルを一つにしぼる，という形で考えられている．その極には，AICのように，統計モデルの段階で一つにしぼれることをメリットとする考え方がある．ところが，理論的な美しさと外部データとの整合性も同時に判断しなければならないのであれば，段階的切り分けは無意味である．ここまでは統計学の出番，ここから先は社会学の出番というわけにはいかない．統計解析の上でモデルが一つにしぼれてもあまり意味はない．

5.3.8 データを分析する面白さ

意味の不確定性というと，何か，除去すべき障害にきこえるかもしれない．確かにそういいたくなる面もあるが，計量分析独自の面白さをつくりだすのもこの意味の不確定性である．

社会調査の計量分析では，解析結果をつみ重ねていくにつれて変数の意味がかわっていく．単純化すれば，

　　統計解析にかけたら意外な結果がでてくる　→当初想定したのとはちがった解釈をせまられる　→変数の意味を変更することで解析結果がより納得的に説明できる　→検証のためにさらに統計解析をする　→統計解析にかけたら意外な結果がでてくる　→……

というプロセスが一般的に起きる．起きないとすれば，それこそたんに解析結果の出力を逐語的に翻訳しているだけか，あるいは，論文（研究）の途中で実際には意味が変化しているのを分析者が自覚できていないか，どちらかである．

このプロセスによって変数の意味が収束する場合もあるし，発散する場合もある．発散すればただただ徒労感だが，うまく収束すれば「成功」，「あたりbingo！」という感じでわくわくしてくる．テキストを「読む」ような，多重のリカーシブな意味同定が働き（5.3.4参照），そのはてに，何かが見えてくる感じがする．

見えてくるものはあらかじめわかっているわけではない．だから，このプロセスを収束させるためには，変数の意味の事後確定性に対して開かれているという柔軟さが重要になる．最初に意味を確定して閉じてしまわない，複数の意味がありうるという不確実性にたえつづける——そういう心性を必要とする．

これは，統計学内在的に理解する，なかでも誰かがすでに開発した手法を理解することとはまったく別物である．むしろ，統計学の論理は統計解析における意味の一つにすぎないという点でいえば，社会学にかぎらず，統計解析のメタ手順は複数の意味に対して開かれていなければならない．開かれていることにたえなければならない．

そうした開きがあってはじめて，よい計量分析が可能になる．統計解析の意味を十分生かすことができるのである．結局，それが「ハウ・ツー」ユーザーを減らす最もよい途ではなかろうか．

=コラム 5.4=

「信心」と「信仰」

　質問紙を使った調査や実験では，特に質問文のワーディングに注意をはらう必要がある．一つの質問のなかだけではない．質問の順序によっても回答に大きな影響が発生しうる．これについては日本の世論調査史上有名な事例がある（詳細は石井（1997）などを参照）．

　1960年以降さまざまな調査を通じて，宗教を信じているという人の比率はほぼ30%前半を保っている．だが，ただ一度だけ56%という飛びぬけて高い数値が出たことがある．1965年に読売新聞社が行なった「日本人のこころ」調査である．

　なぜこんなことが起きたのだろうか？　実はこの調査では，質問のしかたが二つの点で，他と大きく異なっていた．第1は，「あなたは神様でも仏様でも何か信心をなさっていますか」という形で質問したこと．第2は，その質問の前に，「あなたは観光地を訪れたり，山に登ったりしたとき，そこに神社があったらお参りをしますか」という質問をしたこと，である．例えば，ほぼ同じ時期に文部省統計数理研究所が行なった国民性調査では，「宗教についておききしたいのですが，たとえば，あなたは，何か信仰とか信心とかを持っていますか」という形で聞いており，その前に，直接関連する質問はない．国民性調査では1963年で31%，1968年で30%が，信じていると答えている．

　「宗教」とか「信仰」という言葉でふつうイメージされるのは，キリスト教やいわゆる新興宗教である．お墓参りや，山登りで神社──だいたい山の上にはそういうものがある──に足をむけたとして，それを「宗教」だと意識する人は少ない．だが，「宗教ではないのか」とあらためて問われれば，そういいきれる人も多くないだろう．まして，「信心」というより日常的な言葉でいわれれば……．二つの調査の2倍ちかい数値の開きは，そうやってつくりだされたと考えられる．

　しかし，だからといって，読売新聞の調査か統計数理研究所の国民性調査か，どちらかのワーディングが誤っているわけではない．明らかな錯誤以外には，「誤ったワーディング」は存在しない．それぞれの質問文や質問文のならびは，人々の生活や意識の多面体の一つの相をそれぞれ切り出しているのである．

　その意味で，もし今，あの読売新聞の調査と同じ質問をしたらどんな回答結果が出るのか，知りたいところである．

引用文献

土場　学　1994　統計的検定の考え方．理論と方法，**9**(2)，223-236．
遠藤織枝　1987　気になる言葉．南雲堂．
福留恵子　1994　グループウェアの現状と最新動向．研究開発マネジメント，**7**．
イアン・ハッキング著，石原英樹・重田園江（訳）　1999　偶然を飼いならす．木鐸社．
石井研士　1997　データブック現代日本人の宗教．新曜社．
松原　望　1996　わかりやすい統計学．丸善．
佐伯　胖　1998　日本に認知革命は起こったのか．大航海，**23**, 12-13．
佐藤　博　1999　ケトレーにおける「統計学」と「社会物理学」の構想．長屋政勝・金子治平・上藤一郎（編）統計と統計理論の社会的形成．北海道大学図書刊行会．
盛山和夫・近藤博之・岩永雅也　1992　社会調査法．放送大学教育振興会．
徳岡秀雄　1987　社会病理の分析視角．東京大学出版会．

【練習問題】

5.1　コラム 5.4 で紹介した二つの調査の結果から，日本社会の宗教意識についてどんなことがいえるか，考えなさい．

5.2

	1934 年	1986 年
夫	113 (79.0%)	495 (46.2%)
主人	28 (19.6%)	547 (51.1%)
彼	1 (0.7%)	0
亭主	0	13 (1.2%)
うちの人	0	5 (0.5%)
だんな（さま）	0	8 (0.7%)
つれあい	0	3 (0.3%)
実名の頭文字	1 (0.7%)	0
合計	143	1071

上の表は 1934 年と 1986 年の A 新聞の投書欄から，既婚女性が配偶者をどう呼んでいるかを集計したものである（比率は遠藤 (1987) によるが，実数と調査状況は架空のもの）．この表から，戦前と戦後で既婚女性がどのように変わったのか，複数の解釈を考えなさい．

簡易用語解説

AIC（赤池情報量基準） An(Akaike) Information Criterion
ある確率変数に対してその確率分布のモデルを立てて近似した際，そのモデルがもとの確率変数の真の確率分布をどれだけ効率的に表現しているかを示す量．−2（モデルの最大対数尤度）+2（自由パラメータ数）で計算される．この値が小さいほど，真の確率分布を効率的に表現している．

オーディネーション ordination
多数の変数に対する多数のサンプルの反応を，少数の変数，例えば2〜3次元の空間の上に縮約して表すこと．データ全体が見渡しやすくなり，変数間の関係や各サンプルの特徴を直感的につかみやすくなるが，縮約する操作によってもともとのデータになかったものが「創造」される危険もある．

外部妥当性 external validity
直接研究の対象となった被験者や材料などを越えて，研究結果が一般化できるかどうかという，研究の特性．

片側検定／両側検定 one-tailed (two-tailed) test
帰無仮説 $\theta=0$（一般には $\theta=c$（定数））に対して，対立仮説として $\theta<0$（$\theta<c$）もしくは $\theta>0$（$\theta>c$）をおくのが片側検定，対立仮説として $\theta\neq0$（$\theta\neq c$）をおくのが両側検定である．片側検定／両側検定の使い分けについてはさまざまな立場があるが，ふつうは問題の固有性から決まると教えられている．

干渉変数 interfering variable
独立変数とは異なる変数だが，従属変数に影響するのではないかと推定される変数．実験においては，実験者によって統制されなければならない．「剰余変数」「交絡変数」「調整変数」など，ほかにもいろいろな名称が使われている．

帰無仮説 null hypothesis
たんに「仮説」に同じ．すなわち統計理論上は形容詞「帰無」はなくとも実質内容は変わらない．ただし，フィッシャーは帰無仮説のみを仮説検定（有意性検定）

の対象とし，ネイマン-ピアソンはこれに対立する「対立仮説」もあわせて考える．
「帰無」nullの原義は「無効果」「無変化」「制御群」などの消極的意味内容を含むが，多くの場合，これらが棄却されることにより「効果あり」「変化」「改良」などの命題が結果的に立証されることを目的とする．

区間推定 interval estimation

統計モデルのパラメータ（母数）を区間を用いて推定する方法．例えば，「パラメータが，下端 l と上端 u との間に確率 0.95 で存在する」という．ただし，伝統的な方法では，区間の端は統計量として，データから計算されるものであり，観測の繰り返しにおいてパラメータがこの区間内にある確率が計算される．データを観測し，区間が実際に数値となった場合，伝統的には，これはもはや確率とはいえず，ベイズ的に主観確率として解釈することになる．

固有値と固有ベクトル eigenvalue (characteristic value) and eigenvector (ch. vector)

n 次の正方行列（n 行 n 列の行列）A に対して，$Ax=\lambda x$（$x\neq 0$）を満たす λ を A の固有値，ベクトル x を A の固有ベクトルという．成分が実数の対称行列の固有値はすべて実数である．また，対称行列の異なる固有値に対する固有ベクトルは直交する．さらに正（非負）定値行列の固有値はすべて正（非負）である．

射影 projection

直交座標系で，直上から投じた光による影をイメージしてこのようにいう．任意のベクトルの座標軸上の座標（座標軸に垂線を下ろしたときの値）をいう．

従属変数 dependent variable

因果関係の結果のほうに相当すると推定され，実験においては，実験者によって測定される変数．

自由度 degree of freedom

統計量を独立な変数（これ自体サンプルの関数）の関数と定義しなおしたときのその個数．その確率分布（標本分布）にもパラメータとして入る．一般にサンプル・サイズ n より小さい数となる．一例として，$n=3$ のときサンプルの平方和 SS（分散の分子部分）を考えると，サンプルの平均 $\bar{x}$ からの偏差 $y_1=x_1-\bar{x}$，$y_2=x_2-\bar{x}$，$y_3=x_3-\bar{x}$ は $y_1+y_2+y_3=0$ より独立ではないが，どの2個も独立で，SSは y_1，y_2，y_1+y_2 の2乗の和となるから自由度=2である．

準実験 quasi-experiment

異なった実験条件に異なった被験体が割り当てられ，しかも，被験体の無作為配分が行なわれないような実験．現場研究でやむをえず行なわれることが多い．独立変数の効果と個体差干渉変数の効果とを混同する恐れが強いので，結果の解釈には細心の注意を要する．

数量化 3 (III) 類 Hayashi's quantification of type III

サンプル×変数のデータ行列やクロス集計表などの行列型のデータにおいて，各行の間の類似性と各列の間の類似性を同時にスコア化して表す手法．サンプル×変数でいえば，各サンプル間の類似性は反応している変数の共通性，各変数間の類似性は反応しているサンプルの共通性で定義される（なお，I, II, III, IV 類という呼称はわが国における便宜的なもので，英訳は直訳である）．

潜在変数 latent variables

因子分析モデルにおける因子得点など観測個体の観測されない特徴を示す変数をいう．統計モデルのパラメータであるが，通常のパラメータと異なり，各観測個体に特有のパラメータであり，通常のパラメータとは異なる取り扱いを要する（付随パラメータとよばれることがある）．

全数調査 complete count とサンプル調査 sample survey

調査したい対象すべてを実際に調査するのが全数調査，調査したい対象の中から一定のやり方で一部を抽出し，それらだけを実際に調査するのがサンプル調査である．全数調査の代表例としては国勢調査，サンプル調査の代表例としてはテレビの視聴率調査がある．サンプル調査では，調査したい対象（＝母集団）と実際に調査する対象（＝サンプル集団）の間でできるだけズレや偏りがないようにしなければならない．そのために，ランダム・サンプリングを行なうが，完全にランダムに抽出してもある程度の誤差がでてくる．この誤差をサンプリング誤差という．

損失，機会損失 loss, opportunity loss

意思決定の問題を解くには，関連する不確かさを評価する方法と，意思決定の後生起する結果の評価が不可欠である．ベイズ的には，不確かさは主観確率によって，結果の評価は効用によって行なうのが標準である．しかし，その結果がどの程度悪い影響を与えるかという観点から評価するほうが都合がよい場合もある．また，とくに，損失を完全な情報のもとでの最適な決定の結果との差として評価する場合「機会損失」という．

対応分析 correspondence analysis
データ行列を一つのクロス表に見立てることで，行（例えばサンプル）と列（例えば変数）の間の関連性を見出し，それにもとづいて各行・各列をスコア化する手法．元のデータ行列から各行と各列が無関連ならばとるだろう値の行列を引いた行列を，行・列に対応する一組のベクトルの積の和の形に分解し，その各組を行スコア・列スコアとする．数量化3類と基本的には同じものである．

対等化法 pair(ed)-matching
被験者間計画において，個体差を組織的に統制するための方法の一つ．個体差干渉変数の値を前もって測定し，同じ値をもつ被験者の対（実験条件が三つ以上ある場合は，群）をつくり，それぞれの対（または，群）の中で被験者を各実験条件に割り振る．

超平面 hyper-plane
n 次のベクトル空間内における原点を通る p ($p<n$) 次元の線形部分空間，3次元空間内の平面，2次元空間内の直線などを一般化した概念．ただし，それを平行移動したものも含めていうのがふつう．

直接確率法 randomization test
母集団やその特性に関する仮定を使用しないノンパラメトリック検定の一種．実際に得られたデータが偶然に得られる確率を直接計算して，仮説の採択・棄却を判断する方法．データが多いと計算量が膨大になるので，あまり使われてこなかったが，近年，コンピュータの普及とともに，使われる機会が徐々にふえてきた．

t 検定（スチューデントの t 検定） t-test
二つの実験条件の効果，あるいは，二つのグループの母集団の平均に差があるかどうかを検定する方法．「等しい」ことを帰無仮説とする．二つの母集団の分散が等しい場合と異なる場合では，検定のために用いる統計量が異なる．二つの母集団の分散が等しいかどうかを検定するためにはふつう，F 検定が用いられる．「スチューデント」は考案者ゴセットの別名．

統計量 statistic
サンプルの標本データ（だけ）から計算される量のこと．例えば，データの中心的な傾向を示す平均やメディアン，モード，標本分散，標本相関係数，標本回帰係数，F 比などは統計量である．統計モデルのパラメータに関して，もとのデータのもつ情報のすべてを統計量が表している場合，十分統計量とよばれる．統計量が

検定を目的として計算される場合，検定統計量，推定を目的として計算される場合推定統計量とよばれる．

独立変数 independent variable
因果関係の原因の方に相当すると推定され，実験においては，実験者によって操作される変数．

内部妥当性 internal validity
研究結果が現実を正しく反映したものかどうかという，研究の特性．

BIC Bayesian Information Criterion
モデル選択のための，いわゆる情報量基準の一種とされる．ベイズ情報量基準の略で，シュワルツの情報量基準ともよばれる．しかし，AIC（赤池情報量基準）を代表とする一般の情報量基準が，真のモデル分布と推定されたモデル分布の間の距離の推定を根拠とするのに対し，BIC は各モデルを真とする事後確率の近似である．

p 値（有意確率） p-value, significance probability
仮説検定（有意性検定）において，統計量の値の帰無仮説からの乖離（ハズレ）の程度すなわち有意性を表す確率．よりくわしくは，統計量がその得られた値よりはなはだしい値をとる確率．この確率が小さいほど有意となる．コンピュータが分布表から算出して示すが，これを有意水準と比べて有意性検定を行なう．

例えば，一般の統計量を t とすると，$t=13.7$ を得たとき，$p=P(t>13.7)=0.0002$ としよう．これから 13.7 はかなりハズレた大きい（有意な）値と判断される．

被験者間計画 between-subject(s) design
複数の実験条件に，それぞれ別々の被験者を割り当てる実験計画．独立変数の効果と個体差干渉変数の効果を混同しないように，無作為配分が必要になる．

被験者内計画 within-subject(s) design
複数の実験条件を同一の被験者に割り当てる実験計画．個体差を統制する一つの方法だが，実験操作の効果が後に残る場合には使用できない．

分散分析 analysis of variance
ふつう三つ以上の実験条件の効果，あるいは，三つ以上のグループの母集団の平

均に差があるかどうかを検定する方法．二つの場合は t 検定（両側検定）に一致する．ただし検定できる仮説のきめの細かさ，前提条件のチェックのきめの細かさからいって，比較するものの数が2の場合は t 検定がよい．検定は，実験の効果の差や集団の差を表す分散と，同一実験条件やグループにおける個人差の分散の比を検討し，それが偶然によって起こったかどうかを調べるので F 比を用いる．

平均値等化法 mean matching

被験者間計画において，個体差を組織的に統制するための方法の一つ．個体差干渉変数の値を前もって測定し，実験条件間でその平均値が等しくなるように被験者を各実験条件に割り当てる．

無作為抽出 random sampling

母集団から標本を無作為に選ぶこと．標本と母集団を等質化し，判明した標本の特性を母集団に一般化することができるようにするための手続き．

無作為配分 random assignment

個体差のある実験要素（被験者など）を異なる実験条件に無作為に振り分けること．個体差に関する実験条件間の差異を統計的検定によって処理できるものにし，実験による因果関係の推定を正確にするための手続き．

有意水準 level of significance

有意性を判断するための有意確率に対する予め設定された判断基準．統計量の値の有意確率が有意水準より小さければ，その値は有意となり，帰無仮説は棄却される．有意水準は任意に定めることができ，また結果を左右するものであるが，フィッシャー以来習慣的に5%とされることが多い．

ログリニア分析 log-linear analysis

クロス表の各セルの度数を，クロスさせた各変数の効果，それらの間の相互作用の効果，さらには他の潜在変数の効果など，さまざまな変数の効果の集積とみなして，それぞれの変数の寄与のしかたについていくつかのモデルをつくり，各モデルが実際に得られたセルの度数に合致するかどうかを検定する手法．あるモデルがうまく合致すれば，そのモデルに示されたような変数間の関連性があると判断する．
例えば2変数の場合ならば，代表的なモデルは，a）独立モデル：行の変数と列の変数はそれぞれ独立にセル度数に寄与している，b）飽和モデル：行・列のそれぞれの寄与のほか二つの変数の交互作用という変数も寄与している，である．a）の独立モデルの検定は，χ^2 検定の帰無仮説の検定と，計算上はまったく同じもの

である．

ワーディング wording
　質問票における言葉の使い方．具体的には，個々の質問文の表現や質問文の並べ方など．

練習問題の解答

第 1 章

1.1 各人の倫理観，公正・正義観の問題で，「正解」に相当するものはない．解答のポイント：社会事象に平均程度に感性を有している読者なら，「これは○○のことをいっているのだな」と思い当たるであろう．プラセボ（偽薬）もダイオキシンも選挙の当確予想もよく知られた社会問題か，もしくは部分的にはそういう面をもっている．人の日常的な統計的感性は，統計が論理でありながらも，社会的・倫理的内容に隣り合っている．

統計的感性はそのような社会的感性に触発されて発動される．ここではもっとくわしく問題をのべる（データなど）べき，それでないと答えられないという反応もありえよう．しかし，事実をのべてしまえば，それ自身がほとんど答えとなることもありえる．統計学は「事実」を調べたり，一般的ケースからいくつかの可能的ケースを想像して，各ケース，各自判断を与える，という面をもっている．哲学者デカルトは，良識 (good sense) は人間に生まれながらに等しく与えられる，と有名な『方法序説』を著したが，しばしば，その良識が統計的センスに隣り合っているのである．以下は論点．

ⅰ) 宣伝・広告は最大値，最小値をのべるのがふつうである．これらは代表値ではない．宣伝・広告が代表値である必要があるのか，という問題がある．

ⅱ) 真実と社会的ステレオタイプとの関係，研究の自由と差別との緊張関係．

ⅲ) 科学・医学の進歩，医療の質の向上という人類的課題，他方医師の責務・倫理，患者との信頼関係，さらには人体実験の問題自体も提起される可能性．

ⅳ) 「可能性」「リスク」をどう受け取るか，あるいはどう伝えるかの問題．法的には因果関係が議論の分かれ道であるが，報道の役割，「確率」に対する国民意識などがかかわる．

ⅴ) 言論の自由，知る権利との関係，投票行動，読む読者の成熟などの問題がある．「予測」である（それにすぎない）ことをどう考えるか，あるいは公職選挙法の規定との抵触の問題もあるかもしれない．

1.2 U_0 は「すべてのアリは黒い」，U_1 は「アリの１％は白い」という命題とする．U_0, U_1 の成立する事前確率は各 0.5 としよう．黒いアリを１回見たときには，U_0 の事後確率は

$$\frac{0.5 \cdot (1.0)}{0.5 \cdot (1.0) + 0.5 \cdot (0.99)} = 0.5025$$

でわずかに確率は上がる．10 回，20 回，40 回，80 回見たときは，U_0 と U_1 の事後確率の比は $1^{10} : (0.99)^{10} = 1 : 0.90438\cdots$, $1^{20} : (0.99)^{20} = 1 : 0.81791\cdots$, $1^{40} : (0.99)^{40} = 1 : 0.66897\cdots$, $1^{80} : (0.99)^{80} = 1 : 0.44752\cdots$ となり，白いアリが１％いるという確率は確実に下っていく．

1.3 i) $\begin{pmatrix} 6 & 5 & 10 \\ 1 & 3 & 6 \end{pmatrix}, \begin{pmatrix} -4 & 1 & 2 \\ 7 & 1 & -4 \end{pmatrix}$ ii) $\begin{pmatrix} 50 & 29 & 47 \\ 35 & -5 & 30 \end{pmatrix}$ iii) 40

iv) $\begin{pmatrix} 0.157303 & 0.359551 & -0.32584 \\ -0.089890 & -0.348310 & 0.47191 \\ 0.213483 & 0.202247 & -0.37079 \end{pmatrix}$

1.4 i) 0.15 ii) 0.066 iii) 0.375 iv) 0.4 (あるいは -0.4)

1.5 i) $r_{xy} = 0.486456$, $r_{xz} = 0.965552$, $r_{yz} = 0.545847$, $r_{xy \cdot z} = -0.186160$

ii) 肺活量の血圧に対する単回帰および重回帰を示す．前者では血圧の t 値はきわめて高く結果は有意（$p = 0.0022$）であるが，重回帰では一転して血圧，年齢とも t 値は低く，結果は思わしくない．その理由は血圧と年齢の相関がきわめて高いため（$r = 0.992$）多重共線が生じているからである．

［単回帰］（年齢は略）

回 帰 統 計	
重相関係数 R	0.98499
重決定係数 R^2	0.970205
同 自由度調整 R^{*2}	0.960274
回帰値の標準誤差	151.7873
観測数	5

分散分析表

	自由度	変 動	分 散	分散比 F	有意確率 (p)
回 帰	1	2250682	2250682	97.68849	0.002203
残 差	3	69118.13	23039.38		
合 計	4	2319800			

	係　数	標準誤差	t	p 値	下限 95%	上限 95%
切片（定数）	8117.546	491.123	16.52854	0.000482	6554.572	9680.521
血　圧	−34.0961	3.449711	−9.88375	0.002203	−45.0746	−23.1175

[重回帰]

回　帰　統　計	
重相関係数 R	0.986607
重決定係数 R^2	0.973393
同　自由度調整 R^{*2}	0.946786
回帰値の標準誤差	175.675
観測数	5

分散分析表

	自由度	変　動	分　散	分散比 F	有意確率 (p)
回　帰	2	2258077	1129038	36.58379	0.026607
残　差	2	61723.42	30861.71		
合　計	4	2319800			

	係　数	標準誤差	t	p 値	下限 95%	上限 95%
切片（定数）	7148.956	2058.768	3.472444	0.073862	−1709.21	16007.12
血　圧	−18.9241	31.25118	−0.60555	0.60638	−153.387	115.539
年　齢	−21.2848	43.48296	−0.4895	0.672912	−208.377	165.8074

1.6 非ゼロ和の程度と裏切確率の関係を順に示す．

$x:(R-P)/(T-S)$	0.5	0.5	0.5	0.3	0.3	0.1	0.02
y：裏切確率	0.266	0.338	0.226	0.406	0.365	0.542	0.732

相関係数 $r_{xy}=0.946$ で，ゼロ和の程度は裏切確率に非常に強い関連性を有する．回帰式は $y=-0.832x+0.675$. 非ゼロ和の程度が0.1増加（ゼロ和度が0.1減少）すると，裏切確率は約0.08低下する．ただし，利害にゼロ和の関係が支配的であるときは，協力行動が誘発されにくいことは，行動科学的にも納得できる．

1.7 例えば，$a_0=0.5$, $a_1=0.975$, $a_2=0.09503$, $a_3=0.3355$, $a_4=0.869465$, …に対しては，$r(1)=-0.55526$, $r(2)=0.060648$, $r(3)=0.066433$, …となる．この場合 $r(2)$, $r(3)$ に有意差はないが，遅れの次数とともに相関の急速な低下は観察されている．

第2章

2.1 i)「雨」でなければ，運動会は開かれたといえるならば，雨が「運動会中止」の原因といえよう．ii)「きゃーる」が鳴くか鳴かないかによって雨が降るか降らないかは左右されないので，「きゃーる」は原因ではない．iii) 問題は「世論」をなんらかの「実体」とみなせるかどうか，ということである．考え方によっては，特定の（主にマスコミの）視点から，ある方向での市民の発言や運動を概念的にカテゴリー化したというだけのものかもしれない．しかし，人がそういう「概念」や「カテゴリー」に「動かされる」という考え方もできる．iv)「酒に酔って」いなくとも，信号を無視して突進してきたバイクは避けられなかったとしたら，「酔い」は事故の「原因」ではない．しかし，こういう場合，事故の確率を高めたことは確かだといえば，「原因」の一つにはカウントされうる．

2.2 通常，一番「コップらしく見える」角度から描いたものが「本当のコップ」を描いたとされる．この場合，「本当」というのは，対象（コップ）についてではなく，「最も適切な視座」を指す．このように，本来，見ている側の「見方」の問題が，あたかも「対象」の問題であるかのように取り上げられることは，ほかにもいろいろありそうだ．

2.3 前提を問い直すような学問というのは，トーマス・クーンの指摘をまつまでもなく，なかなか生まれにくい．しかし，なんとなく「行き詰まり」を痛感する人々の不満や疑念がたまり，さらに，それまでの大前提を否定することで，新しい世界が展開しそうだというケハイが見え始めたとき，一挙に「科学革命」が起こる．

2.4 人間ドックでのデータの信頼性が低いということだとすれば嘆かわしいことだといわねばならない．しかし，注意したいことは，データは受診者の体調の変化によっても変わりうる．また，データの違いやそれによる診断の違いが，本当に重大な結果につながる違いなのか，それとも，それほど重大ではないが，一般的な通念でとらえているか，それともやや用心深い診断をしているかどうかという程度の違いなのかもしれない．そのようなことがわからないかぎり，この評論家の言い分だけで，人間ドックは信頼できないと結論づけるわけにはいかない．

第3章

3.1 29を含む群をAとし，Aの平均が最小になる配分からはじめて順次考え，両群の平均がほぼ等しくなる配分を探し当てればよい．最小の配分はI)，最小から2番目の配分がII)である．平均の比較はI)で $10.08 - 10.35 = -0.27$, II)で $10.37 - 10.07 = 0.30$ であるから，この2通りが平均化に最も近い配分である．

	I)			II)	
	29.00	8.42		29.00	6.99
	2.87	8.42		2.87	8.42
	5.21	10.15		5.21	10.15
	6.35	11.16		6.35	11.16
	6.99	13.62		8.42	13.62
	10.08	10.35	(平均値)	10.37	10.07	(平均値)

第4章

4.1 この問題は，新薬の効果があるかないかという判断と，この製薬会社が新薬を発売するかどうかという決定とは異なることを示すものである．この問題が示す状況において，損失を示す決定表は次のようになる．

	効果あり	効果なし
発売せず	5,000	0
発　売	0	30,000

発売しない場合の期待損失は，$0.8 \times 5,000 = 4,000$，また，発売した場合の期待損失は，$0.2 \times 30,000 = 6,000$ となり，発売しないほうを選ぶことになる．本文で説明したように，効果ありとする確率は p 値と直接対応しないが，効果なしとする確率とこれだけの差があれば，統計的に有意な差である可能性が高い．それにもかかわらず，現実の決定としては，発売しないという決定をとることになる．

4.2 有意水準を 0.05 とする．母集団において差がなくても少なくとも一つ差が出る確率は，すべての変数において（偶然にも）有意差がない確率 0.95^{100} を 1 から引くことによって得られる．その値は，0.994 である．有意な変数の数の出現確率を示す（最初から，0個, 1個, 2個, …, 15個の確率．16個以上はすべて実質上 0．小数第5位以下切り捨て）．(0.0059, 0.0311, 0.0811, 0.1395, 0.1781, 0.1800, 0.1500, 0.1060, 0.0648, 0.0349, 0.0167, 0.0071, 0.0028, 0.0010, 0.0003, 0.0000) 最も確率が高いのは，5個のところである（当たり前といえば当たり前）．

4.3 事前の情報を利用したほうがよいといえる．この生徒の得点は 20 点であるが，その得点は，仮定から，真の得点 θ を中心として，標準偏差 5 の正規分布に従っていると考えられる；すなわち，$N(\theta, 5^2)$．この θ に関しては，事前情報として，$N(50, 10^2)$ に従っていることがわかっている．θ の事後分布は，得点の分布（モデル分布や尤度と呼ばれる）の密度関数の積になり，整理すると，平均 26, 分

散 20 の正規分布に従うことがわかる．分散の逆数を精度というが，精度による重み付き平均が 26 である．また，事後の精度は，二つの精度の和となり，その逆数が事後の分散 20 である．

4.4 メンデルのデータを通常の χ^2 検定で検定する．帰無仮説の下での χ^2 値は次の式によって得られる．

$$\chi^2 = \sum (観測度数 - 期待度数)^2 / 期待度数$$

期待値は，度数がメンデルの法則に従うことを想定すると，エンドウの種の種類の順に，312.75, 104.25, 104.25, 34.75 である．よって，χ^2 値は，$(315-312.75)^2/312.75 + (101-104.25)^2/104.25 + (108-104.25)^2/104.25 + (32-34.75)^2/34.75 = 0.47$ となる．自由度 3 でこの値より大きくなる確率（p 値）は，0.925 である．このデータはメンデルの法則とみごとに適合しており，メンデルの言っていることは正しいことになる．この場合の仮説検定は，本文中で説明した積極的仮説検定にあたる．積極的仮説検定の場合は，いわゆる有意水準を大きくすることが必要であるが，それでも文句なくメンデルの法則（最初は仮説であった）は支持される．

しかし，このことを疑問に思う（疑い深い？）人もいる．統計学が今日のような形に整備されていない当時においてメンデルがデータをねつ造したのではないかというのである．帰無仮説が正しい場合に，このようなきれいなデータを得る確率は 0.075 しかないからである．

第 5 章

5.1 （正解ではなくあくまでも解答の一つの例として）

読売新聞と統計数理研究所の調査から，1960 年代の日本人の宗教意識には少なくとも二つの相があったと考えられる．第一は，「信仰」「宗教」という言葉で通常イメージされるもので，これはキリスト教やいわゆる新興宗教など，個人個人が「自分はこれを信じる」と自覚的に信じているものである．第二は，お墓参りなど，日常的にはあまり「宗教」や「信じている」と意識されていないが，現世をこえた何かと関連づけられているものである．

第 1 は「信仰」としての宗教，第 2 は「習俗」としての宗教ともいえる．信仰型の宗教意識をもつ人は 30% と少数派だが，習俗型の宗教意識をもつ人は半数以上を占める．つまり，日本人の宗教意識については単純に強いとか弱いとかいえず，まず「宗教意識」として何を想定しているかをきちんと同定する必要がある．信仰型にかぎれば日本人の宗教意識はそれほど強くないが，習俗型までふくめるとかなりの広がりをもっている．

逆にいえば,「宗教」という,西欧から翻訳された術語をそのままつかった議論には,一定の限界が存在する．例えば,信仰型か習俗型かという宗教意識のちがいによって,「宗教」の定義自体が異なりうる．信仰型の人には習俗型も明確な「宗教」,それもどちらかというと「だらしない宗教」に映るだろう．一方,習俗型の人は,「あなたがやっているのも宗教だ」と決めつけられると,違和感をおぼえるだろう．

戦後の日本で,政教分離原則の運用など,宗教をめぐる議論が対立というよりも錯綜してきた背景には,この宗教論自体の前提負荷の強さもあるのではないか．

5.2 (正解ではなくあくまでも解答の一つの例として)

表で最も目立つのは,「夫」が大幅に減り「主人」が大幅に増えている点である．この調査は厳密には「A新聞に投書した既婚女性」の全数調査であるが,もしこれを「新聞に投書するような既婚女性」からのランダム・サンプリングとみなして検定すれば,どちらの増減も危険率 0.01% で有意となる．その解釈としてまず考えられるのは,戦後,男性の経済的地位が安定し女性の主婦化が進むなか,男性が扶養者で意思決定者,女性が被扶養者で従属者,という性別役割分業が浸透していった,というものである．

だが,1934年と 86 年では,新聞に投書する既婚女性の社会的地位が変化している可能性もある．つまり,既婚女性全体の性別役割分業は不変で,そのなかで「A新聞に投書した既婚女性」または「新聞に投書するような既婚女性」の位置だけが変化したという解釈も考えられる．例えば,34 年ではかなり高学歴の都市部の女性が主に投書しており,それにくらべて 86 年では,学歴や居住地にあまり強い偏りがないといった場合である．

表をみても,34 年にくらべ 86 年では呼称自体が多様化している．「新聞に投書するような既婚女性」という母集団を仮想すれば,「夫」「主人」以外の呼称の増減はフィッシャーの直接法で危険率 10% でも有意とはいえないが,「A新聞に投書した既婚女性」の全数調査だとすれば,表での増減自体に意味がある．したがって,この解釈も無視できない．投書者の居住地という第 3 変数をとって統制してみたり,戦前と戦後の新聞読者層調査などの外部データを参照したりして,検討する必要がある．

第 3 に,新聞に投書すること自体の意味が大きく変化している可能性もある．「夫」というのは,やや硬い言い方である．したがって,例えば,34 年では新聞への投書はかなりフォーマルな,公的な意見表明であったのに対して,86 年ではも

っと日常的な生活実感やおしゃべりに近くなったとも考えられる．つまり，既婚女性全体の性別役割は不変で，そのなかで「A新聞に投書した既婚女性」または「新聞に投書するような既婚女性」の占める位置も不変だが，投書という行為の位置づけが変化したという解釈もありうる．

　「夫」の比率の大幅な低下や呼称の多様化は，この第3の解釈によっても説明できる．したがって，投書自体の内容や，どういう場面での呼称なのかも考慮する必要があるだろう．また，これはデータの出現のしかた自体に直接かかわるものなので，第3変数の統制や計量的な外部データによっても十分に検討できない部分もある．

　いうまでもなく，この三つの解釈のうち，二つ以上がともにあてはまっている可能性もある．

索　引

あ　行

アメリカ人　141, 144
誤り（過誤）：
　　第1種の——　155, 156
　　第2種の——　134, 187
アンケート調査　193, 197, 199

イェーツの補正　32
意識　23
意思決定　45
異質化　142, 143
一義性　74
　　——問題　68-70
1次関数　125
位置不変性　29
一般化　137-139
一般知能　101
一般的なモデル　171
イデオロギー　23
遺伝　163
　　——学　178
意味　69, 202
　　——性問題　68-70
　　——同定　202
イメージ検査　123, 125-129
イメージ能力　111ff
　　——テスト　131
因果　184, 206
　　——関係　29ff, 86ff, 109ff, 128, 136ff, 153ff, 168, 204ff
因子　23, 94, 97ff
　　——構造　93, 97ff
　　——軸　96
　　——抽出　93
　　——得点　93
　　——負荷量　93, 97ff
　　——分析　23, 67ff, 80, 93ff, 170, 184ff

ウィルコクソンの検定　40

ウィル・ロージャーズ現象　23
上側確率　62-65
ウェルドンのさいころ　33

AIC　193, 194, 197, 209, 213
Excel　15, 57
エスノメソッド　197, 208
エスノメソドロジー　197
SPSS　5, 15, 179
F：
　　——検定　38, 149
　　——値　39, 40
　　——統計量　50, 150
　　——分布　21, 22, 43
　　——分布表　65
M推定（量）　149
演繹論理　16

オッズ比　34
オーディネーション　184, 213
オーバー・フィッティング　33
重みづけ　92
音楽的知能　102

か　行

回帰　36, 37, 41, 43
　　——係数　24, 34, 36
　　——値　36, 37
　　——直線　34
　　——分析　35
　　——方程式　24, 34
　　重——（分析）　35, 36, 60, 152, 153
　　単——　60
　　偏——係数　152
階級　25
χ^2：
　　——検定　32, 180, 181, 191, 193-195
　　——統計量　43, 150
　　——分布　21
　　——分布表　63

回収率　192, 193
外生変数　113
解析：
　多変量——　185
　データ——　67, 79
　統計——　67, 79
階層モデル　169, 170
外部妥当性　136, 137, 213
外部データ　196, 209
下位モデル　171
ガウス (Gauss, C. F.)　13, 43
　——分布　41
カオス　60
科学　16
確証のパラドックス　16, 58
確率　18
　——値（p 値）　130, 131
　——的変動　82
　——論　42ff
　逆——　18, 51, 166
　客観——　156
　原因の——　18
　事後——　161, 164ff, 175ff
　事前——　161, 164, 175
　主観——　156ff, 164, 176
　条件付——　159
　直接——法　138, 216
　フィデューシャル——　151
　有意——　22, 35-37, 59, 150, 217
　両側——　39
賭　157, 160
　——指数　157
下限　36, 37
過剰一般化　101
数の保存　72
仮説　20, 45, 50, 147ff
　——検証のロジック　100
　——検定　5, 44, 50, 147ff, 191
　帰無——　5, 26, 33, 44ff, 147ff, 213
　研究——　148
　対立——　44, 46, 48, 58, 148, 186, 191
　対立——帰無——の論法　185, 186, 188, 191
仮想的母集団　138
片側　46

——検定　185, 188, 189, 213
合体ロボット　8
合併　30, 33
　——分散　38
カテゴリカル　181, 193
ガードナー (Gardner, H.)　102, 103
カルナップ (Carnap, R.)　157
間隔尺度　21, 74, 75, 77, 78, 80
環境汚染問題　73
観察　117
　——的研究　117
感受性分析　176
干渉変数　113ff, 213
関数主義　9
完全順序　77
幹葉図　25
関連　24

記憶力　120, 127ff
機会損失　→「損失」を見よ
棄却　33, 38, 46ff, 148ff, 163
　——域　46, 49, 186ff, 193
記述統計　184
疑似乱数　120
疑似理論 (folk theory)　187, 188, 190
期待効用最大化　169
期待損失　173
期待値　173, 175
帰納論理　16, 157
帰無仮説　5, 26, 33, 44ff, 147ff, 213
逆確率　18, 51, 166
客観確率　156
キャンベル (Cambell, D. T.)　136, 141
キュールス法　39
教授法　141, 142
競争的状況　72
共通性　95
協同作業　145
共分散構造分析　154ff, 170, 205ff
共変数　113, 169
極値　25
巨大サンプル　194ff
距離：
　——尺度　76
　市街化——　76

索 引   231

心理的——　76
　ミンコフスキーの——尺度　76
　ユークリッド空間上の——　76
寄与率　91
記録　67-70
　——する　68
　——内容　69
近似解　105

空間的知能　102
偶然　41, 130-133, 138, 143
　——誤差　132
区間：
　——推定　50, 154, 214
　信頼——　154, 195
クック（Cook, T. D.）　136, 141
組み合わせ可能性　129
クーム（Coombs, T. D.）　7
クラスカル-ウォリスの検定　40
グラフ　24
クラマーの V　195
繰り返し　71, 72
グールド（Gould, S. J.）　101, 104
クロスセクション・データ　31
クロス表　32, 33, 180ff

経済時系列　31
経済性　128
経済統計　20
係数　36
　回帰——　24, 34, 35
　系列相関——　32
　決定——　24, 34, 35, 152, 153
　自己相関——　32, 61
　重決定——　36, 37
　重相関——　24, 34-37, 152
　順位相関——　32
　信頼——　31
　相関——　24ff, 43, 60, 81, 87-89, 184, 185, 206, 207
　ピアソンの積率相関——　81
　標準化　34
　ファイ—— ϕ　195
　偏回帰——　152
　偏相関——　30

変動——　24
母集団相関——　59
計数データ　32
系統誤差　132
計量社会学　197
計量的　20
系列相関係数　32
ケインズ（Keynes, J. M.）　18, 157
ケース・コントロール研究　33
血液型　151, 152
結果　86, 116
結晶知能　102
決定　18
決定係数　24, 34-37, 152, 153
決定論　40
ケトレー（Quetelet, A.）　41-43, 186, 187
ゲーミング・シミュレーション　60
ゲーム理論　60, 166
原因　22, 86, 92, 100, 101, 103, 116
　——の確率　18
研究仮説　148
言語　141, 144
　——的知能　102
検出力　47-50, 187
検定　24, 185, 196, 207
　——力　134, 135, 149　（→「検出力」も見よ）
　——理論　43
　ウィルコクソンの——　40
　F——　38, 149
　χ^2——　32, 180, 181, 191ff
　仮説——　5, 44, 50, 147ff
　片側——　185, 188, 189, 213
　クラスカル-ウォリスの——　40
　スミルノフ-グラップスの——　27
　t——　39, 109, 112, 130, 133, 138, 148, 149, 153, 216
　適合度（の）——　32, 33
　統計的——（問題）　109ff, 130-135, 138, 140, 143, 155, 168
　独立性の——　32, 59
　フリードマンの——　40
　平均の——　59
　マクマネーの χ^2——　34
　マンテル-ヘンツェル（の）——　34

マン-ホイットニー（の）—— 40
有意性—— 22, 26, 44, 152, 156
尤度比—— 171
ラン—— 40
両側—— 185, 189, 213
両側／片側—— 185-190
ケンドール（Kendall, M. G.） 32
現場研究 141

交互作用 40, 140
恒常誤差 132
構成概念 169
構成要素 92
構造方程式モデル 154, 170
構造モデル 8
効用 175
交絡変数 113
国勢学派 43
誤差 6, 134, 153
　——理論 43
　偶然—— 132
　系統—— 132
　恒常—— 132
　サンプリング—— 181, 192, 194, 195
　測定—— 126
　標準—— 35-37, 39
　無作為—— 132-135
個人差 110, 111, 118-121, 131, 132
　——干渉変数 144
　——変数 134, 141
ゴセット（Gosset, W.） 43
個体差 109, 114, 118, 120, 122, 130-134, 141
　——干渉変数 136, 139, 142, 143
　——変数 111
コッホ（Koch, R.） 117
古典的定義 156
固有：
　——値 90, 91, 94, 214
　——ベクトル 90, 91, 94, 97, 214
ゴルトン（Galton, F.） 13, 28, 41, 43
コルモゴロフの公理系 157
コレラ 117
コンテキスト 183, 184, 201-204, 206
コントロール 34

さ　行

最小二乗法 13, 34, 43
最小値 25, 57
最大値 25, 57
採択 38, 50, 154ff
　——域 186ff
最頻値 24, 27
最尤（推定）法 13, 50, 185
SAS 5, 15, 179
座標 92
残差 36, 37
散布図 30, 34, 35, 82, 89, 185
サンプリング誤差 181, 192, 194, 195
サンプル 15, 17, 21ff, 42ff
　——・サイズ（数） 26, 31, 33, 39ff, 47-50, 59, 194-196
　——調査 41, 42, 181ff, 215

シェフェ法 39
ジェフリーズ（Jeffreys, H.） 165, 171
市街化距離 76
シーガル（Siegal, M.） 72
色覚 139
色素 139
軸の回転 96
事後確率分布（事後分布，事後確率） 161, 164, 166, 170ff
自己相関係数 32, 61
事前確率分布（事前分布，事前確率） 161, 164, 176
四則演算 77
実験 117, 118, 168
実験群 5, 110-112, 114, 118, 119, 123, 131, 141, 142
実験計画（法） 13, 43, 50, 110, 113
実験条件 110, 121-123, 126-132, 134-136, 138
実験操作 111, 112
実験的研究 117
実験要素 120, 122, 133
実在的 23
実証的研究 117
実践としての統計学 9, 10
「実務家」向けの統計学 4

索　引

質問票　47
射影　214
社会調査　17, 20, 21, 180, 197ff, 208, 209
社会的公正　18
社会的・実践的知能　102
弱順序　77
尺度　21, 76
　——不変性　29
　間隔——　21, 74, 75, 77, 78, 80
　距離——　76
　順序——　21, 74, 77, 78
　データの——　74, 79
　比——　21, 77
　比率——　74, 77, 78
　ミンコフスキーの距離——　76
　名義——　21, 74, 78
ジャックナイフ　14
主因子法　93, 94, 96, 98, 99, 105
周囲の状況　72
重回帰（分析）　35, 36, 60, 152, 153
重決定係数　36, 37
囚人のジレンマ　60
重相関係数　24, 34-37, 152
従属変数　8, 9, 35, 113ff, 127, 130ff, 142, 152, 214
集団比較　24
自由度　22, 26, 36ff, 59, 134, 214
　——調整　34, 35
十分統計量　50
主観確率　156, 157, 164, 176
主成分　23
　——得点　91
　——の解釈　92
　——分析　23, 67ff, 80, 87, 90-94, 97
　——ベクトル　90
寿命　52, 53
順位　40
　——相関係数　32
準実験　131, 141, 145, 215
準順序　77
順序　40
　——尺度　21, 74, 77, 78
　完全——　77
　弱——　77
　準——　77

半——　77
賞金　157
上限95％　36, 37
条件付確率　159
消費者危険　49
剰余変数　113
除外値　26, 27
人格的知能　102
真正の実験　131
身体・運動知能　102
シンプソンのパラドックス　16, 33
新薬　172-174, 177
信頼：
　——区間　154, 195
　——係数　31
　——限界　31
　——性　70, 126, 127, 143
心理学的モデル　8
心理的距離　76
心理データ　8, 9
心理統計　21

推移律　74, 77
推計学　139
水準：
　有意——　5, 46, 50, 147ff, 165, 179, 190, 191, 195, 218
推定（量）　24, 172, 185
　——理論　43
　M——　149
　区間——　50, 154, 214
　点——　185
　統計的——　168
推論　176
数学的モデル　2
数学としての統計学　9
数値　74
数理統計　185
　——学　4
数量化III類　184, 204, 215
スターンバーグ（Sternberg, R. J.）　102, 103
スピアマン（Spearman, C.）　32, 101
スミノルフ-グラップスの検定　27

234

正規分布　　13, 21, 43, 167, 169, 176, 186, 187
　——表　　62
性差　　78
精度　　70, 165
正の相関　　115
生物統計　　21
積分　　170, 171, 175
切断　　31
説明変数　　201, 204
z 変換　　50, 81, 87
ゼロ点　　76
ゼロ和　　60
世論　　23
線形　　125
　——関係　　28
潜在的　　22, 23
潜在変数　　23, 169, 170, 176, 215
センサリング　　31
全数調査　　50, 180, 181, 195, 215
全有権者　　135, 140

相関　　86, 93, 114, 126, 206
　——関係　　29, 80, 86, 89, 115, 116, 207
　——行列（マトリックス）　　90, 92, 94, 96, 101
　——係数　　24, 28, 30, 34, 43, 60, 80, 87-89, 184, 185, 206, 207
　——的研究　　117
　——と因果　　86
　——分析　　67ff, 80, 83, 87, 90
　系列——係数　　32
　自己——係数　　32, 61
　重——係数　　24, 34-37, 152
　順位——係数　　32
　正の——　　115
　ピアソンの積率——係数　　81
　偏——係数　　30
　母集団——係数　　59
　見かけ上の——　　30, 60
相互作用　　6
相互批判　　145
相対頻度　　33
層別　　16, 17, 21, 29, 30
測定　　21
　——可能性　　126

　——誤差　　126
　——費用　　21
　——モデル　　170
組織的配分　　110, 122, 123, 126-128, 134
ソフトウェア・パッケージ　　14, 15
損失　　173-175, 215
損耗　　142
　——率　　142

た　行

第1種の誤り（過誤）　　155, 156
対応分析（数量化III類）　　184, 185, 204, 216
対角線上　　94
第三変数　　113
対象群　　189
第2種の誤り（過誤）　　134, 187
対比モデル　　75
代表値　　25, 26
対立仮説　　44, 46, 48, 58, 148, 186, 191
対立仮説—帰無仮説の論法　　185, 186, 188, 191
多重共線　　35, 38
多重比較　　39, 155
多知能論　　102, 103
橘　敏明　　138, 143
妥当性　　126, 127, 143
　外部——　　136, 137, 213
　内部——　　136, 137, 217
ダネット法　　39
多変量解析　　184, 185
単回帰　　60

遅延時間　　120
知識獲得　　102
秩序性　　79
地動説　　104, 105
知能　　103, 110, 127, 129, 130, 134, 135
　——因子　　104
　——検査　　135
　——指数　　134
中位数　　25
中央値　　24, 25, 27
調査　　117
　アンケート——　　193, 197, 199
　サンプル——　　41, 42, 181ff, 215

索　引

社会—— 17, 20, 21, 180, 197ff, 208, 209
全数—— 50, 180, 181, 195, 215
面接—— 200
予備—— 153
調整平均　149
調整変数　113
超平面　98, 216
直接確率法　138, 216
直交バリマックス解　96
ちらばり　25

追試　144
対等化法　126-129, 134, 216
罪：
　——の意識　79
　第一種の——　79
　第二種の——　86

t　36, 37
　——検定　39, 109, 112, 130, 133, 138, 148, 149, 153, 216
　——値　24, 34, 35
　——統計量　150
　——分布　21, 43, 150
　——分布表　64
適合度（フィット）　24
　——の検定　32, 33
テスト　72
データ　6, 20, 23, 26, 53, 72, 151, 152, 160-164, 171, 206-208
　——解析　67, 79
　——にする　70, 71
　——の「公開」性　73
　——の尺度　74, 79
　——の「背後」　71
　——の頻度　71
　——のベクトル表現　87
　——発生モデル　167
　——分析　208
　——モデル　7, 8
　外部——　196, 209
　計数——　32
　心理——　8, 9
　統計的——　71
　度数——　32

「要注意」——　83
テューキー法　39
デュルケーム（Durkheim, E.）　28, 205
点推定　185

トヴァスキー（Tversky, A.）　75
等間隔加法的コンジョイント系　77
統計：
　記述——　184
　経済——　20
　心理——　21
　数理——　185
　生物——　21
統計解析　67, 79
統計学　79
　——の学び方　2
　実践としての——　9, 10
　「実務家」向けの——　4
　数学としての——　9
　数理——　4
　「ノン・パラメトリック」——　40
　ベイズ——　19, 167, 169, 172, 175
統計局　42
統計的決定理論　43
統計的検定（問題）　109ff, 130-135, 138, 140, 143, 155, 168
統計的手法　2, 5, 6, 77
統計的推測理論　43
統計的推定　168
統計的データ　71
統計的に有意　110, 111, 130
統計的法則性　43
統計的モデル　6
統計パッケージ　105, 179ff, 190
統計量　21ff, 34, 59, 119, 150, 170, 216
　F——　50, 150
　χ^2——　43, 150
　十分——　50
　t——　150
　2標本 t——　24, 38
等質化　126
統制　114, 118, 119, 123ff, 141-143
　——群　5, 110ff, 131, 141, 142
　——条件　121ff
独自因子　94, 96

独立性　24
　　——の検定　32, 59
独立同一分布　169
独立変数　8, 9, 35ff, 113ff, 120ff, 128, 130ff, 152, 217
度数データ　32
ド・フィネッティ (De Finetti, B.)　18
ド・モアブル (De Moivre, A.)　42

な 行

内部妥当性　136, 137, 217

二項分布　33
二次的変数　113
二重クロス表　34
2標本 t 統計量　24, 38

ネイマン (Neyman, J.)　43-45
ネイマン-ピアソンの基本補題　49
ネイマン-ピアソン理論（流）　14, 19, 43-50, 150, 151

ノイズ　88, 95
能力　23, 72
「ノン・パラメトリック」統計学　40
ノンパラメトリック法　48

は 行

バイアス　133-135
バイオメトリックス　81
パスカル　42
外れ値　25, 26
パーセント点　63-65
パーソナリティ　22
ハッキング　41
ばらつき　24, 26
パラドックス　23
　確証の——　16, 58
　シンプソンの——　16, 33
　リンドレーの——　164, 165
パラメータ　19, 168, 170, 172, 174, 176
　——空間　172
バリマックス：
　——解　105
　——変換　99

直交——解　96
半順序　77
反比例　125
反復測定計画　121

ピアソン (Pearson, E.)　43-45
ピアソン (Pearson, K.)　13, 14, 28, 42, 43
ピアソンの積率相関係数　81
BIC　170, 217
p 値　22, 35-37, 130, 131, 150, 154, 156, 162, 163, 179, 181, 217
非競争的状況　72
被験者間計画　121, 133, 217
被験者内計画　121, 133, 135, 217
比尺度　21, 77
ヒストグラム　25
被説明変数　201, 204
非線形　125
必然（的）　130, 131, 133
標準化　35
　——係数　34
標準誤差　35-37, 39
標準得点　27
標準偏差　24, 27, 39, 53
表象　67
　——問題　68-70
標本　51, 135-138
　——分布　21, 22
　——分布論　43
比率尺度　74, 77, 78
非類似性　76
比例　87, 125
頻度　74, 156
　——分布　32

ファイ係数 ϕ　195
フィッシャー (Fisher, R.)　13, 26, 33, 43-46, 49, 50, 151
　——情報量　50
フィッシャー-ネイマン論争　44
フィデューシャル確率　151
フィールド・ノーツ　68
フェルマー (Fermat, P. de)　42
不確定性　172
負荷量　97, 98, 100

索　引

物象化　100, 103, 104
ブートストラップ　14
不偏分散　24, 26
プラセボ効果　58
ブラックボックス主義　5
プラモデル　7
フリードマンの検定　40
分割　33
文系　144　(→「理系」も見よ)
分散　24ff, 36-38, 54, 87, 143, 149, 165
　　——比　36, 37, 39
　　——分析　13, 24, 26, 39, 50, 109, 148ff, 185, 217
　　——分析表　36, 37, 39
　　合併——　38
　　共——構造分析　154ff, 170, 205ff
　　不偏——　24, 26
分析：
　　因子——　23, 67ff, 80, 93ff, 170, 184, 185
　　回帰——　35
　　感受性——　176
　　共分散構造——　154ff, 170, 205ff
　　重回帰——　60, 152, 153
　　主成分——　23, 67ff, 80, 87, 90ff, 96
　　相関——　67ff, 80, 83, 87, 90
　　対応——　184, 185, 204, 216
　　データ——　208
　　分散——　13, 24, 26, 39, 50, 109, 148ff, 185, 217
　　分散——表　36, 37, 39
　　ログリニア——　17, 193, 196, 218
分布　182
　　——表　22, 62-65
　　F——　21, 22, 43
　　χ^2——　21
　　ガウス——　41
　　事後——　170, 172, 173
　　事前——　176
　　正規——　13, 21, 43, 167, 169, 176, 186, 187
　　t——　21, 43, 150
　　独立同一——　169
　　二項——　33
　　標本——　21, 22
　　頻度——　32
　　予測——　170, 174, 175

累積——　62
分布表　22, 62-65
　　F——　65
　　χ^2——　63
　　正規——　62
　　t——　64
ペイオフ　60
平均　21, 23, 39, 43, 87, 172
　　——人　41, 43, 186, 187
　　——値　24, 25, 27, 41, 53, 54, 165
　　——値等化法　123, 126, 218
　　——の検定　59
　　——平方　40
　　調整——　149
　　モデル——　174
ベイジアン　19, 51, 58, 166　(→「ベイズ的」も見よ)
ベイズ　50
　　——的　147, 148, 152, 156, 157, 159, 164-167, 170, 172-176
　　——統計学　19, 167, 169, 172, 175
　　——統計学派　19
　　——・ナッシュ均衡　166
　　——の定理　16, 18, 58, 160, 161
　　——比　170, 171
平方和　26, 40
ベクトル図　89
ペッテンコーファー (Pettenkofer, M. J. von)　117
ペティ (Petty, W.)　43
ベルヌーイ (Bernoulli, J.)　41, 42
偏回帰係数　152
変数：
　　外生——　113
　　干渉——　113ff, 213
　　共——　113, 169
　　交絡——　113
　　個人差——　134, 141
　　個人差干渉——　144
　　個体差——　111
　　個体差干渉——　136, 139, 142, 143
　　従属——　8, 9, 35, 113ff, 127ff, 142, 152, 214
　　剰余——　113

238

説明—— 201, 204
潜在—— 23, 169, 170, 176, 215
第三—— 113
調整—— 113
独立—— 8, 9, 35, 36, 38, 113ff, 128ff, 217
二次的—— 113
偏相関係数 30
変動 36, 37
——係数 24

方向オンチ実験 111, 113, 118, 122, 130, 131, 133, 138
方向感覚 111-113, 127, 128, 130
飽和モデル 193
母集団 17, 42ff, 51, 59, 135ff, 152ff, 165
——相関係数 59
ポパー (Popper, K. R.) 16
ボンフェローニ法 39

ま　行

マクダーモット (McDermott, R. P.) 102
マクマネーの χ^2 検定 34
マンテル-ヘンツェルの検定 34
マン-ホイットニーの検定 40

見かけ上の相関 30, 60
道田泰司 101
密度関数 164
宮元博章 101
ミンコフスキーの距離尺度 76

無作為 17, 110, 118-120, 122, 129, 131, 134, 135, 142
——化 120, 143, 168
——誤差 132-135
——サンプル 147
——抽出 110, 135-140, 178, 218
——配分 109ff, 218
——割り当て 109ff
——割りつけ 109ff

名義尺度 21, 74, 78
命題 18
メタ手順 182, 183, 190, 197, 202, 210
メディアン 172

面接調査 200
メンデル 33, 45

盲検法 50
モデル：
——化 103, 104
——構造 93
——選択 168
——チェック 168
——平均 174
一般的な—— 171
下位—— 171
階層—— 169, 170
構造 8
構造方程式—— 154, 170
心理学的—— 8
数学的—— 2
測定—— 170
対比—— 75
データ—— 7, 8
データ発生—— 167
統計的—— 6
プラ— 7
飽和—— 193
モード 172
問題解決能力 102

や　行

薬害問題 73
やる気 119, 128, 133

有意 26, 45, 46, 132, 165
——確率 22, 35-37, 59, 150, 217
——差 4, 5, 9, 112, 118, 131, 133, 134
——水準 5, 46, 50, 147ff, 165, 179, 190, 191, 195, 218
——性 50
——性検定 22, 26, 44, 152, 156
尤度比検定 171
ユークリッド空間上の距離 76

要因 92
——効果 6
「要注意」データ 83
吉田寿夫 86

予想　73
予測　168
　——分布　170, 174, 175
予備調査　153

ら 行

ラザフォードの原子模型　104
ラプラス（Laplace, S.）　18, 42, 43, 51, 157, 166
ラムゼー（Ramsey, F. P.）　18
乱塊法　135
ラン検定　40
乱数　120, 152
ランダマイゼーション　17, 21, 49　（→「無作為」も見よ）
ランダム　17, 18
　——・サンプリング（サンプル）　17, 21, 42-44, 49, 194, 195
ランダムネス　17, 42

リカーシブな意味同定　203, 209, 210
理系　144, 145　（→「文系」も見よ）
リスク　54
流動知能　102

理由不十分の原理　157
両側　46
　——確率　39
　——／片側検定　185-190
　——検定　185, 189, 213
リンドレーのパラドックス　164, 165

類似性判断　75
累積分布　62

レンジ　24

ロジスティック・パラメータ　61
ログリニア分析　17, 193, 196, 218
Lotus 1-2-3　58
論理：
　——派　157
　——数学的知能　102
　演繹——　16
　帰納——　16, 157

わ 行

ワーディング　198, 199, 211, 219
ワルド（Wald, A.）　43

著者略歴

佐伯 胖（さえき ゆたか）（編者，序・第2章執筆）
1939年　岐阜県に生まれる．
1964年　慶応義塾大学工学部管理工学科卒業．
1970年　ワシントン大学大学院修了（Ph. D.）．
　　　　東京理科大学助教授，東京大学教育学部教授を経て，
現　在　青山学院大学文学部教授．
専　攻　認知心理学．

松原 望（まつばら のぞむ）（編者，序・第1章執筆）
1942年　東京都に生まれる．
1966年　東京大学教養学部基礎科学科卒業．
1972年　スタンフォード大学大学院修了（Ph. D.）．
　　　　筑波大学助教授，東京大学教養学部教授を経て，
現　在　東京大学大学院新領域創成科学研究科教授．
専　攻　統計学（ベイズ統計学，意思決定理論）．
ウェブ・サイト http://www5.ocn.ne.jp/~qmss/

繁桝算男（しげますかずお）（第4章執筆）
1946年　愛媛県に生まれる．
1968年　東京大学教育学部教育心理学科卒業．
1974年　アイオワ大学大学院修了（Ph. D.）．
　　　　東北大学助教授，東京工業大学教授を経て，
現　在　東京大学大学院総合文化研究科教授．
専　攻　数理心理学，ベイズ統計学．

高野陽太郎（たかの ようたろう）（第3章執筆）
1950年　東京都に生まれる．
1975年　早稲田大学第一文学部心理学科卒業．
1978年　東京大学大学院人文科学研究科修士課程修了．
1985年　コーネル大学大学院博士課程修了（Ph. D.）．
　　　　ヴァージニア大学専任講師，早稲田大学専任講師を経て，
現　在　東京大学大学院人文社会系研究科助教授．
専　攻　認知心理学．

佐藤俊樹（さとう としき）（第5章執筆）
1963年　広島県に生まれる．
1985年　東京大学文学部社会学科卒業．
1989年　東京大学大学院社会学研究科退学（社会学博士）．
　　　　東京工業大学助教授を経て，
現　在　東京大学大学院総合文化研究科助教授．
専　攻　社会学（比較社会学，日本社会の計量分析）．

実践としての統計学

2000年1月25日　初　版
2001年1月15日　第3刷

［検印廃止］

著　者　佐伯　胖・松原　望

発行所　財団法人　東京大学出版会

代表者　河野通方

113-8654 東京都文京区本郷 7-3-1 東大構内
電話 03-3811-8814　Fax 03-3812-6958
振替 00160-6-59964

印刷所　株式会社三秀舎
製本所　矢嶋製本株式会社

© 2000 Yutaka Saeki and Nozomu Matsubara
ISBN 4-13-042070-4 Printed in Japan

R〈日本複写権センター委託出版物〉
本書の全部または一部を無断で複写複製（コピー）することは，著作権法上での例外を除き，禁じられています．本書からの複写を希望される場合は，日本複写権センター（03-3401-2382）にご連絡ください．

佐伯 胖 著	「きめ方」の論理	2500 円
松原 望 著	計量社会科学	3200 円
東大教養学部統計学教室 編	基礎統計学 I 統計学入門	2800 円
東大教養学部統計学教室 編	基礎統計学 II 人文・社会科学の統計学	2900 円
東大教養学部統計学教室 編	基礎統計学 III 自然科学の統計学	2900 円
繁桝算男 著	ベイズ統計入門	3500 円
鈴木雪夫・国友直人 編	ベイズ統計学とその応用	4400 円
中村隆英・新家健精・美添泰人・豊田 敬 著	統計入門	2400 円
林 周二 著	基礎課程統計および統計学	3000 円
芝 祐順・南風原朝和 著	行動科学における統計解析法	3000 円
田中良久 著	心理学的測定法 第2版	5200 円
芝 祐順 著	因子分析法 第2版	4800 円
芝 祐順 編	項目反応理論	4200 円
高野陽太郎 著	認知科学選書 11 傾いた図形の謎	2200 円

ここに表示された価格は本体価格です．御購入の際には消費税が加算されますので御了承下さい．